Das bayerische Gesetz

vom 30. Juni 1921

zum Vollzuge des Landessteuergesetzes

mit Erläuterungen, dem Landessteuergesetze, den Mustersatzungen für die Zuwachssteuer und Grundwertabgabe und den sonstigen einschlägigen Erlassen und Vollzugsvorschriften.

Herausgegeben von

Dr. Paul Hammer

Ministerialrat im Staatsministerium der Finanzen.

München, Berlin, Leipzig 1922

J. Schweitzer Verlag (Arthur Sellier)

Druck von Dr. F. P. Datterer & Cie., Freising-München.

Vorbemerkung.

Das bayerische Vollzugsgesetz zum Landessteuergesetz ist dadurch, daß es sich nicht auf die Verteilung der Reichssteueranteile beschränkte, sondern die gemeindlichen Abgaben und Steuern allgemein regelte, zu einem der wichtigsten Gesetze für unsere Gemeinden, Bezirke und Kreise geworden.

Diese Handausgabe des Gesetzes ist vor allem für die Praxis bestimmt. Sie bringt neben eingehenden Erläuterungen zu den einzelnen Vorschriften des Vollzugsgesetzes den Wortlaut des Landessteuergesetzes (RG. vom 30. März 1920), die bisher erlassenen Mustersatzungen für gemeindliche Abgaben, insbesondere für die Zuwachssteuer und Grundwertabgabe, sowie die Ausführungsvorschriften zum Gesetze selbst.

Inhaltsübersicht.

Einleitung.

Nachdem das Reich durch die ungeheueren Lasten, die ihm der Krieg und der unglückliche Friede von Versailles auferlegten, gezwungen war, die wichtigsten Steuern, die den Ländern und Gemeinden bisher zur Befriedigung ihrer Bedürfnisse dienten, so vor allem die Einkommensteuer, an sich zu ziehen, mußte notwendig eine finanzielle Auseinandersetzung zwischen Reich, Ländern und Gemeinden erfolgen, um letzteren wenigstens notdürftig die Erfüllung ihrer wirtschaftlichen und kulturellen Aufgaben zu ermöglichen.

Es war der Zweck des Landessteuergesetzes (Reichsgesetz vom 30. März 1920, RGBl. S. 402), zunächst einmal die großen Richtlinien für das Verhältnis des Reichs zu den Ländern und Gemeinden festzulegen. Die Länder und Gemeinden sind im Einklange mit Art. 12 RV. auch in Zukunft grundsätzlich berechtigt, Steuern nach Landesrecht zu erheben, soweit nicht die Reichsverfassung oder sonstige reichsrechtliche Vorschriften entgegenstehen. Allein diese Steuerhoheit der Länder und Gemeinden wird durch §§ 2 und 3 LStG. sehr erheblich eingeschränkt: Die Inanspruchnahme von Steuern für das Reich schließt die Erhebung gleichartiger Steuern durch die Länder und Gemeinden aus, wenn nicht reichsgesetzlich etwas anderes vorgeschrieben ist; auch sollen Landes- und Gemeindesteuern, die die Steuereinnahmen des Reichs zu schädigen geeignet sind, nicht erhoben werden, wenn überwiegende Interessen der Reichsfinanzen entgegenstehen. Nachdem das Reich in der Tat fast alle Steuergebiete heute für sich in Anspruch genommen hat, stehen den Ländern und Gemeinden hiernach nur wenige eigene Einnahmen, die sie nach ihrem Ermessen gestalten könnten, zur Verfügung. Von den bisherigen Ertragsteuern sind den Ländern und Gemeinden nur die Gewerbsteuern, die Grundsteuern (Haussteuern) und die Steuer vom Gewerbebetrieb im Umherziehen (Hausiersteuer) verblieben. In der Hauptsache sind heute die Länder und Gemeinden auf Anteile an Reichssteuern angewiesen. In den §§ 16 ff. LStG. sind diese Anteile im einzelnen bestimmt. Von dem Ertrage der Einkommensteuer und Körperschaftssteuer des Reichs erhalten die Länder und Gemeinden zusammen $^2/_3$ des örtlichen Aufkommens. Von dem Aufkommen an Erbschaftssteuern fließen den Ländern 20 vom Hundert zu. An der Grunderwerbsteuer werden die Länder und Gemeinden mit 50 vom Hundert, bzw. 25 vom Hundert beteiligt, außerdem können die Länder sowie mit deren Genehmigung die Gemeinden und Gemeindeverbände zur Grunderwerbsteuer Zuschläge bis zu 2 vom Hundert des steuerpflichtigen Wertes erheben. Auch an der Umsatzsteuer erhalten die Länder und Gemeinden Anteile (10 vom Hundert bzw. 5 vom Hundert). Endlich gewährleistet das Reich nach näherer Bestimmung des § 56 LStG. jedem Lande die Einnahme aus den durch die Einkommensteuer, Körperschaftssteuer, Kapitalertragsteuer und die Erbschaftssteuer ersetzten Steuern des Landes und seiner Gemeinden (Gemeindeverbände) in der bisherigen Höhe; der Anteil an der Einkommensteuer muß mindestens das Aufkommen des Steuerjahres 1919 an den durch die Einkommensteuer, die Körperschaftssteuer und die Kapitalertragsteuer ersetzten Steuern des Landes und seiner Gemeinden (Gemeindeverbände) zuzüglich einer Steigerung von 25% erreichen.

Wie nun das Landessteuergesetz das Verhältnis des Reiches zu den Ländern und Gemeinden regelt, so mußte entsprechend in den Vollzugsgesetzen der Länder zum Landessteuergesetz das Verhältnis des Landes zu seinen Gemeinden und Gemeindeverbänden geregelt werden. Die Aufgabe war wohl die schwierigste, die seit langen Jahren an die Landesregierungen herangetreten ist. Es ist klar, daß die Bestimmungen des Landessteuergesetzes die Finanzgebarung der Länder und Gemeinden auf das einschneidendste berühren und sie in ihren Wirkungen vielfach geradezu auf den Kopf stellen. Sie haben die Selbstverwaltung der Länder und Gemeinden geradezu vernichtet, indem sie ihnen nur bestimmte Mittel oder doch nur bestimmte Einnahmequellen zur Deckung ihres Ausgabebedarfs zur Verfügung stellen und damit auch die Ausgabebewilligung selbst naturgemäß erheblich einschränken. Während es bisher gerade das Unterscheidungsmerkmal für die Staats- und Gemeindewirtschaft gegenüber der Privatwirtschaft war, daß sie zunächst ihre Ausgaben feststellte und hiernach die zu erhebenden Abgaben bemaß, sind nunmehr das Land und die Gemeinden in die Stellung von Privatpersonen gedrängt, die ihre Ausgaben nach ihren Einnahmen zu bemessen haben. Die Lage der Länder wie der Gemeinden ist um so mißlicher, als man heute schon bei dem sprunghaften Anwachsen aller Ausgaben, denen entsprechende Einnahmen nicht gegenüberstehen, sagen muß, daß diese zur Verfügung stehenden Einnahmen nicht hinreichen werden, um auch nur die gegenwärtigen Ausgaben zu decken. Dabei ist nicht zu hoffen, daß durch eine Abänderung des Landessteuergesetzes, selbst wenn es sich für die Länder und Gemeinden als verhängnisvoll erweisen sollte, die Einnahmen dieser Körperschaften erheblich vermehrt werden könnten, weil das Reich von den Steuern, die ihm das Landessteuergesetz heute zuweist, auch in Zukunft nichts wird entbehren können. Bei dieser Sachlage werden Reich, Land und Gemeinden Opfer bringen und in ihren Haushalten in Zukunft auf eine Reihe von Ausgaben verzichten müssen, die bisher wünschenswert erschienen. Wir sind ein bettelarmes Volk geworden und werden von Tag zu Tag mehr verarmen, wenn es uns nicht gelingt, ohne Inanspruchnahme der Notenpresse und ohne das Vermögen des Volkes zur Deckung laufender Ausgaben zu verwenden, mit dem auszukommen, was uns verblieben ist. Sonst teilen eines Tages das Reich wie die Länder und die Gemeinden das Schicksal eines Bürgers, der über seine Verhältnisse lebt und zur Deckung seines täglichen Unterhalts sein Vermögen aufzehrt, bis er schließlich gezwungen ist, bei fremden Leuten um Unterstützung zu betteln. Es ist nicht denkbar, die direkten und indirekten Steuern noch weiter in einem Maße zu erhöhen, daß all die öffentlichen Aufgaben, wie wir dies bisher gewohnt waren, erfüllt werden könnten. Die Mehreinnahmen, die durch solche Erhöhungen erzielt werden können, sind nur scheinbar; neue Steuern steigern, wie die Dinge heute liegen, notwendig die bestehende allgemeine Teuerung und führen dadurch zu weiteren Lohnerhöhungen, Teuerungszuschlägen und vermehrten Unkosten der öffentlichen Verwaltung. Wollen Reich, Land und Gemeinden einigermaßen ihre Selbständigkeit bewahren und nicht durch Schuldenwirtschaft in Abhängigkeit geraten, so bleibt nichts anderes übrig, als sich einzuschränken. Dabei genügt es aber nicht, die eine oder andere Beamtenstelle einzusparen, die Not der Zeit wird dazu zwingen, öffentliche Aufgaben als solche, die in glücklicheren Zeiten übernommen wurden, wieder aufzugeben und der privaten Fürsorge zu überlassen. Vor allem werden die Berufsverbände manche öffentliche Aufgabe künftighin übernehmen müssen, die bisher dem Staate und der Gemeinde oblegen hatte. Wir müssen uns darüber klar sein, daß eine Verringerung der durch die Vielregiererei der letzten Zeit ins Ungemessene gewachsenen Beamtenkörper nur möglich ist, wenn auch die Aufgaben selbst, die diesen Beamten zugewiesen sind, verringert werden. Für Reich, Land und Gemeinden dürfte ein Schaden aus einer Beschränkung nicht erwachsen. Und besser ists, die Notwendigkeit einer solchen Beschränkung beizeiten selbst einzusehen und ihr Rechnung zu tragen, als blind gegen die wahre Lage Schulden auf Schulden zu häufen und dann schließlich doch die Folgerungen, die die allgemeine Not gebietet, ziehen zu müssen.

Bei dieser ernsten Lage haben es die Länder allenthalben für ihre Pflicht erachtet, die schwierige Aufgabe der finanziellen Auseinandersetzung zwischen Land und Gemeinden, denen vom Reich in Zukunft vielfach gemeinsame Einnahmequellen zugewiesen sein werden, nur in gegenseitigem Benehmen und gegenseitigem Vertrauen mit ihren Gemeinden zu lösen. Die Länder bedürfen heute mehr als je zu ihrem Wiederaufbau einer tatkräftigen und zielbewußten Mitarbeit ihrer Gemeinden. Wie das Reich, wenn es im Innern und nach außen wieder erstarken will, bestrebt sein muß, die in den Ländern ruhenden Kräfte zusammenzufassen und ihr politisches Eigenleben im Interesse des Reichsganzen neu zu beleben, so haben auch die Länder an dem selbständigen Leben ihrer Gemeinden das größte Interesse. Nichts wäre verfehlter, als die Gemeinden von einer Zentrale aus bis in Einzelheiten hinein bevormunden und sie von Selbstverwaltungskörpern zu unselbständigen

Verwaltungsbezirken herabwürdigen zu wollen. Von unselbständigen Menschen darf man keine Lebensenergie und Tatkraft erwarten und was von dem einzelnen Menschen gilt, gilt auch von der Gemeinde und dem Lande. Bekennt man sich aber zu dieser Auffassung, so ist klar, daß den Gemeinden nicht nur die Mittel belassen werden müssen, die ihnen im Rahmen des Landessteuergesetzes ohne Gefährdung des Staates nur irgendwie belassen werden können, sondern daß auch die Verteilung der Mittel zwischen Land und Gemeinden im Gesetze selbst soweit nur irgend möglich geregelt werden muß und nicht dem Ermessen einer Zentralstelle vorbehalten bleiben darf. Denn darüber dürften keine Zweifel bestehen können, daß das Selbstverwaltungsrecht der Gemeinden um so mehr gekürzt wird, je mehr die ihnen zukommenden Mittel erst einer gemeinsamen Masse zugeführt und erst von hier aus etwa nach Bedarf verteilt werden.

Der Vollzug des Landessteuergesetzes ist heute in allen größeren Ländern bereits durch Landesgesetze, wenn auch da und dort nur vorläufig, geregelt:

Preußen: Ausführungsgesetz zum LStG. vom 13. Januar 1921, GS. S. 268,

Bayern: Vollzugsgesetz zum LStG. vom 30. Juni 1921, GVBl. S. 361,

Sachsen: Vollzugsgesetz zum LStG. vom 12. August 1920, GVBl. S. 311,

Württemberg: Ausführungsgesetz zum LStG. vom 24. Dezember 1920, RegBl. S. 549,

Baden: Ausführungsgesetz zum LStG. (Steuerverteilungsgesetz) vom 4. August 1921, GVBl. S. 244,

Hessen: Ausführungsgesetz zum LStG. vom 7. August 1920, RegBl. S. 237.

In diesen Gesetzen wird nun vor allem die Verteilung der den Ländern und Gemeinden gemeinsam überwiesenen Reichssteueranteile im Einzelnen bestimmt.

Dies war auch zunächst die Aufgabe des bayerischen Vollzugsgesetzes zum Landessteuergesetze. Es hat sich hierauf jedoch nicht beschränkt, sondern versucht, das Steuerrecht der Gemeinden überhaupt grundsätzlich zu regeln. So ist das Vollzugsgesetz zu einem wirklichen Gemeindesteuergesetz der bayerischen Gemeinden, Kreise und Bezirke geworden.

Über den Inhalt des Gesetzes sei kurz folgendes bemerkt:

In Art. 1 und 2 werden zunächst die Anteile der Gemeinden, Bezirke und Kreise an der Reichseinkommensteuer und Körperschaftssteuer geregelt. Wie bekannt, überweist das Reich zwei Drittel des Aufkommens dieser beiden Steuern den Ländern und Gemeinden (Gemeindeverbänden), wobei die weitere Verteilung zwischen Land und Gemeinden (Gemeindeverbänden) den

Ländern selbst überlassen bleibt. In Bayern wird nun zunächst für jede Gemeinde und jeden Kreis ein Anteil nach Maßgabe des örtlichen Aufkommens gesondert nach dem Verhältnisse berechnet, in welchem die Solleinnahme des Landes an Einkommen-, Kapitalrenten- und Vermögenssteuern einschließlich der Zuschläge nach dem Durchschnitte der Jahre 1912 mit 1919 zu den Solleinnahmen der Gemeinde oder des Kreises an Umlagen zu diesen Steuern stand. Die Bezirke werden in entsprechender Weise am Gemeindeanteil beteiligt. Die Berechnung der Verhältniszahlen für jede Gemeinde, jeden Bezirk und Kreis wurde durch das Statistische Landesamt ausgeführt und ist in Übersichten im bayer. Staatsanzeiger veröffentlicht worden.

Die Art. 4ff. behandeln eine Reihe von Abgaben und Steuern, die auch in Zukunft von den Gemeinden sollen erhoben werden können: Örtliche Abgaben (z. B. Wohnsteuern, Reklamesteuern, Wohnungsluxussteuern u. dgl.), Zuwachssteuer, Grundwertabgabe, Warenhaussteuer und Steuer von Filialgeschäften und endlich die Vergnügungssteuer. Für die Zuwachssteuer und Grundwertabgabe sind vom Staatsministerium des Innern im Einvernehmen mit den beteiligten Ministerien mit Rücksicht auf die Schwierigkeit dieser Steuern Mustersatzungen mit bindender Kraft ausgearbeitet worden.

Die folgenden Artikel enthalten die Vorschriften über die von den Ortschaften, Gemeinden, Bezirken und Kreisen zu erhebenden Umlagen zu den Ertragsteuern des Landes (Grundsteuer, Haussteuer, Gewerbsteuer und Steuer vom Gewerbebetrieb im Umherziehen). Die Umlagen sind künftighin der Höhe nach begrenzt. Die Umlagen der kreisunmittelbaren, nicht bezirkszugehörigen Städte zur Haussteuer, Gewerbsteuer und Steuer vom Gewerbebetrieb im Umherziehen dürfen 400 vom Hundert, die Umlagen der übrigen Gemeinden 350 vom Hundert, die Umlagen der Bezirke und Kreise je 50 vom Hundert dieser Steuern, die Umlagen der Gemeinden, Bezirke und Kreise zur Grundsteuer das Eineinhalbfache dieser Hundertsätze nicht übersteigen. Umlagen der Ortschaften (Ortsumlagen) sind nur insoweit statthaft, als die Gemeindeumlagen hinter diesen Höchstsätzen zurückbleiben. Die Umlagen müssen auch künftighin grundsätzlich nach einem einheitlichen Hundertsatze bemessen werden, nur zur Grundsteuer sind um die Hälfte höhere Sätze zulässig; es steht aber der Gemeinde usw. frei, von einer solchen Erhöhung abzusehen und den gleichen Hundertsatz wie für die übrigen Steuerarten auch für die Grundsteuer vorzuschreiben. Im übrigen sind die Vorschriften möglichst den bisherigen Bestimmungen des Umlagengesetzes nachgebildet. Neu sind die Vorschriften über die Bezirksumlagen. Während bisher die Bezirksumlagen Beiträge der bezirkszugehörigen Gemeinden waren, sind nach dem Gesetze die Bezirksumlagen wirkliche Steuern der einzelnen umlagenpflichtigen Personen, die von den Gemeinden mit den Gemeindeumlagen für den Bezirk einzuheben und veranlaßtenfalls beizutreiben sind. Damit ist ein dringender Wunsch der Gemeinden und Bezirke erfüllt worden.

Hinsichtlich der Grunderwerbsteuer werden die Gemeinden auf die Erhebung von Zuschlägen verwiesen. Die Zuschläge dürfen 2 vom Hundert nicht übersteigen.

Wie das Reich dem Lande gewisse Einnahmen aus der Einkommensteuer, Körperschaftssteuer und Erbschaftssteuer ausdrücklich gewährleistet, gewährleistet auch das Land seinen Gemeinden und Kreisen für die Rechnungsjahre 1920 und 1921 und, soweit eine neue gesetzliche Regelung vor dem 1. April 1922 nicht zustande kommt, auch für die weitere Geltungsdauer des Gesetzes bestimmte Einnahmen. Dabei ist der Entwurf erheblich über das Reichsgesetz hinausgegangen, das eine Gewährleistungspflicht des Landes gegenüber seinen Gemeinden nur für das Rechnungsjahr 1920 vorgesehen hat. In entsprechender Weise obliegt auch den bezirkszugehörigen Gemeinden gegenüber ihren Bezirken eine gewisse Gewährleistungspflicht. Nach Art. 37 des Gesetzes sind solche Gemeinden verpflichtet, solange ihnen gegenüber die Gewährleistungspflicht des Landes besteht, ihrem Bezirke das Aufkommen des Jahres 1919 an Bezirksumlagen zuzüglich einer Steigerung von 25 vom Hundert nach Maßgabe ihrer Beitragspflicht in diesem Jahre zu gewährleisten. Die Gewährleistungspflicht kann aber nur in Anspruch genommen werden, wenn der Bezirk Umlagen in der höchstzulässigen Grenze erhebt. Seine Einnahmen aus Anteilen an der Einkommensteuer und Körperschaftssteuer und Bezirksumlagen zu den Ertragsteuern sind auf den zu gewährleistenden Betrag jeweils anzurechnen.

Nach Art. 39 ff. ist zur Unterstützung überlasteter Gemeinden ein Ausgleichsfonds zu bilden. In diesen sollen vor allem ein Teil der Mehreinnahmen des Landes und der Gemeinden an Einkommensteuer und Körperschaftssteuer über ihre Garantiesummen, ferner der Landesanteil an der Umsatzsteuer nach § 43 Abs. 2 LStG. und sonstige Erträge fließen, die für eine Verteilung auf sämtliche Gemeinden unzureichend sind oder für deren schlüsselmäßige Verteilung ein unverhältnismäßiger Aufwand an Zeit und Arbeit erforderlich wäre. Endlich soll noch die Hälfte der nach Art. 31/24 der beiden Gemeindeordnungen an Gemeindeangehörige gewährten Überschüsse des Gemeindevermögens oder des Wertes der Nutzungen an Bestandteilen des Gemeindevermögens dem Ausgleichsfonds zukommen. Die Verteilung der Mittel des Ausgleichsfonds wird einem Ausschuß obliegen, der aus Vertretern der Staatsregierung, drei Mitgliedern des Landtags und vier Vertretern der Gemeinden bestehen wird.

Die neuen Steuergesetze, die in den nächsten Monaten den Reichsrat und Reichstag beschäftigen werden, werden wohl auch eine Abänderung einzelner Bestimmungen des Landessteuergesetzes zur Folge haben. Wie verlautet, besteht die Absicht, die Anteile der Länder und

Gemeinden am Ertrage einzelner Reichssteuern, insbesondere der Umsatzsteuer und bestimmter Verbrauchssteuern, neu zu regeln. Ferner sollen die §§ 12 und 13 neu gefaßt und die derzeit wohl undurchführbaren Vorschriften über die Berechnung des örtlichen Aufkommens der Einkommensteuer und Körperschaftssteuer samt dem Verteilungsverfahren einer Nachprüfung unterzogen werden. Falls sich die hiernach in Aussicht stehende Novelle zum Landessteuergesetz auf diese Änderungen beschränkt, dürfte eine Abänderung des bayerischen Vollzugsgesetzes zum Landessteuergesetze, soweit sich dies heute überblicken läßt, nicht erforderlich werden.

Landessteuergesetz.

Reichsgesetz vom 30. März 1920

(RGBl. S. 402).

Die verfassunggebende Deutsche Nationalversammlung hat das folgende Gesetz beschlossen, das mit Zustimmung des Reichsrats hiermit verkündet wird.

I. Landessteuern und Gemeindeabgaben.

§ 1. Die Länder und Gemeinden (Gemeindeverbände) sind berechtigt, Steuern nach Landesrecht zu erheben, soweit nicht die Reichsverfassung und die gemäß der Reichsverfassung erlassenen reichsrechtlichen Vorschriften entgegenstehen.

§ 2. Die Inanspruchnahme von Steuern für das Reich schließt die Erhebung gleichartiger Steuern durch die Länder und Gemeinden (Gemeindeverbände) aus, wenn nicht reichsgesetzlich ein anderes vorgeschrieben ist.

Die Erhebung von Zuschlägen zu Reichssteuern ist den Ländern und Gemeinden (Gemeindeverbänden) nur auf Grund reichsgesetzlicher Ermächtigung gestattet.

§ 3. Landes- und Gemeindesteuern, die die Steuereinnahmen des Reichs zu schädigen geeignet sind, sollen nicht erhoben werden, wenn überwiegende Interessen der Reichsfinanzen entgegenstehen.

§ 4. Steuerliche Bestimmungen der Länder und Gemeinden (Gemeindeverbände), die die Vorschrift des § 3 verletzen, müssen aufgehoben oder derart abgeändert werden, daß ein Widerspruch mit den Interessen der Reichsfinanzen nicht mehr besteht.

§ 5. Neue Steuerordnungen der Gemeinden (Gemeindeverbände) sind von den zuständigen Landesbehörden dem Reichsminister der Finanzen oder der von ihm beauftragten Reichsbehörde mitzuteilen. Der Reichsminister der Finanzen und die von ihm beauftragte Reichsbehörde können binnen einem Monat Einspruch erheben, wenn die Ordnungen mit dem Reichsrechte nicht vereinbar oder wenn sie geeignet sind, Reichssteuereinnahmen zu schädigen und überwiegende Interessen der Reichsfinanzen entgegenstehen.

§ 6. Im Falle von Meinungsverschiedenheiten zwischen dem Reichsminister der Finanzen und einer Landesregierung über die Frage, ob eine landesrechtliche Steuervorschrift mit dem Reichsrechte vereinbar ist, entscheidet auf Antrag des Reichsministers der Finanzen oder der Landesregierung der Reichsfinanzhof. Zuständig ist der große Senat in der im § 46 Abs. 2 Satz 1 der Reichsabgabenordnung vom 13. Dezember 1919 (Reichs-Gesetzbl. S. 1993) vorgesehenen Zusammensetzung. Die näheren Vorschriften bleiben besonderer gesetzlicher Regelung vorbehalten.

Über die Frage, ob Landes- oder Gemeindesteuern geeignet sind, die Steuereinnahmen des Reichs zu schädigen, und ob überwiegende Interessen der Reichsfinanzen der Erhebung der Steuern entgegenstehen, entscheidet auf Antrag des Reichsministers der Finanzen oder der Landesregierung der Reichsrat.

§ 7. Die Länder und Gemeinden sollen die ihnen zur Verfügung stehenden Steuern nach Maßgabe ihres Steuerbedarfs ausnutzen.

§ 8. Die Länder erheben Steuern

a) vom Grundvermögen,

b) vom Gewerbebetriebe.

Die Steuern können nach Merkmalen des Wertes, des Ertrags, der Ertragsfähigkeit oder des Umfanges des Grundvermögens oder des Gewerbebetriebs veranlagt werden.

Die Länder können die Ertragsteuern den Gemeinden (Gemeindeverbänden) ganz oder teilweise überlassen.

§ 9. Die Ertragsteuern dürfen nicht wie Einkommensteuern ausgestaltet werden. Besteuerungsmerkmale, die auf die Berücksichtigung der persönlichen Leistungsfähigkeit des Steuerpflichtigen abzielen, sollen nicht zugrundegelegt werden.

§ 10. Steuern vom Grundvermögen und Gewerbebetriebe dürfen nur in dem Lande erhoben werden, in dessen Gebiete der Grund- und Gebäudebesitz liegt oder eine Betriebsstätte zur Ausübung des stehenden Gewerbes unterhalten wird.

Betriebsstätte im Sinne dieses Gesetzes ist jede feste örtliche Anlage oder Einrichtung, die der Ausübung des Betriebs eines stehenden Gewerbes dient. Außer dem Hauptsitz eines Betriebs gelten hiernach als Betriebsstätten: Zweigniederlassungen, Fabrikationsstätten, Ein- und Verkaufsstellen, Kontore und sonstige zur Ausübung des Gewerbes durch den Unternehmer selbst, dessen Geschäftsteilhaber, Prokuristen oder andere ständige Vertreter unterhaltenen Geschäftseinrichtungen. Als Betriebsstätten gelten auch Bauausführungen, die die Dauer von zwölf Monaten überschreiten.

Befinden sich Betriebsstätten desselben gewerblichen Unternehmens in mehreren Ländern, so darf die Heranziehung in jedem Lande nur anteilig erfolgen.

Der Gewerbebetrieb im Umherziehen einschließlich des Wanderlagerbetriebs darf nur in den Ländern besteuert werden, in deren Gebiete der Betrieb stattfindet oder stattfinden soll.

§ 11. Wird ein Steuerpflichtiger in mehreren Ländern zu gleichartigen Landes- oder Gemeindesteuern von demselben Steuerobjekte herangezogen, so steht ihm der Antrag auf Verteilung des Steuerobjekts zu. Der Antrag ist innerhalb eines Monats nach Eintritt der Rechtskraft der zweiten oder einer weiteren Veranlagung bei einer der veranlagenden Behörden zu stellen. Über den Antrag entscheidet das Landesfinanzamt, zu dessen Bereiche die veranlagenden Behörden gehören. Wenn die Veranlagungsbehörden zum Bereiche verschiedener Landesfinanzämter gehören, so bestimmt der Reichsminister der Finanzen das zuständige Landesfinanzamt. In dem Bescheide des Landesfinanzamts ist ein Verteilungsplan aufzustellen, wenn die Heranziehung des Steuerobjekts in mehreren Ländern begründet ist. Gegen den Beschluß des Landesfinanzamts steht den Beteiligten binnen einer Frist von zwei Wochen die Beschwerde an den Reichsfinanzhof zu, der im Beschlußverfahren unter entsprechender Anwendung der Vorschriften der Reichsabgabenordnung entscheidet. Durch die Entscheidungen des Landesfinanzamts und des Reichsfinanzhofs können auch die bereits rechtskräftig gewordenen Veranlagungen und früheren Verteilungspläne aufgehoben werden.

§ 12. Die Gemeinden sind verpflichtet, eine Vergnügungssteuer zu erheben, falls nicht der Gemeindeverband oder das Land, denen die Gemeinde angehört, eine solche Steuer einführt.

§ 13. Der Reichsrat wird ermächtigt, Bestimmungen über die Vergnügungssteuer zu erlassen, in denen Art und Umfang der Steuerpflicht, die Steuersätze und die sonstigen steuerlichen Befugnisse der Gemeinden geregelt werden. Diese Bestimmungen haben in allen Gemeinden Geltung als Steuerordnung, soweit die Gemeinden nicht mit Genehmigung der Landesregierung oder der von ihr beauftragten Behörden besondere Steuerordnungen im Rahmen der Bestimmungen des Reichsrats erlassen. Steuerordnungen, die zur Zeit des Inkrafttretens der Bestimmungen des Reichsrats in Geltung sind, bedürfen erneuter Beschlußfassung der zuständigen

Gemeindevertretungen und Aufsichtsbehörden und treten in Ermangelung solcher nach Ablauf von drei Monaten außer Kraft.

§ 14. Die Länder sollen darauf Bedacht nehmen, die Bestimmungen über die Veranlagung und Erhebung der Landes- und Gemeindesteuern mit den Vorschriften der Reichsabgabenordnung in Einklang zu bringen.

§ 15. Die Religionsgesellschaften des öffentlichen Rechts sind berechtigt, Zuschläge zu den Reichssteuern zu erheben, die an die Stelle der bisherigen Landes- oder Gemeindesteuern getreten sind.

Soweit durch reichsgesetzliche Inanspruchnahme von Steuern Gemeindesteuervorrechte hinsichtlich der Dienstbezüge und Ruhegehälter der nicht im Reichs- oder Staatsdienste stehenden Geistlichen und Kirchenbeamten sowie hinsichtlich der Bezüge ihrer Witwen und Waisen unwirksam werden, bleiben die Anwartschaften der Berechtigten auf Entschädigung, wie sie im Falle einer landesgesetzlichen Aufhebung begründet gewesen wären, unberührt.

II. Beteiligung der Länder und Gemeinden am Ertrage von Reichssteuern.

1. Allgemeine Bestimmungen.

§ 16. Durch Gesetz wird bestimmt, ob und in welchem Umfange die Länder einen Anteil an den Einnahmen aus Reichssteuern zu beanspruchen haben.

Die Beteiligung der Gemeinden (Gemeindeverbände) an den den Überweisungen aus Reichssteuern bestimmt die Landesgesetzgebung unter Beachtung der nachfolgenden Grundsätze.

2. Einkommensteuer.

§ 17. Die Länder und Gemeinden werden an dem Ertrage der Einkommensteuer und der Körperschaftssteuer mit zwei Dritteln des Aufkommens beteiligt.

§ 18. Der Anspruch der Länder auf den Steueranteil bemißt sich nach dem örtlichen Aufkommen, das auch den Maßstab für die Beteiligung der Gemeinden an dem ihnen vom Lande überwiesenen Anteil bildet.

§ 19. Die Länder sind verpflichtet, an ihrem Anteile die Gemeinden unter Beachtung der nachstehenden Grundsätze zu beteiligen.

§ 20. Der Anspruch der Gemeinde erstreckt sich auf einen Anteil an den Steuerbeträgen

1. der Personen, die in der Gemeinde einen Wohnsitz (§ 62 der Reichsabgabenordnung) haben,
2. der Personen, die in der Gemeinde, ohne dort einen Wohnsitz zu haben, Grundvermögen, Handels- oder gewerbliche Anlagen einschließlich der Bergwerke haben, Handel oder Gewerbe oder außerhalb einer Gewerkschaft Bergbau betreiben, hinsichtlich des ihnen aus diesen Quellen in der Gemeinde zufließenden Einkommens,
3. der nicht physischen Steuerpflichtigen, sofern sie in der Gemeinde Grundvermögen, Handels- oder gewerbliche Anlagen einschließlich der Bergwerke haben oder Handel oder Gewerbe einschließlich des Bergbaues betreiben, hinsichtlich des ihnen aus diesen Quellen in der Gemeinde zufließenden Einkommens. Soweit anderes Einkommen von nicht physischen Personen der Reichssteuer unterliegt, ist diejenige Gemeinde anteilberechtigt, in deren Gebiet sich der Sitz der Verwaltung befindet.

§ 21. Der Anspruch auf einen Anteil besteht hinsichtlich des Einkommens aus Handel und Gewerbe nur in denjenigen Gemeinden, in denen sich eine Betriebsstätte im Sinne des § 10 dieses Gesetzes befindet. Der Eisenbahnbetrieb begründet einen Anspruch auf einen Anteil für diejenigen Gemeinden, in denen sich der Sitz der Verwaltung oder einer staatlichen Eisenbahnverwaltungsbehörde, eine Station oder eine für sich bestehende Betriebs- oder Werkstätte oder eine sonstige gewerbliche Anlage befindet. Die Bestimmung für den Eisenbahnbetrieb findet auf den staatlichen Schiffahrtsbetrieb mit der Maßgabe Anwendung, daß an Stelle der Station die Zahlstelle tritt.

Hinsichtlich des Einkommens aus dem nicht mit eigenem Betriebe verbundenen Besitze von Handels- und gewerblichen Anlagen einschließlich der Bergwerke sind dieselben Gemeinden anteilberechtigt wie hinsichtlich des Einkommens aus dem Betriebe.

§ 22. Sind an einem Steuerbetrage gleichzeitig Wohnsitz- und Belegenheits- (Betriebs-) Gemeinden anteilberechtigt, so wird der Steuerbetrag nach dem Verhältnisse des der Besteuerung zugrunde gelegten Einkommens aus Grundbesitz- und Gewerbebetrieb zum Gesamteinkommen zerlegt.

Der Wohnsitzgemeinde verbleibt mindestens ein Viertel des Anteils.

Die Länder können bestimmen, daß die Zerlegung unterbleibt und der Anspruch der Belegenheitsgemeinde der Wohnsitzgemeinde zuwächst, soweit die Einkommensbeträge, die dem Anspruche der Belegenheitsgemeinde zugrunde liegen, einen Mindestbetrag nicht erreichen.

§ 23. Bei mehrfachem Wohnsitze wird der Gemeindeanteil auf die Wohnsitzgemeinden nach der Dauer des Aufenthalts verteilt.

Dem Wohnsitze steht im Sinne dieses Gesetzes der Aufenthalt gleich, wenn er innerhalb eines Steuerjahrs die Dauer von drei Monaten übersteigt.

§ 24. Erstreckt sich eine Gewerbe- oder Bergbauunternehmung über mehrere anteilberechtigte Gemeinden, so erfolgt die Zerlegung des Gemeindeanteils derart, daß der Gemeinde, in der die Leitung des Gesamtbetriebs stattfindet, der zehnte Teil des Gesamtanteils zugewiesen wird und der verbleibende Teil

1. bei Versicherungs-, Bank-, Kredit- und Warenhandelsunternehmungen nach Verhältnis der in den einzelnen Gemeinden erzielten Roheinnahme,
2. in den übrigen Fällen nach Verhältnis der in den einzelnen Gemeinden erwachsenen Ausgaben an Gehältern und Löhnen, jedoch ausschließlich der von dem Gesamtüberschusse berechneten Tantiemen des Verwaltungs- und Betriebspersonals, verteilt wird. Bei Eisenbahnen kommen die Gehälter und Löhne desjenigen Personals, das in der allgemeinen Verwaltung beschäftigt ist, nur mit der Hälfte, des in der Werkstättenververwaltung und im Fahrdienste beschäftigten Personals nur mit zwei Dritteln ihrer Beträge in Ansatz.

Wenn in einzelnen Fällen aus der Anwendung dieser Verteilungsgrundsätze besondere Härten für eine beteiligte Gemeinde oder mehrere Gemeinden sich ergeben, kann dem Verteilungsplan ein anderer Maßstab zugrunde gelegt werden.

Erstreckt sich eine Betriebsstätte im Sinne des § 21, innerhalb deren Ausgaben an Gehältern und Löhnen erwachsen, über den Bezirk mehrerer Gemeinden, so hat die Verteilung nach der Lage der örtlichen Verhältnisse unter Berücksichtigung des Flächenverhältnisses und der in den beteiligten Gemeinden durch das Vorhandensein der Betriebsstätte erwachsenen Kommunallasten zu erfolgen.

§ 25. Für die Ermittlung der Roheinnahme und der Ausgaben an Löhnen und Gehältern ist das Jahr maßgebend, dessen Ergebnis der Besteuerung zugrunde liegt.

Die Unternehmer sind verpflichtet, der anteilberechtigten Gemeinde auf Anfordern eine Nachweisung der Roheinnahme und der Ausgaben an Löhnen und Gehältern mitzuteilen.

§ 26. Die Länder können für die Verteilung des Einkommens aus ihrem Grund- und Gewerbevermögen und Gewerbebetriebe (§ 20 Nr. 3) auf die Gemeinden besondere, von vorstehenden Vorschriften abweichende Bestimmungen treffen.

§ 27. Die Anteile der Länder werden nach denselben Grundsätzen berechnet, die für die Gemeinden gelten.

§ 28. Steuerbeträge, die nach diesen Grundsätzen nicht von einer Gemeinde oder einem Lande in Anspruch genommen werden können, verbleiben in voller Höhe dem Reiche.

§ 29. Die Gemeinden (Gemeindeverbände) können für das einzelne Steuerjahr beschließen, daß der ihnen zugewiesene Anteil an der Einkommensteuer ganz oder teilweise unerhoben bleibt. Diese Erlaubnis kann durch Landesgesetz ausgeschlossen oder beschränkt werden. Falls von dem zugewiesenen Anteil nur ein Teilbetrag erhoben wird, muß er in einem gleichmäßigen Prozentsatze für alle Steuerpflichtigen bestehen.

§ 30.[1]) Die Wohnsitzgemeinden (§§ 22, 23) können beschließen, eine Steuer von demjenigen Mindesteinkommen, das von der Einkommensteuer nicht erfaßt wird, zu erheben, soweit dies nicht durch Landesgesetz ausgeschlossen wird. Der nach § 20 Abs. 2 und 4 des Einkommensteuergesetzes bei einem zehntausend Mark nicht übersteigenden Einkommen für die zweite und jede weitere Person steuerfrei bleibende Einkommensteil von siebenhundert Mark bleibt auch von dieser Steuer frei. Die Steuer darf für Personen, die nicht einkommensteuerpflichtig sind, den für die unterste Stufe der Einkommensteuer geltenden Prozentsatz, für einkommensteuerpflichtige Personen den höchsten Prozentsatz nicht übersteigen, mit dem sie zur Einkommensteuer herangezogen sind.

Die nach Abs. 1 von der Wohnsitzgemeinde beschlossene Steuer wird von den Reichsbehörden zusammen mit der Einkommsteuer verwaltet; das Einkommensteuergesetz und die Reichsabgabenordnung finden Anwendung.

§ 31. Die in den §§ 29, 30 vorgesehenen Beschlüsse der Gemeinden (Gemeindeverbände) sind den Finanzämtern, in deren Bezirken die Gemeinden (Gemeindeverbände) liegen, spätestens bis zum 31. März jeden Jahres mitzuteilen; wird die Frist nicht eingehalten, so bleibt der Beschluß unberücksichtigt.

---

[1]) Durch Abänderung des Einkommensteuergesetzes gegenstandslos geworden.

Gehört eine Gemeinde (Gemeindeverband) zu den Bezirken mehrerer Finanzämter, so bestimmt das Landesfinanzamt, welchem Finanzamte der Beschluß mitzuteilen ist.

§ 32. Haben mehrere an der Einkommensteuer anteilberechtigte Gemeinden Beschlüsse nach den §§ 29, 30 gefaßt, so trifft der Reichsminister der Finanzen mit Zustimmung des Reichsrats die näheren Bestimmungen über das Verfahren.

§ 33. Wenn der Anteil eines Landes, auf den Kopf seiner Bevölkerung berechnet, in einem Steuerjahr um mehr als 20 vom Hundert hinter dem Durchschnittssatze zurückbleibt, der von der Summe der Anteile der Länder auf den Kopf der Gesamtbevölkerung entfällt, so ist der Anteil des Landes für dieses Jahr bis zur Erreichung der Grenze von 20 vom Hundert nachträglich aus den dem Reiche verbliebenen Einnahmen an Einkommensteuer zu ergänzen.

Bei der Durchschnittsberechnung werden die Einnahmen aus der Besteuerung des Reichsfiskus mit eingerechnet.

3. Erbschaftssteuer.

§ 34. Von dem Steueraufkommen auf Grund des Erbschaftsteuergesetzes vom 10. September 1919 (Reichs-Gesetzbl. S. 1543) erhalten die Länder 20 vom Hundert.

§ 35. Der Anteil jedes Landes wird von den Steuern berechnet, die von den Finanzämtern im Bereiche des Landes veranlagt sind, soweit diese Steuern zur Erhebung gelangen.

Erstreckt sich die Zuständigkeit eines Finanzamts über mehrere Länder, so entscheidet der letzte Wohnsitz und in Ermangelung eines solchen der letzte Aufenthalt des Erblassers, bei der Schenkungsteuer der Wohnsitz oder Aufenthaltsort des Schenkers zur Zeit der Schenkung.

§ 36. Gehört zur steuerpflichtigen Erbschaftsmasse oder Schenkung Grund- oder Betriebsvermögen, so steht der Anteil an der Steuer von diesen Vermögensstücken dem Lande zu, in dem sie belegen sind.

Für die Verteilung des Anteils unter mehrere anteilberechtigte Länder ist der steuerpflichtige Wert des Grund- oder Betriebsvermögens und der sonstigen Steuerobjekte maßgebend.

4. Grunderwerbsteuer.

§ 37. Von dem Steueraufkommen auf Grund des Grunderwerbsteuergesetzes vom 12. September 1919 (Reichs-Gesetzbl. S. 1617) erhalten die Länder 50 vom Hundert, mit Ausnahme der gemäß

§ 10 des Gesetzes erhobenen Steuern, an denen die Länder mit 25 vom Hundert beteiligt werden. Über die Verwendung des Anteils der Länder, insbesondere über eine völlige oder teilweise Überweisung an die Gemeinden (Gemeindeverbände), treffen die Länder Bestimmung.

§ 38. Jedes Land hat den Anteil von der Grunderwerbsteuer der Grundstücke zu beanspruchen, die innerhalb seines Gebiets belegen sind.

Erstreckt sich ein Grundstück über das Gebiet mehrerer Länder, so wird der Anteil auf die Belegenheitsländer nach dem Verhältnisse des Wertes der Grundstücksteile verteilt. Hinsichtlich der steuerpflichtigen Berechtigungen werden die Anteile in gleicher Weise berechnet.

§ 39. Gemeinden (Gemeindeverbände), die bereits vor dem 1. Januar 1918 Abgaben der im Grunderwerbsteuergesetze geregelten Art erhoben haben, erhalten bis zum 31. März 1923 eine Sonderzuweisung aus dem in der Gemeinde (Gemeindeverband) aufkommenden Reichsanteil in Höhe von einem Viertel dieses Anteils. Kommen gleichzeitig Gemeinden und Gemeindeverbände in Frage, so bestimmt die Landesgesetzgebung die Unterverteilung.

§ 40. Die Länder sowie mit deren Genehmigung die Gemeinden und Gemeindeverbände können Zuschläge zur Grunderwerbsteuer für ihre Rechnung erheben. Sie sind befugt, die Zuschläge nach sachlichen Merkmalen der Grundstücke abzustufen, insbesondere unbebaute Grundstücke vorauszubelasten.

Die Zuschläge dürfen zusammen für Land, Gemeinde und Gemeindeverband nicht mehr als 2 vom Hundert des steuerpflichtigen Wertes betragen, wovon höchstens die Hälfte auf das Land entfallen darf. Diese Höchstsätze dürfen auch in den Fällen der Abstufung der Sätze und der Vorausbelastung von Grundstücken nicht überschritten werden.

Soweit das Grunderwerbsteuergesetz Ermäßigungen vorsieht, sind die Zuschläge in gleichem Verhältnisse zu ermäßigen.

Für die Verwaltung der Zuschläge gelten dieselben Vorschriften wie für die Reichssteuer.

5. Umsatzsteuer.

§ 41. Von dem Aufkommen an Umsatzsteuer auf Grund des Gesetzes vom 24. Dezember 1919 (Reichs-Gesetzbl. S. 2157) erhalten die Länder 10 vom Hundert.

§ 42. Der Gesamtbetrag wird auf die Länder nach Verhältnis der Bevölkerungszahl verteilt. Für die Verteilung ist das Ergebnis der jeweils letzten Volkszählung maßgebend.

§ 43. Den Gemeinden werden 5 vom Hundert des auf jede Gemeinde entfallenden Aufkommens an Umsatzsteuer, soweit sie von den in § 11 Abs. 1 des Umsatzsteuergesetzes bezeichneten Steuerpflichtigen entrichtet wird, aus dem Reichsanteil überwiesen. Die nach den §§ 4, 19, 20 und 24 des Umsatzsteuergesetzes gewährten Vergütungen werden von dem auf jede Gemeinde entfallenden Aufkommen nach dem Verhältnisse der Bevölkerungszahl gekürzt; der Reichsrat erläßt hierüber nähere Bestimmungen. Für die Beteiligung der einzelnen Gemeinden am Aufkommen an Umsatzsteuer findet § 53 der Reichsabgabenordnung entsprechende Anwendung.

Die Vorschrift des Abs. 1 findet keine Anwendung auf die Umsatzsteuern, die die Monopolverwaltungen des Reichs oder zwangswirtschaftliche Unternehmungen, deren Aufgaben sich auf das ganze Reich erstrecken, entrichten. Aus diesen Umsatzsteuern werden 5 vom Hundert den Ländern nach Verhältnis der Bevölkerungszahl zugewiesen. Sie sind von den Landesregierungen nach dem gleichen Verhältnis auf die Gemeinden zu verteilen oder nach Maßgabe eines Landesgesetzes in anderer Weise zugunsten der Gemeinden zu verwenden. Welche Unternehmungen unter diese Vorschrift fallen, entscheidet im Zweifelsfalle der Reichsrat.

Die Vorschrift des § 22 Abs. 2 der Reichsabgabenordnung bleibt unberührt.

6. Verteilungsverfahren.

§ 44. Soweit die Anteile der Länder und Gemeinden in einer Beteiligung an den Steuerbeträgen nach dem örtlichen Aufkommen bestehen, nimmt das Finanzamt gleichzeitig mit der Veranlagung der Steuer deren Zerlegung in die Anteile der Steuergläubiger vor. Die beteiligten Länder und Gemeinden werden von dem Ergebnisse der Zerlegungen benachrichtigt. Sind mehrere Gemeinden anteilberechtigt und liegt ein Beschluß gemäß § 29 oder § 30 vor, so ist auch der Steuerpflichtige zu benachrichtigen; er gilt als beteiligt.

§ 45. Die Zerlegung in die Anteile der Steuergläubiger kann von den Ländern und Gemeinden binnen einer Frist von drei Monaten seit der Bekanntgabe mit Einspruch bei dem Finanzamt angefochten werden. Die Länder und Gemeinden sind berechtigt, Auskunft sowie Einsicht in die Nachweisungen und Akten des Finanzamts zu verlangen.

Gegen den Einspruchsbescheid des Finanzamts steht den Beteiligten binnen einem Monat die Beschwerde an das Landesfinanzamt zu, das endgültig entscheidet, unbeschadet der Vorschriften über den Verteilungsplan.

§ 46. Sind an einem Steuerbetrage nach den Grundsätzen über das örtliche Aufkommen mehrere Länder oder mehrere Gemeinden zu beteiligen, so hat das für die Veranlagung zuständige Finanzamt einen Verteilungsplan aufzustellen und den Beteiligten mitzuteilen.

Gegen den Verteilungsplan steht den Beteiligten binnen drei Monaten der Einspruch bei dem Finanzamt und gegen den Einspruchbescheid binnen einem Monate die Beschwerde bei dem Landesfinanzamte zu.

Gegen die Entscheidung des Landesfinanzamts findet die weitere Beschwerde bei dem Reichsfinanzhofe statt, der im Beschlußverfahren entscheidet.

§ 47. Länder und Gemeinden, die bei der Zerlegung des Steuerbetrages nicht berücksichtigt sind, können bei dem für die Veranlagung zuständigen Finanzamte den Antrag auf Aufstellung eines Verteilungsplans stellen. Wird dem Antrage stattgegeben, so bleibt das Anteilverhältnis der übrigen beteiligten Länder und Gemeinden untereinander, soweit es bereits rechtskräftig festgestellt ist, für diese Verteilung maßgebend. Die Ablehnung des Antrags gilt als Einspruchbescheid im Sinne des § 46.

Nach Ablauf eines Jahres seit dem Zeitpunkt, in dem die Veranlagung zur Steuer unanfechtbar geworden ist, können neue Ansprüche auf Zuweisung eines Anteils nicht mehr erhoben werden.

§ 48. Die Verteilungsbehörden sollen vor jeder Änderung der Anteile alle Beteiligten hören, deren Anteile durch die Änderung berührt werden. Im übrigen finden auf das Verteilungsverfahren die Vorschriften der Reichsabgabenordnung entsprechende Anwendung, insbesondere auch hinsichtlich der Verpflichtung zur Auskunft, Einsichtgewährung und Erstattung von Gutachten.

§ 49. Steueranteile der Länder, die nicht nach dem örtlichen Aufkommen zu berechnen sind, werden vom Reichsminister der Finanzen festgestellt. Im Falle von Meinungsverschiedenheiten zwischen dem Reichsminister und einer Landesregierung entscheidet der Reichsrat.

§ 50. Über Anteilsansprüche der Gemeinden, die sich nicht auf das örtliche Aufkommen gründen, entscheiden die Landesbehörden.

§ 51. Anträge auf Ergänzung von Anteilen aus Reichsmitteln unterliegen der Beschlußfassung des Reichsministers der Finanzen. Im Falle von Meinungsverschiedenheiten zwischen dem Reichsminister und einer Landesregierung entscheidet der Reichsrat.

III. Lastenverteilung.

§ 52. Wenn das Reich den Ländern oder den Gemeinden (Gemeindeverbänden) neue Aufgaben zuweist, so soll die Beteiligung des Reichs an den Kosten geregelt werden.

§ 53. Wenn einzelnen Ländern oder Gemeinden (Gemeindeverbänden) durch Verträge, Gesetze oder Verwaltungsmaßnahmen des Reichs besondere Kosten erwachsen, so wird das Reich entweder die Kosten übernehmen oder angemessene Zuschüsse leisten.

§ 54. Wenn Länder oder Gemeinden (Gemeindeverbände) Unternehmungen auf kulturellem, wirtschaftlichem oder sozialem Gebiete betreiben, deren Bedeutung sich auf das ganze Reichsgebiet oder auf einen größeren Teil des Reichs über die Grenze des Landes hinaus erstreckt, so wird das Reich im Falle des Bedürfnisses zu den Kosten einen Zuschuß leisten oder die Unternehmung im Einverständnisse mit dem Lande und den Gemeinden (Gemeindeverbänden) übernehmen. Dasselbe gilt von sonstigen Einrichtungen, deren Kosten allein zu tragen ein Land auch bei völliger Ausschöpfung der eigenen Einnahmequellen außerstande ist.

§ 55. Die Länder sind gehalten, bis zum 1. April 1921 für einen Lastenausgleich unter ihren Gemeinden und Gemeindeverbänden, insbesondere auf dem Gebiete der Armen-, Schul- und Polizeilasten, zu sorgen.

IV. Übergangs- und Schlußbestimmungen.

§ 56. Das Reich gewährleistet jedem Lande die Einnahme aus den durch die Einkommensteuer, Körperschaftsteuer, Kapitalertragsteuer und die Erbschaftsteuer ersetzten Steuern des Landes und seiner Gemeinden (Gemeindeverbände) in der bisherigen Höhe.

Der Anteil an der Einkommensteuer muß mindestens das Aufkommen des Steuerjahrs 1919 an den durch die Einkommensteuer, die Körperschaftsteuer und die Kapitalertragsteuer ersetzten Steuern des Landes und seiner Gemeinden (Gemeindeverbände) zuzüglich einer Steigerung von 25 vom Hundert erreichen. Änderungen in der Höhe der Steuer, die von Ländern und Gemeinden (Gemeindeverbänden) nach dem 10. März 1920 beschlossen sind, bleiben außer Ansatz. Der Reichsminister der Finanzen kann auch spätere Erhöhungen berücksichtigen, wenn besondere Billigkeitsgründe vorliegen.

Soweit das Reich Aufgaben übernimmt, die im Rechnungsjahre 1919 den Ländern und den Gemeinden (Gemeindeverbänden) oblagen, oder neue Aufgaben den Ländern oder den Gemeinden

(Gemeindeverbänden) überträgt, erfolgt eine entsprechende Änderung des gewährleisteten Betrags. Das gleiche gilt, soweit die seit Beginn des Krieges eingetretenen Fehlbeträge oder Mindereinnahmen bei den Erwerbsunternehmungen der Länder und Gemeinden (Gemeindeverbände), die in dem genannten Jahre durch Erhöhung der Einkommensteuer ausgeglichen werden mußten, wieder in Wegfall kommen.

Soweit bisher in einzelnen Ländern gemeindliche Aufgaben infolge des Bestehens von selbständigen Gutsbezirken oder ähnlichen Gebilden unmittelbar von Privatpersonen erfüllt wurden, ist dies bei der Anwendung der vorstehenden Vorschriften in billiger Weise zu berücksichtigen.

Der Anteil an der Erbschaftssteuer muß mindestens das Aufkommen erreichen, das im Durchschnitte der Rechnungsjahre 1912 bis 1916 von dem Lande an der durch die Erbschaftsteuer ersetzten Steuer erzielt wurde.

Das bisherige Aufkommen an den durch die Einkommensteuer, die Körperschaftsteuer, die Kapitalertragsteuer und die Erbschaftsteuer ersetzten Steuern des Landes und seiner Gemeinden (Gemeindeverbände) wird zusammengerechnet den Anteilen an der Einkommensteuer und der Erbschaftsteuer gegenübergestellt. Diesen Anteilen werden die Überweisungen aus der Umsatzsteuer zugerechnet, soweit sie die Überweisung im Steuerjahr 1919 übersteigen.

§ 57. Die Grundsätze des § 56 gelten bis zum 1. April 1921 sinngemäß für die Landesgesetzgebung bei der Regelung des Verhältnisses zwischen Ländern und Gemeinden.

§ 58. Wenn die auf Grund der §§ 17 bis 43 einem Lande zugewiesenen Anteile den gewährleisteten Mindestbetrag in einem Rechnungsjahr nicht erreichen, so hat das Land die Ergänzung der Anteile bei dem Reichsminister der Finanzen zu beantragen.

Kommt eine Verständigung nicht zustande, so entscheidet auf Antrag des Landes der Reichsrat.

§ 59. Das Reich übernimmt nachstehende, von den Ländern und Gemeinden (Gemeindeverbänden) bisher geleisteten Ausgaben, soweit sie nicht schon vom Reiche erstattet sind:

1. die Mindestsätze der Familienunterstützungen, die von den Ländern, Lieferungsverbänden oder Gemeinden auf Grund der Gesetze vom 28. Februar 1888 (Reichs-Gesetzbl. S. 59) und 4. August 1914 (Reichs-Gesetzbl. S. 332) sowie der Bundesratsverordnungen vom 2. November 1917 (Reichs Gesetzbl. S. 985) und 28. September 1918 (Reichs-Gesetzbl. S. 1223) gezahlt sind;

2. die für die Beschaffung der Mittel zur Zahlung der Familienunterstützungen (Nr. 1) aufgewendeten Zinsen, Diskontbeträge und Kosten;
3. die Zuschläge, die von Ländern, Lieferungsverbänden und Gemeinden zu den Mindestsätzen der Familienunterstützungen gezahlt sind, nebst Zinsen, Diskontbeträgen und Kosten;
4. die sonstigen Aufwendungen der Gemeinden, Gemeindeverbände und Länder auf dem Gebiete der Kriegswohlfahrtspflege, soweit sie bisher als beihilfefähig anerkannt sind, nebst Zinsen, Diskontbeträgen und Kosten;
5. die von den Ländern als Beschaffungsbeihilfen für Beamte einschließlich der Lehrer geleisteten Zahlungen, soweit sie den Sätzen der vom Reiche für die Reichsbeamten unter dem 26. August 1919 bewilligten Beschaffungsbeihilfen entsprechen. Die Länder können diesen Beschaffungsbeihilfen andere Teuerungszulagen zurechnen, soweit der Gesamtbetrag ihrer Beschaffungsbeihilfen hinter der Summe zurückbleibt, die bei Anwendung der Grundsätze des Reichs über die Beschaffungsbeihilfen zu zahlen gewesen wäre.

In den Fällen des Abs. 1 Nr. 2 bis 4 werden die Zinsen, Diskontbeträge und Kosten nur bis zur Höhe von 4 ½ vom Hundert der Beträge erstattet, für die die Zinsen, Diskontbeträge und Kosten aufgewendet worden sind.

Das Reich kann die Verpflichtungen aus den vorstehenden Vorschriften auch dadurch erfüllen, daß es die Länder und Gemeinden (Gemeindeverbände) ermächtigt, für Rechnung des Reichs Anleihen bis zur Höhe ihrer Ansprüche aufzunehmen, sofern nach der jeweiligen Lage des Geldmarkts auf diesem Wege günstigere Anleihebedingungen zu erzielen sind.

Die von den Ländern und Gemeinden (Gemeindeverbänden) für Rechnung des Reichs zu vereinbarenden Zins- und sonstigen Anleihebedingungen bedürfen der Zustimmung des Reichsministers der Finanzen. Die dem Reiche obliegende Tilgung dieser Anleihen soll mindestens 1 vom Hundert jährlich zuzüglich der ersparten Zinsen betragen.

Kommt eine Verständigung zwischen dem Reichsminister der Finanzen und der Landesregierung nicht zustande, so entscheidet der Reichsrat.

Die vom Reiche nach Abs. 1 Nr. 3 bis 5 übernommenen Jahreszinsen werden jedem Lande auf den ihm gewährleisteten Anteil an Reichssteuern (§ 56) angerechnet.

§ 60. Der Reichsminister der Finanzen und die von ihm beauftragte Reichsbehörde sind befugt, von den Landes- und Gemeindeverbänden Auskunft über die Landes- und Gemeindesteuern sowie zur Durchführung der Lastenverteilung Einsicht in die Haushaltspläne und Jahresrechnungen zu verlangen.

§ 61. Die in diesem Gesetze vorgesehenen Maßstäbe für die Beteiligung der Länder und Gemeinden am Ertrage von Reichssteuern gelten für die Rechnungsjahre 1920, 1921 und 1922. Kommt eine neue gesetzliche Regelung nicht vor dem 1. April 1923 zustande, so bleiben die Vorschriften dieses Gesetzes bis zur gesetzlichen Änderung in Kraft.

§ 62. Die Vorschriften der §§ 69 und 71 des Erbschaftsteuergesetzes vom 10. September 1919 (Reichs-Gesetzbl. S. 1543) werden mit Wirkung vom 1. September 1919 ab durch die Vorschriften der §§ 34 bis 36 dieses Gesetzes ersetzt.

Die Vorschriften der §§ 32 bis 34 des Grunderwerbsteuergesetzes vom 12. September 1919 (Reichs-Gesetzbl. S. 1617) werden mit Wirkung vom 1. Oktober 1919 ab durch die Vorschriften der §§ 37 bis 40 dieses Gesetzes ersetzt.

Soweit dieses Gesetz den Ländern und Gemeinden (Gemeindeverbänden) die Befugnis zur Erhebung von Zuschlägen gewährt, kann davon mit rückwirkender Kraft vom 1. Oktober 1919 ab Gebrauch gemacht werden. Nach dem 1. Oktober 1920 darf der Erhebung der Zuschläge rückwirkende Kraft nicht mehr beigelegt werden.

Das Doppelsteuergesetz vom 22. März 1909 (Reichs-Gesetzbl. S. 332), § 14 des Gesetzes über die Errichtung eines Reichsfinanzhofs vom 26. Juli 1918 (Reichs-Gesetzbl. S. 959) werden aufgehoben.

Der § 259 Abs. 1 des Gesetzes über das Branntweinmonopol vom 26. Juli 1918 (Reichs-Gesetzbl. S. 887) wird mit Wirkung vom 1. April 1920 ab aufgehoben.

§ 63. Die Ausführungsbestimmungen zu diesem Gesetz erläßt der Reichsminister der Finanzen mit Zustimmung des Reichsrats.

§ 64. Dieses Gesetz tritt gleichzeitig mit dem Einkommensteuergesetz in Kraft.

Nr. 20 836.

Staatsministerien des Innern und der Finanzen.

Bekanntmachung zum Vollzuge des § 5 des Landessteuergesetzes vom 30. März 1920 (RGBl. S. 402).

Nach § 5 LStG. sind neue Steuerordnungen der Gemeinden (Gemeindeverbände) von den zuständigen Landesbehörden dem Reichsminister der Finanzen oder der von ihm beauftragten Reichsbehörde mitzuteilen. Steuerordnungen im Sinne dieser Vorschrift sind ohne Rücksicht auf ihre Form alle Steuerbestimmungen der Gemeinden und Gemeindeverbände, auf Grund deren Steuern erhoben werden sollen. Unter § 5 fallen daher insbesondere alle Gemeindesatzungen über die Erhebung örtlicher Abgaben (Wohnsteuern, Reklamesteuern usw.). Beschlüsse der Gemeinden über die Erhebung von Gebühren, sei es von Verwaltungsgebühren oder Gebühren für die Benützung gemeindlicher Anstalten (Gas- und Elektrizitätsgebühren, Wasserzins, Schlachthausgebühren, Gebühren für Straßenreinigung oder Müllabfuhr, Friedhofsgebühren usw.) unterliegen nicht der Mitteilungspflicht. Auch die Umlagenbeschlüsse der Gemeinden und Gemeindeverbände sind nach der in Bayern getroffenen Regelung zufolge der Entschließung des Reichsministers der Finanzen vom 11. März 1921 III 6598 II nicht dem Einspruchsverfahren unterworfen und sind daher auch nicht mitteilungspflichtig.

Die Mitteilung der Steuerordnung hat durch die Gemeinde selbst zu erfolgen, sobald alle übrigen Voraussetzungen für den Erlaß der Steuerordnung nach dem geltenden Landesrechte erfüllt sind. Hiernach ist in den Fällen, in denen die Gemeindesatzung der Genehmigung des Staatsministeriums des Innern oder einer anderen Stelle oder Behörde bedarf, die Satzung erst dann vorzulegen, wenn diese Genehmigung erteilt ist.

Die Mitteilung ist an das für die Gemeinde zuständige Landesfinanzamt zu richten, da das Reichsfinanzministerium mit Entschließung vom 23. Juli 1920 III 13216 die ihm in § 5 eingeräumten Befugnisse den Landesfinanzämtern übertragen hat.

Über einen etwaigen Einspruch eines Landesfinanzamts ist sofort zu berichten.

München, den 23. April 1921.

I. V.: **Dr. Schweyer. Dr. Krausneck.**

Vereinbarungen der Länder mit dem Reichsminister der Finanzen über den Vollzug des § 56 Landessteuergesetzes.

Auf Anregung der bayerischen Landesregierung hat zwischen dem VI. Ausschusse des Reichsrats und dem Reichsfinanzministerium über die Auslegung des § 56 LStG. am 21. und 22. Mai 1920 eine Besprechung stattgefunden, wobei sich über folgende Fragen Übereinstimmung ergeben hat:

I. Im allgemeinen.

Das Verhältnis der einzelnen Abschnitte des § 56 zueinander ergibt sich entsprechend der Entstehungsgeschichte aus nachstehendem Gedankengang. Abs. 1 LStG. stellt den allgemeinen Grundsatz der Gewährleistung des Reichs gegenüber den Ländern auf.

Die Abs. 2 bis 5 geben die Vorschriften über die Berechnung des bisherigen Aufkommens und der Anteile an den einzelnen Steuerarten.

Abs. 6 bestimmt die Zusammenrechnung des bisherigen Aufkommens aus den verschiedenen Steuern einerseits, der Anteile von den Reichssteuern andererseits und die Gegenüberstellung der beiden Gesamtsummen.

II. Im einzelnen.

1. Welche Landes- und Gemeindesteuern haben als „ersetzt" im Sinne des Abs. 1 zu gelten?

a) Die ersetzten Steuern sind im Abs. 1 erschöpfend aufgezählt. Soweit Zweifel darüber entstehen, ob eine einzelne Landessteuer zu den ersetzten Steuern zu rechnen ist, muß die Entscheidung von Fall zu Fall — nötigenfalls, wenn eine Einigung zwischen der Landesregierung und dem Reichsfinanzministerium nicht zustande kommt — durch den Reichsrat getroffen werden.

b) Zu den durch die Reichserbschaftssteuer ersetzten Steuern gehören auch die Anteile, die den Ländern an dem Aufkommen der früheren Reichserbschaftssteuer zustanden.

2. Was ist unter „Einnahme in der bisherigen Höhe" im Sinne des Abs. 1 und unter „Aufkommen" im Sinne des Abs. 2 zu verstehen?

a) Grundsätzlich kommt es auf die wirkliche I s t einnahme an. Als solche Isteinnahme hat das Aufkommen zu gelten, das — gleichviel wann — auf das Veranlagungssoll des Jahres (einschließlich der Zu- und Abgänge) tatsächlich eingegangen ist. Aus Gründen der Zweckmäßigkeit soll aber bei Ermittelung des „Aufkommens des Steuerjahres 1919" im Sinne des Abs. 2 zunächst — unter dem Vorbehalte seinerzeitiger Berichtigung nach dem Vorliegen der Isteinnahme — zugrunde gelegt werden das Veranlagungssoll einschließlich der Zu- und Abgänge, jedoch berichtigt nach den Hundertsatz, um den im Durchschnitte der Landes-Steuerjahre 1916, 1917 und 1918 die wirkliche Einnahme sich gegenüber dem Veranlagungssoll vermindert oder vermehrt hat.

Bei Feststellung der Isteinnahme des Steuerjahrs 1919 sollen Änderungen, die nach dem 31. März 1923 eintreten, nicht mehr berücksichtigt werden.

b) Wenn in einem Lande Steuern, die nach landesrechtlicher Bestimmung veranlagt und für Rechnung des Landes oder der Gemeinden zu erheben waren, infolge Besetzung durch die Entente nicht zur Staats- oder Gemeindekasse vereinnahmt worden sind, so sollen diese Beträge sowohl dem Veranlagungssoll wie der Isteinnahme im vorstehenden Sinne (2a) zugerechnet werden.

3. Welcher Zeitraum ist als „das Steuerjahr 1919" im Sinne des Abs. 2 anzusehen?

a) Nach der Fassung des Abs. 2 Satz 1 könnte unter „Steuerjahr 1919" das Steuerjahr 1919 jeweils des Landes, dessen Aufkommen zu ermitteln ist, verstanden werden. Mit dieser Auslegung würde aber nicht im Einklange stehen, daß nach Abs. 2 Satz 2 Steuer- und Umlageerhöhungen zu berücksichtigen sind, die die Länder oder Gemeinden vor dem 11. März 1920 beschlossen haben. Es kann nicht angenommen werden, daß der Gesetzgeber die in letzterer Bestimmung liegende Vergünstigung nur einem Teile der Länder und Gemeinden, nämlich jenen zuwenden wollte, deren Steuerjahr 1919 über den 10. März 1920 hinausreichte.

Infolgedessen soll als „Steuerjahr 1919" im Sinne des Abs. 2 grundsätzlich für alle Länder und Gemeinden der Zeitraum vom 1. April 1919 bis 31. März 1920 gelten.

b) Das Aufkommen dieses Zeitraums soll in den Ländern und Gemeinden, deren Steuerjahr 1919 mit dem Kalenderjahre zusammenfiel, in der Weise ermittelt werden, daß von dem Aufkommen des vollen Kalenderjahres ein Viertel abgezogen und dem verbleibenden Reste das Aufkommen des 1. Kalendervierteljahrs 1920 hinzugerechnet wird.

c) Diesen Ländern und Gemeinden sollen die Länder und Gemeinden, in denen das Steuerjahr 1919 vom 1. Juli 1919 bis 30. Juni 1920 lief, grundsätzlich gleichgestellt werden. Das nähere hierüber soll jeweils zwischen den beteiligten Ländern und dem Reichsfinanzministerium vereinbart werden.

4. Gilt der Satz 1 des Abs. 3 auch bereits für die Zeit unmittelbar nach Ablauf des Rechnungsjahrs 1919?

Das Landessteuergesetz ist gemäß seinem § 64 in Verbindung mit § 2 des Gesetzes zur Durchführung des Einkommensteuergesetzes vom 31. März 1920 mit Wirkung vom 1. April 1920 in Kraft getreten. Seine Wirksamkeit schloß sich daher an das Ende des Rechnungsjahres 1919 unmittelbar an. Die Vorschrift des Satzes 1 findet mithin auf alle Fälle Anwendnng, in denen das Reich nach dem Rechnungsjahre 1919 Aufgaben übernommen hat, die in diesem Rechnungsjahre den Ländern oder Gemeinden (Gemeindeverbänden) oblagen oder den Ländern oder Gemeinden (Gemeindeverbänden) neue Aufgaben übertragen hat.

5. Wie soll Satz 2 des Abs. 3 durchgeführt werden.

Der Abzug nach Satz 2 soll — bei Gegebensein der übrigen Voraussetzungen des Satzes 2 — stattfinden, wenn ein Land oder eine Gemeinde die Steuern erhöht hat lediglich zur Deckung eines Betriebsdefizits oder einer Mindereinnahme eines Erwerbsunternehmens.

Mußten in einem Lande oder einer Gemeinde (Gemeindeverband) seit Beginn des Krieges Fehlbeträge oder Mindereinnahmen bei Erwerbsunternehmungen und zugleich sonstige Haushaltsfehlbeträge durch Erhöhung der Einkommensteuer ausgeglichen werden, so gelten die erhöhten Einkommensteuern in erster Linie als zum Zwecke des Ausgleichs der sonstigen Haushaltsfehlbeträge verwendet. Nur soweit sie diese übersteigen, gelten sie als zum Ausgleiche der Fehlbeträge bei Erwerbsunternehmungen verwendet.

6. Wie ist das „Aufkommen", das im Durchschnitte der Rechnungsjahre 1912 bis 1916 von dem Lande an der durch die Erbschaftssteuer ersetzten Steuer erzielt wurde, im Sinne des Abs. 5 zu ermitteln?

a) Hier begegnet die Zugrundelegung der Isteinnahme keine Schwierigkeiten. Daher ist die wirkliche Einnahme der einzelnen in Betracht kommenden Jahre zugrunde zu legen ohne Rücksicht darauf, ob sie auf das betreffende oder ein früheres Jahr entfällt.

b) Unter den Rechnungsjahren 1912—16 sind die Rechnungsjahre der Länder zu verstehen.

7. Wie stellt sich die Berechnung nach Abs. 6?

a) Die Ausfälle infolge des Verlustes der ersetzten Steuern einschließlich der Anteile an der Erbschaftssteuer werden zusammengerechnet (Summe a).

Dieser Summe a wird der Anteil an der Reichseinkommensteuer und der Körperschaftssteuer nach § 17 und der Anteil an der Erbschaftssteuer nach § 34 unter Hinzurechnung der Überweisungen an der Umsatzsteuer, soweit diese die Überweisung im Steuerjahre 1919 übersteigen, und der Jahreszinsen nach § 59 Abs. 6 gegenübergestellt (Summe b).

Ist die Summe a niedriger als die Summe b, so kommt § 56 nicht zur Anwendung. Es verbleibt dann bei der Bemessung der Anteile nach den §§ 17, 34, 41.

Ist dagegen die Summe b niedriger als die Summe a, so sind diese Anteile (§§ 17, 34, 41) bis zur Summe a gemäß § 58 zu ergänzen.

b) § 58 ist nur eine Verfahrensvorschrift, die über den Rahmen des § 56 nicht hinausreicht. Die Anteile an der Grunderwerbsteuer (§§ 37 bis 40) bleiben daher bei der Anwendung des § 58 außer Betracht.

Die Berechnung der Garantiesummen der Länder und Gemeinden (Gemeindeverbände) nach den vorstehenden Grundsätzen hat sich vorerst schon wegen der Überlastung der Behörden vielfach als undurchführbar erwiesen. Die Länder haben deshalb in einer Besprechung vom 5./6. April 1921 mit dem Reichsminister der Finanzen eine vorläufige Festsetzung des Mindestanspruchs im Sinne des § 56 Abs. 2 und 4 Landessteuergesetzes für die Länder und Gemeinden vereinbart.

Hiernach wird auf Antrag eines Landes das Reichsfinanzministerium im Einvernehmen mit diesem Lande den Mindestanspruch im Sinne des § 56 Abs. 2, 4 LStG. für das Land und seine Gemeinden bis spätestens innerhalb 3 Monaten nach Stellung des Antrags vorläufig festsetzen.

Die Festsetzung hat zu erfolgen nach Maßgabe der Vereinbarungen vom 21. und 22. Mai 1920. Die Länder sind jedoch berechtigt, hierbei an Stelle des berichtigten Veranlagungssolls wahlweise die bis 31. März 1921 eingegangene Isteinnahme auf das Steuerjahr 1919 zugrunde zu legen oder die in den Vereinbarungen vorgesehene Berichtigung des Veranlagungssolls in der Weise vorzunehmen, daß von dem Veranlagungssoll 5 vom Hundert abgezogen werden. Übersteigt der hiernach vorläufig festgesetzte Mindestanspruch eines Landes die dem Lande für 1920 überwiesenen Abschlagszahlungen aus dem Aufkommen an Einkommensteuern und Körperschaftssteuern, so ist der Unterschiedsbetrag dem Lande vom Reiche als weitere Abschlagszahlung alsbald zu überweisen. Überweisungen aus der Umsatzsteuer und Erbschaftssteuer sind hiebei nach Maßgabe des § 56 Abs. VI LStG. zu berücksichtigen.

Übersteigt im Rechnungsjahre 1921 die Hälfte des vorläufig festgesetzten Mindestanspruchs eines Landes den ihm bis zum Schlusse eines Halbjahrs des Rechnungsjahres überwiesenen Betrag, an Einkommensteuern und Körperschaftssteuern, so ist auf Antrag der Unterschiedsbetrag dem Lande vom Reiche als weitere Abschlagszahlung alsbald zu überweisen.

Überweisungen aus der Umsatzsteuer und Erbschaftssteuer sind hierbei nach Maßgabe des § 56 Abs. 6 Landessteuergesetzes zu berücksichtigen, das Gleiche gilt für die nach § 59 Abs. 6 LStG. anzurechnenden Jahreszinsen, soweit sie feststehen und bisher noch nicht berücksichtigt worden sind.

Bayerisches Gesetz

vom 30. Juni 1921

zum Vollzuge des Landessteuergesetzes.

(GVBl. S. 361.)

Der Landtag des Freistaates Bayern hat folgendes Gesetz beschlossen:

Anteile der Gemeinden und Kreise an der Einkommensteuer und Körperschaftssteuer.

Art. 1. I Die Gemeinden und Kreise werden an dem nach § 17 des Landessteuergesetzes dem Lande und den Gemeinden zukommenden Anteil am Ertrage der Einkommensteuer und der Körperschaftssteuer nach Maßgabe des örtlichen Aufkommens verhältnismäßig beteiligt.

II Für jede Gemeinde und jeden Kreis wird der Anteil gesondert nach dem Verhältnisse berechnet, in welchem die Solleinnahme des Landes an Einkommen-, Kapitalrenten- und Vermögensteuern einschließlich der Zuschläge nach dem Durchschnitte der Jahre 1912 mit 1919 zu den Solleinnahmen der Gemeinde oder des Kreises an Umlagen zu diesen Steuern stand. Die Hundertsätze für die Anteile der Gemeinden und Kreise sind auf ganze Zahlen aufzurunden.

III Die Verteilung erfolgt unter Beachtung der Grundsätze in den §§ 20 bis 25 des Landessteuergesetzes. Sind an einem Steuerbetrage gleichzeitig Wohnsitz- und Belegenheits-(Betriebs-)Gemeinden anteilsberechtigt (§ 22 Landessteuergesetz), so unterbleibt die Zerlegung des Steuerbetrags, wenn das Einkommen aus den Grundstücken, Gebäuden und Gewerben in der Belegenheits-(Betriebs-) Gemeinde weniger als 1500 Mark beträgt.

Art. 2. Bezirkszugehörige Gemeinden sind verpflichtet, ihre Bezirke an den ihnen nach § 1 überwiesenen Anteilen am Ertrage der Einkommensteuer und der Körperschaftssteuer verhältnismäßig zu beteiligen. Die Berechnung erfolgt in sinngemäßer Anwendung des Art. 1 Abs. II.

Art. 3. Die Gemeinden und Kreise dürfen den ihnen zugewiesenen Anteil an der Einkommensteuer weder ganz noch teilweise unerhoben lassen (§ 29 Landessteuergesetz).

Örtliche Abgaben.

Art. 4. I Die Gemeinden sind zur Erhebung örtlicher Abgaben berechtigt.

II Der Beschluß über die Erhebung örtlicher Abgaben bedarf der Genehmigung der Regierung, Kammer des Innern. Die Genehmigung kann nur versagt werden, soweit reichs- oder landesrechtliche Vorschriften oder allgemeine, insbesondere volkswirtschaftliche oder steuerliche Interessen des Landes entgegenstehen. Gegen den ablehnenden Beschluß steht der Gemeinde binnen einer Frist von 14 Tagen Beschwerde an das Staatsministerium des Innern zu, das im Benehmen mit dem Staatsministerium der Finanzen und dem etwa sonst beteiligten Staatsministerium entscheidet.

Zuwachssteuer.

Art. 5. I Beim Übergange des Eigentums an einem Grundstück oder beim Übergang eines Rechtes, das den Grundstücken gleichsteht, ist die Gemeinde, in der das Grundstück liegt oder das Recht besteht, befugt, eine gemeindliche Steuer nach dem unverdienten Wertzuwachse (Zuwachssteuer) zu erheben.

II Dem Übergange des Eigentums an Grundstücken steht gleich der Übergang von Rechten an dem Vermögen einer Gesellschaft mit beschränkter Haftung, einer Kommanditgesellschaft, Gewerkschaft, eingetragenen Genossenschaft, eines eingetragenen Vereins oder einer offenen Handelsgesellschaft, soweit das Vermögen der Vereinigung aus Grundstücken besteht, wenn entweder zum Gegenstande des Unternehmens die Verwertung von Grundstücken gehört oder wenn die Vereinigung geschaffen ist, die Zuwachssteuer zu ersparen.

III Die Verwaltung der Steuer obliegt den Gemeinden, sie kann vertragsweise auch einem Notar übertragen werden.

IV Das Staatsministerium des Innern ist ermächtigt, im Einvernehmen mit den Staatsministerien der Justiz und der Finanzen eine Mustersatzung mit bindender Kraft aufzustellen.

V Die Mustersatzung ist dem Landtage vor Inkrafttreten vorzulegen; sie tritt außer Kraft oder wird abgeändert, wenn der Landtag es verlangt.

Grundwertabgabe.

Art. 6. I Die Gemeinden sind berechtigt, von unbebauten Grundflächen des Gemeindebezirks, die nicht dauernd land- oder forstwirtschaftlichen oder gärtnerischen Zwecken zu dienen bestimmt sind, neben der Grundsteuer alljährlich eine Abgabe bis zu sechs vom Tausend des gemeinen Wertes der Grundfläche (Grundwertabgabe) zu erheben.

II Die Verwaltung der Abgabe obliegt den Gemeinden.

III Das Staatsministerium des Innern ist ermächtigt, im Einvernehmen mit dem Staatsministerium der Finanzen eine Mustersatzung mit bindender Kraft aufzustellen.

IV Die Mustersatzung ist dem Landtage vor Inkrafttreten vorzulegen; sie tritt außer Kraft oder wird abgeändert, wenn der Landtag es verlangt.

Warenhaussteuer und Steuer von Filialgeschäften.

Art. 7. I Die Gemeinden können beschließen, daß gewerbliche Unternehmungen, deren Geschäftsbetrieb zur gewinnbringenden Verwertung größerer Betriebsmittel eine außergewöhnliche Ausdehnung hat und durch die Art des Geschäftsverfahrens von den Grundsätzen und Formen der üblichen Gewerbeausübung wesentlich abweicht, besondere Zuschläge zur Gewerbsteuer zu entrichten haben (Warenhaussteuer).

II Zu den gewerblichen Unternehmungen dieser Art zählen unter den angegebenen Voraussetzungen insbesondere:

1. Warenhäuser, Großmagazine, Großbazare, Abzahlungsgeschäfte, Versteigerungsgeschäfte und Versandgeschäfte, durch welche Waren, die nach ihrer Beschaffenheit verschiedenen Gattungen angehören oder als Erzeugnisse verschiedener Gewerbe- oder Handwerkszweige anzusehen sind, in größerem Umfang mittels Einzelverkaufs in offenen Verkaufsstellen feilgehalten oder im Wege des unmittelbaren Versandes an die Verbraucher veräußert werden;
2. Gewerbe der in Ziff. 1 bezeichneten Art, in denen der Betriebsumfang durch Haltung einer Mehrzahl von Verkaufsstellen oder Niederlagen für den Vertrieb der Waren oder Erzeugnisse außergewöhnlich erweitert ist.

III Die Gemeinden können ferner beschließen, daß Gewerbtreibende, die im Gemeindebezirk, ohne in ihm ihren Wohnsitz oder Hauptbetriebssitz zu haben, Verkaufsstellen oder Lager unterhalten, von denen aus Waren zum Verkauf abgegeben werden, zur Entrichtung besonderer Zuschläge zur Gewerbsteuer verpflichtet sind (Filialsteuer).

IV Die Zuschlagspflicht erstreckt sich nicht auf gewerbliche Betriebe inländischer Personenvereinigungen und Zweckvermögen, die nach der Satzung, Stiftung oder sonstigen Verfassung ausschließlich gemeinnützigen oder mildtätigen Zwecken dienen; die Gemeinnützigkeit ist bei Personenvereinigungen nicht ausgeschlossen, wenn die Einlagen nach der Satzung oder sonstigen Verfassung mit höchstens fünf von Hundert verzinst werden, bei Auslosungen, Ausscheiden eines Mitglieds oder für den Fall der Auflösung der Personenvereinigung nicht mehr als der Nennwert der Einlage zugesichert und bei der Auflösung der Rest des Vermögens für gleiche Zwecke bestimmt ist.

V Die Zuschläge dürfen 200 vom Hundert, in den Fällen des Abs. III für Gewerbebetriebe, die nicht unter Abs. I und II fallen, 50 vom Hundert der auf die Gemeinde treffenden Gewerbsteuer nicht übersteigen.

VI Der Beschluß bedarf der Genehmigung des Staatsministeriums des Innern im Einvernehmen mit dem Staatsministerium der Finanzen.

Vergnügungssteuer.

Art. 8. I Die in den §§ 12, 13 des Landessteuergesetzes vorgeschriebene Vergnügungssteuer verbleibt den Gemeinden und wird von diesen erhoben.

II Auf die Erhebung und das Rechtsmittelverfahren finden die für die örtlichen Abgaben geltenden Vorschriften entsprechende Anwendung.

Umlagen zu den Ertragsteuern des Landes.

Art. 9. I Die Gemeinden, Ortschaften, Bezirke und Kreise sind berechtigt, zur Grundsteuer, Haussteuer, Gewerbsteuer und Steuer vom Gewerbebetrieb im Umherziehen Umlagen zu erheben.

II Die nach einem einheitlichen Hundertsatz zu bemessenden Umlagen zur Haussteuer, Gewerbsteuer und Steuer vom Gewerbebetrieb im Umherziehen dürfen in kreisunmittelbaren, nicht bezirkszugehörigen Städten 400 vom Hundert, in den übrigen Gemeinden 350 vom Hundert, in den Bezirken und Kreisen je 50 vom Hundert dieser Steuer nicht übersteigen. Die Umlagen der Gemeinden, Bezirke und Kreise zur Grundsteuer müssen wenigstens im gleichen Hundertsatz festgesetzt und können bis um die Hälfte erhöht werden. Umlagen der Ortschaften (Ortsumlagen) sind nur insoweit statthaft, als die Gemeindeumlagen hinter diesen Höchstsätzen zurückbleiben.

III Mit Rücksicht und im Rahmen der bereits abgeschlossenen Haushaltpläne des Rechnungsjahres 1920 dürfen die Gemeinden und Bezirke mit Genehmigung der Kreisregierung, Kammer des Innern, die Kreise mit Genehmigung des Staatsministeriums des Innern diese Hundertsätze überschreiten.

Gemeindeumlagen.

Art. 10. I Gemeindeumlagenpflichtig ist, wer mit einer der in Art. 9 bezeichneten Steuern veranlagt ist.

II Der Veranlagung steht die vormerkungsweise Veranlagung gleich.

III Die Gemeindeumlagenpflicht bemißt sich nach der veranlagten Steuer. Die Zuschläge nach Art. 18 des Gewerbsteuergesetzes bleiben dabei außer Betracht.

IV Steuernachlässe bewirken die entsprechende Minderung oder Aufhebung der Gemeindeumlagenpflicht, die Niederschlagung von Umlagen bleibt der Gemeinde vorbehalten.

Art. 11. Gemeindeumlagenfrei sind Erträge

1. aus Grundstücken des Reiches oder des Landes, die unmittelbar zur Erfüllung öffentlicher Aufgaben dienen,
2. aus Kirchen, Bethäusern, Synagogen,
3. aus Dienstgrundstücken der Versicherungskammer,
4. aus unmittelbar zur Erfüllung öffentlicher Aufgaben dienenden Grundstücken der Kreise, der Bezirke, der Gemeinden und der Ortschaften sowie der zur Durchführung der Arbeiter- und Angestelltenversicherung auf Grund der Reichs- oder Landesgesetze errichteten Kassen, Berufsgenossenschaften und Versicherungsanstalten,
5. aus unmittelbar zu Zwecken des Unterrichts oder der Erziehung dienenden Grundstücken öffentlicher Unterrichts- oder Erziehungsanstalten sowie aus Grundstücken dieser Art von Privatanstalten, die für öffentliche Unterrichts- oder Erziehungsanstalten Ersatz bieten und nicht Erwerbszwecke verfolgen,
6. aus Grundstücken, die unmittelbar zu Zwecken der öffentlichen Wohltätigkeit oder der öffentlichen Gesundheitspflege unter Ausschluß von Erwerbs- oder Sportszwecken dienen,
7. aus öffentlichen Sammlungen und öffentlichen Denkmälern.

Art. 12. Die Gemeindeumlagenfreiheit (Art. 11) beginnt und endet mit dem Anfange des Kalendervierteljahrs nach dem Zeitpunkt, in dem ihre Voraussetzungen eingetreten oder weggefallen sind.

Art. 13. I Die Staatsregierung kann in Bezug auf Gemeindeumlagenpflichtige, die auch dem Steuerrechte nichtbayerischer Gemeinden unterliegen, Vereinbarungen und Verfügungen treffen, die von den Vorschriften dieses Gesetzes abweichen.

II Zur Gewährung einer Umlagenminderung oder einer Umlagenbefreiung sind in Fällen solcher Art auch die Gemeinden berechtigt.

III Die Staatsregierung kann ferner über die Gemeindeumlagenpflicht von Personen, die zu einem anderen Staate in Beziehung stehen, nach dem Grundsatze der Gegenseitigkeit Anordnungen treffen, die von den Vorschriften dieses Gesetzes abweichen.

Art. 14. Umlagenberechtigt in Bezug auf die Erträge aus Grundbesitz, Hausbesitz und Gewerbebetrieb im Umherziehen ist vorbehaltlich des § 10 des Landessteuergesetzes die Gemeinde des Ortes der Steuerveranlagung.

Art. 15. I Umlagenberechtigt in Bezug auf die Erträge aus stehendem Gewerbebetrieb ist die Gemeinde, in der eine Betriebsstätte zur Ausübung des stehenden Gewerbes unterhalten wird.

II Betriebsstätte im Sinne dieses Gesetzes ist jede feste örtliche Anlage oder Einrichtung, die der Ausübung des Betriebs eines stehenden Gewerbes dient. Außer dem Hauptsitz eines Betriebs gelten hiernach als Betriebsstätten: Zweigniederlassungen, Fabrikationsstätten, Ein- und Verkaufsstellen, Kontore und sonstige zur Ausübung des Gewerbes durch den Unternehmer selbst, dessen Geschäftsteilhaber, Prokuristen oder andere ständige Vertreter unterhaltenen Geschäftseinrichtungen. Als Betriebsstätten gelten auch Bauausführungen, die die Dauer von 12 Monaten überschreiten.

Art. 16. I Kommen nach Art. 15 mehrere Gemeinden in Betracht, so ist jede dieser Gemeinden anteilsweise umlagenberechtigt. Die Berechnung der Anteile geschieht dadurch, daß die Gewerbsteuer (Betriebskapitalsanlage und Ertragsanlage) ausgeschieden wird.

II Die Ausscheidung geschieht in folgender Weise:

1. Die Betriebskapitalsanlage wird nach dem Werte der in den einzelnen Gemeinden befindlichen Bestandteile des Betriebskapitals (Art. 8, 9 Gewerbsteuergesetz) ausgeschieden.
2. Die Ausscheidung der Ertragsanlage erfolgt nach den Grundsätzen der §§ 24 und 25 des Landessteuergesetzes.

III Die Ausscheidung der Gewerbsteuer erfolgt veranlaßtenfalls auch in Bezug auf die ausmärkischen Bezirke.

Art. 17. Der maßgebende Zeitpunkt für die Bemessung der Umlagenberechtigung (Art. 15, 16) ist der 1. April, bei späterem Beginne der Umlagenpflicht (Art. 10, 13) der Tag des Beginns. Nachträgliche Änderungen sind für das Steuerjahr nicht zu berücksichtigen.

Art. 18. [I] Die Steuerausscheidung (Art. 16) erfolgt mangels vorgängiger Vereinbarung des Umlagenpflichtigen und der beteiligten Gemeinden durch den Ausschuß oder die Behörde, der die Steuerveranlagung obliegt.

[II] Wird eine Steuerveranlagung im Rechtsmittelverfahren abgeändert, so ist zugleich die Steuerausscheidung zu berichtigen. Gegen den Berichtigungsbescheid sind die gleichen Rechtsmittel wie gegen den Steuerbescheid zulässig.

Art. 19. [I] Auf die Beschlußfassung (Art. 18) und auf die Rechtsmittel finden die Vorschriften des Gewerbsteuergesetzes mit folgenden Maßgaben entsprechende Anwendung:

1. Der Beschluß soll dem Umlagenpflichtigen und den beteiligten Gemeinden schriftlich eröffnet werden.
2. Zur Einlegung von Rechtsmitteln sind der Umlagenpflichtige und die beteiligten Gemeinden berechtigt. Den beteiligten Gemeinden ist auf Wunsch der Einblick in die einschlägigen Verhandlungen zu gestatten.
3. Für die Gemeinden, die nicht zum Bezirke der die Gewerbsteuer veranlagenden Behörde gehören, beginnt die Rechtsmittelfrist am Tage der Eröffnung des Beschlusses.
4. Die Mitteilung der Rechtsmittel erfolgt an alle Gegenbeteiligten.
5. Die Abänderung der angefochtenen Steuerausscheidung durch die Stelle, die die Steuerausscheidung vorgenommen hat, setzt voraus, daß alle Beteiligten zustimmen.

[II] Ist die Ausscheidung einer veranlagten Steuer zu Unrecht unterblieben, so erfolgt deren Nachholung nur dann, wenn sie von dem Umlagenpflichtigen oder von einer beteiligten Gemeinde vor Ablauf von drei Jahren beantragt wird. Die Frist beginnt mit dem Schlusse des Steuerjahrs, in dem die Steuerveranlagung erfolgt ist.

Art. 20. [I] Die Berechnung der Umlagenschuldigkeit des einzelnen Pflichtigen erfolgt durch die Gemeindeverwaltung.

[II] Die Gemeindeverwaltungen sind befugt, bei den Finanzämtern, in der Pfalz auch bei den Steuereinnehmereien die einschlägigen Steuerlisten und die sonstigen Behelfe einzusehen und Abschriften davon zu nehmen.

Art. 21. [I] Die Gemeindeumlagen werden mit den Landessteuern, zu denen sie erhoben werden, fällig. Den Zeitpunkt der Entrichtung bestimmt die Gemeindeverwaltung. Von diesem Zeitpunkt an sind bei nicht rechtzeitiger Zahlung Zinsen zu fünf vom Hundert des geschuldeten Betrags zu entrichten, soweit durch die Vollzugsvorschriften nichts anderes bestimmt wird.

II Einwendungen gegen den Rechtsbestand der Umlagenforderung haben keine aufschiebende Wirkung.

II Die Gemeinden können im Bedarfsfalle schon vor der endgültigen Feststellung des Voranschlags und des Umlagenhundert satzes die vorläufige Einhebung eines Teiles der Gemeindeumlagen von den Umlagenpflichtigen beschließen. Die vorläufige Umlageneinhebung darf jedoch die Hälfte der Vorjahrsumlagenschuldigkeit der einzelnen Umlagenpflichtigen nicht übersteigen. Ist die Ertragsteuerveranlagung bis zum Schlusse des Rechnungsjahres noch nicht durchgeführt, so sind die Gemeinden berechtigt, die zweite Hälfte der Vorjahrumlagenschuldigkeit vorläufig als Abschlagszahlung einzuheben. Der vorläufig eingehobene Betrag ist auf die endgültig festgesetzte Umlagenschuldigkeit anzurechnen. Der Gemeinde steht frei, Umlagenpflichtige auf deren Antrag von der vorläufigen Einzahlung ganz oder teilweise zu befreien.

Art. 22. I Die Gemeindeumlagen sind von dem Pflichtigen an den Gemeindeeinnehmer abzuliefern.

II Säumige Umlagenschuldner sind vom Gemeindeeinnehmer zu mahnen. Die Mahnung kann auch durch öffentliches Ausschreiben erfolgen. Für die Mahnung ist eine Mindestgebühr von 20 Pfennig zu erheben. Durch Satzung kann die Gebühr auf höchstens 1/2 vom Hundert der Umlagenschuldigkeit festgesetzt werden.

III Bleibt die Mahnung erfolglos, so ist vom Gemeindeeinnehmer ein Ausstandsverzeichnis anzufertigen. Die Gemeindeverwaltung hat das Ausstandsverzeichnis mit dem Vermerk zu versehen: „Vorstehendes Ausstandsverzeichnis wird hiermit für vollstreckbar erklärt."

IV Die Vollstreckung ist von der Gemeindeverwaltung nach Maßgabe der Art. 4 ff. des Ausführungsgesetzes zur Zivilprozeßordnung und Konkursordnung vom 23. Februar 1879 zu bewirken.

Art. 23. Die Vorschriften des Art. 22 gelten auch für andere öffentlich-rechtliche Gemeindegefälle.

Art. 24. I Die Gemeindeverwaltung kann in einzelnen Fällen die Gemeindeumlagen ganz oder teilweise niederschlagen, wenn feststeht, daß die Beitreibung keinen Erfolg haben wird, wenn die Kosten der Beitreibung außer Verhältnis zu dem Betrage stehen, oder wenn die Einhebung die Pflichtigen in ihrem wirtschaftlichen Fortkommen gefährden würde.

II Sind Umlagen zu Unrecht bezahlt und aus diesem Grunde zu erstatten, so sind sie, wenn sie den Betrag von 300 Mark übersteigen, von der Entrichtung an mit fünf vom Hundert zu verzinsen. Zinsbeträge unter 10 Mark werden nicht ausbezahlt.

III Abs. I findet auf andere öffentlich-rechtliche Leistungen an die Gemeinde entsprechende Anwendung.

Ortsumlagen.

Art. 25. Auf die Ortsumlagen finden die Art. 10 bis 24 entsprechende Anwendung.

Bezirksumlagen.

Art. 26. I Bezirksumlagenpflichtig ist, wer mit einer der in Art. 9 bezeichneten Steuern veranlagt ist.

II Die Vorschriften des Art. 10 Abs. II, III finden entsprechende Anwendung.

III Die Niederschlagung von Gemeindeumlagen und Steuernachlässe bewirken die entsprechende Minderung oder Aufhebung der Bezirksumlagenpflicht.

Art. 27. I Bezirksumlagenfrei sind die in Art. 11 bezeichneten Erträge.

II Die Art. 12 und 13 finden entsprechende Anwendung.

Art. 28. Bezirksumlagenberechtigt ist

1. in Bezug auf die Erträge aus Grundbesitz, Hausbesitz und Gewerbebetrieb im Umherziehen vorbehaltlich des § 10 des Landessteuergesetzes die Bezirksgemeinde des Ortes der Steuerveranlagung,
2. im übrigen der Bezirk, zu dem die nach Art. 15 bis 19 umlagenberechtigten Gemeinden gehören, und zwar nach Maßgabe der Steuerbeträge, die auf diese Gemeinden treffen.

Art. 29. Die Bezirksumlagen werden von den Gemeinden auf Rechnung und auf Kosten des Bezirkes gleichzeitig mit den Gemeindeumlagen eingehoben. Die Art. 20 bis 22 und 24 Abs. I und II finden Anwendung.

Kreisumlagen.

Art. 30. I Kreisumlagenpflichtig ist, wer mit einer der in Art. 9 bezeichneten Steuern veranlagt ist.

II Die Vorschriften des Art. 10 Abs. II, III finden entsprechende Anwendung.

III Steuerniederschlagungen und Steuernachlässe bewirken die entsprechende Minderung oder Aufhebung der Kreisumlagenpflicht.

Art. 31. I Kreisumlagenfrei sind
1. die in Art. 11 bezeichneten Erträge,
2. die in Art. 11 Abs. II des Gewerbsteuergesetzes bezeichneten Personen.

II Im Falle des Abs. I Ziff. 1 findet der Art. 12 entsprechende Anwendung.

Art. 32. Die Staatsregierung kann in Bezug auf Kreisumlagenpflichtige, die auch außerhalb Bayerns zur Bestreitung kreislastenähnlicher Ausgaben beizutragen haben, Vereinbarungen und Verfügungen treffen, die von den Vorschriften dieses Gesetzes abweichen.

Art. 33. I Kreisumlagenberechtigt ist
1. in Bezug auf die Erträge aus Grundbesitz, Hausbesitz und Gewerbebetrieb im Umherziehen vorbehaltlich des § 10 des Landessteuergesetzes die Kreisgemeinde des Ortes der Steuerveranlagung,
2. im übrigen der Kreis, zu dem die nach Art. 15 bis 19 umlagenberechtigten Gemeinden gehören, und zwar nach Maßgabe der Steuerbeträge, die auf diese Gemeinden treffen.

II An die Stelle des nach Abs. I Ziff. 2 berechtigten Kreises tritt die Kreisgemeinde des Ortes der Steuerveranlagung, wenn die Steuern des Pflichtigen, die hiernach auf jenen Kreis treffen, weniger als 100 Mark betragen.

Art. 34. I Die Kreisumlagen werden mit den Landessteuern fällig, denen sie zugeschlagen werden.

II Die Kreisumlagen werden zugleich mit den Landessteuern erhoben und in derselben Weise wie diese beigetrieben. Bei nicht rechtzeitiger Zahlung sind Zinsen von fünf vom Hundert des geschuldeten Betrags zu entrichten, soweit durch die Vollzugsvorschriften nichts anderes bestimmt wird. Art. 24 Abs. II findet entsprechende Anwendung.

Grunderwerbsteuer.

Art. 35. I Der Anteil des Landes an der Grunderwerbsteuer (§ 37 Landessteuergesetz) wird für die Staatskasse vereinnahmt.

II Die Gemeinden dürfen Zuschläge zur Grunderwerbsteuer bis zu zwei vom Hundert des steuerpflichtigen Wertes erheben (§ 40 Landessteuergesetz).

III Die Beschlüsse bedürfen keiner Genehmigung.

Gewährleistungspflicht des Landes gegenüber Kreisen und Gemeinden.

Art. 36. I Das Land gewährleistet jeder Gemeinde und jedem Kreise für die Rechnungsjahre 1920 und 1921, daß ihnen derjenige

Betrag zukommt, der auf sie bei Zugrundelegung der Vorschriften in den §§ 56, 57, 59 Abs. 6 des Landessteuergesetzes entfällt. Kommt eine neue gesetzliche Regelung vor dem 1. April 1922 nicht zustande, so bleibt die Gewährleistung bis zur gesetzlichen Neuregelung in Kraft.

II Anträge auf Ergänzung des Steueraufkommens bis zur Höhe des gewährleisteten Betrags sind spätestens bis zum Ablaufe des jeweils folgenden Rechnungsjahrs an das Staatsministerium der Finanzen zu richten.

III Überschreitet der dem Lande (§ 17 Landessteuergesetz und Art. 1 Abs. II Vollzugsgesetz zum Landessteuergesetz) zufließende Anteil am Aufkommen der Reichseinkommen- und Körperschaftssteuer auch nach Abzug der zur Ergänzung des Steueraufkommens von Gemeinden und Kreisen gewährten Zuschüsse noch den gewährleisteten Mindestbetrag (§ 56 Abs. 2 Landessteuergesetz), so fließen 30 vom Hundert des restlichen Mehraufkommens bis zum Höchstbetrage von 20 Millionen Mark in den Ausgleichsfonds (Art. 39 ff.). Entsprechendes gilt für die Gemeinden, deren Anteil an der Reichseinkommensteuer und Körperschaftssteuer (Art. 1 Abs. II) den gewährleisteten Mindestbetrag überschreitet.

Gewährleistungspflicht der Gemeinden gegenüber den Bezirken.

Art. 37. Bezirkszugehörige Gemeinden sind verpflichtet, während der Geltungsdauer des Art. 36 ihrem Bezirke das Aufkommen des Jahres 1919 an Bezirksumlagen zuzüglich einer Steigerung von 25 vom Hundert nach Maßgabe ihrer Beitragspflicht in diesem Jahre zu gewährleisten. Die Gewährleistungspflicht kann nur in Anspruch genommen werden, wenn der Bezirk Umlagen in der nach Art. 9 zulässigen Höhe erhebt. Die Einnahmen des Bezirkes nach Art. 2 und 9 dieses Gesetzes sind auf den zu gewährleistenden Betrag jeweils anzurechnen. Verzugszinsen dürfen nicht berechnet werden.

Art. 38. Wenn der Staat den Gemeinden, Bezirken oder Kreisen neue Aufgaben zuweist, so soll die Beteiligung des Staates an den Kosten gesetzlich geregelt werden.

Ausgleichsfonds.

Art. 39. I Zur Unterstützung überlasteter Gemeinden wird ein Ausgleichsfonds gebildet.

II In diesen fließen

1. der dem Lande nach § 43 Abs. 2 des Landessteuergesetzes zugewiesene Anteil an der Umsatzsteuer,

2. die vom Lande und den Gemeinden nach Art. 36 Abs. III abzuführenden Beträge,
3. sonstige Beträge, die für eine Verteilung auf sämtliche Gemeinden unzureichend sind oder für deren schlüsselmäßige Verteilung ein unverhältnismäßiger Aufwand an Zeit und Arbeit erforderlich wäre,
4. die nach Art. 40 zu erhebenden Abgaben vermögender Gemeinden.

Art. 40. Als Abgabe werden erhoben 50 vom Hundert der nach Art. 31/24 der beiden Gemeindeordnungen an Gemeindeangehörige gewährten Überschüsse des Gemeindevermögens oder des Wertes der Nutzungen an Bestandteilen des Gemeindevermögens.

Art. 41. I Der Ausgleichsfonds wird vom Staatsministerium des Innern verwaltet. Über die Verwendung seiner Mittel beschließt ein Ausschuß, der aus zwei Vertretern der Staatsregierung, drei Mitgliedern des Landtags und vier Vertretern der Gemeinden besteht. Die Mitglieder des Landtags werden von diesem für die Landtagsdauer gewählt. Die Vertreter der Gemeinden werden auf gemeinsamen Vorschlag der Verbände der Gemeinden vom Staatsministerium des Innern berufen.

II Der Ausschuß ist befugt, die nach Art. 36 Abs. III zu entrichtende Abgabe einzelnen Gemeinden ganz oder teilweise aus Billigkeitsgründen zu erlassen. Dies gilt insbesondere dann, wenn die Gemeinde in den letzten Jahren trotz Ausschöpfung aller Einnahmequellen und der gebotenen sparsamen Führung des Haushalts nicht in der Lage war, ihren Haushalt abzugleichen.

Art. 42. Zuschüsse aus dem Ausgleichsfonds dürfen regelmäßig nur dann gewährt werden, wenn

1. die Gemeinde Umlagen zu den Ertragssteuern des Landes im höchstzulässigen Maße erhebt und auch die übrigen nach den Art. 4, 5, 6, 7, 8, 35 Abs. II zustehenden sowie die in Art. 39/30 der beiden Gemeindeordnungen genannten Einnahmequellen bestmöglichst ausschöpft,
2. die Besoldungsordnung und die Lohntarife der Gemeinde die Gehaltsordnung und die Lohntarife des Landes nicht überschreiten.

Ortspolizeiliche Vorschriften zur Sicherung gemeindlicher Gefälle.

Art. 43. I Die Gemeinden sind berechtigt, zur Sicherung der in den Art. 4 bis 7 bezeichneten Gefälle ortspolizeiliche Vorschriften zu erlassen und darin die Hinterziehung mit Geldstrafen bis zum zehnfachen, im Rückfalle bis zum zwanzigfachen Betrage der hinterzogenen Abgabe, andere Zuwiderhandlungen gegen die Steuersatzung mit Geldstrafen bis zu 500 Mark oder mit Ordnungsstrafen bis zu 150 Mark zu bedrohen. Die erkannten Geldstrafen fließen in die Gemeindekasse.

II Die Strafverfolgung von Steuerzuwiderhandlungen verjährt in fünf Jahren und, wenn es sich um Zuwiderhandlungen handelt, die mit Ordnungsstrafen bedroht sind, in einem Jahre. Die Verjährung wird auch unterbrochen durch die Einleitung des Verwaltungsstrafverfahrens und den Erlaß eines Strafbescheids.

III Die Zuständigkeit und das Verfahren bei strafbaren Zuwiderhandlungen richten sich nach den Vorschriften des Reichsgerichtsverfassungsgesetzes und der Reichsstrafprozeßordnung.

IV Die Gemeindeverwaltungen sind berechtigt, Strafbescheide im Verwaltungswege zu erlassen; auf das Verfahren finden die Vorschriften der §§ 386 ff. der Reichsabgabenordnung sinngemäße Anwendung.

Einziehung staatlicher usw. Gefälle.

Art. 44. Soweit die Einziehung von staatlichen, gemeindlichen oder sonstigen, nicht in die Reichskasse fließenden Abgaben und Gefällen gemäß § 19 der Reichsabgabenordnung Reichsbehörden übertragen ist, gelten für die Beitreibung an Stelle der Art. 6, 7 des Ausführungsgesetzes zur Zivilprozeßordnung und Konkursordnung vom 23. Februar 1879 und hinsichtlich der Kosten des Mahn- und Vollstreckungsverfahrens die reichsrechtlichen Vorschriften über die Beitreibung der Reichssteuern entsprechend.

Änderungen früherer Gesetze.

Art. 45. Das Schulbedarfgesetz vom 14. August 1919 wird geändert wie folgt:

1. Im Art. 12 Abs. II werden die Worte „die sich im Schulsprengel für die Gemeindeumlagen nach den Art. 24 und 25 des Umlagengesetzes ergeben" ersetzt durch die Worte: „mit denen die Beteiligten im Schulsprengel zur Einkommensteuer veranlagt sind".
2. Die Art. 25 und 34 werden gestrichen.
3. Im Art. 37 werden die Worte „gelten die Art. 33 und 34 entsprechend" ersetzt durch die Worte: „gilt Art. 33 entsprechend".
4. Im Art. 58 Abs. II Satz 2 werden die Worte „wenn sie im gegebenen Falle Umlagen für die Schule zu entrichten haben" ersetzt durch die Worte: wenn sie bei fortdauernder Gültigkeit der bisherigen Vorschriften im gegebenen Falle Umlagen für die Schule zu entrichten hätten".

Art. 46. In Art. 40 Abs. IV der rechtsrheinischen Gemeindeordnung vom 29. April 1869 und Art. 31 Abs. IV der pfälzischen Gemeindeordnung in der Fassung des Umlagengesetzes vom 10. August 1910 werden die Worte „und örtliche Abgaben, welche nicht unter die Bestimmungen des Abs. I fallen" gestrichen.

Art. 47. Das Gesetz vom 8. August 1878 betreffend die Errichtung eines Verwaltungsgerichtshofes und das Verfahren in Verwaltungsrechtssachen wird geändert wie folgt:

In Art. 8 Ziff. 31 sind nach „Verpflichtung zur Entrichtung von gemeindlichen Verbrauchssteuern" die Worte einzuschalten: „Zuwachssteuern, Grundwertabgaben, Filialsteuern".

Übergangsbestimmungen.

Art. 48. I Das Gesetz ist dringend im Sinne des § 77 Abs. I der Verfassungsurkunde; es tritt rückwirkend auf 1. April 1920 in Kraft.

II Das Umlagengesetz in der Fassung vom 17. August 1918 wird aufgehoben.

III Vom 1. Oktober 1921 ab werden Zuwachssteuern nach dem Zuwachssteuergesetze vom 14. Februar 1911 (RGBl. Seite 33) nicht mehr erhoben.

IV Der Art. 44 tritt am 1. Juli 1921 in Kraft. Zwangsvollstreckungsverfahren, die vor diesem Zeitpunkte begonnen haben, werden nach den landesrechtlichen Vorschriften durchgeführt.

V Soweit an Stelle der erhöhten Grund-, Haus- und Gewerbsteuer und der Steuer vom Gewerbebetrieb im Umherziehen die bisherigen Normalsteuern und Zuschläge hierzu erhoben werden, erstreckt sich das Recht der Gemeinden, Ortschaften, Bezirke und Kreise, Umlagen zu diesen Steuern zu erheben, bis zum Inkrafttreten der neuen Ertragsteuergesetze auch auf diese Zuschläge.

VI Die erforderlichen Vollzugsvorschriften werden von den Staatsministerien des Innern und der Finanzen erlassen.

VII Die Einführung dieses Gesetzes für die Gebietsteile des ehemaligen Freistaates Coburg erfolgt durch gemeinsame Entschließung der Staatsministerien des Innern und der Finanzen.

München, den 30. Juni 1921.

Im Namen des Landtags:
Königbauer, Präsident.

Das Gesamtministerium:
Dr. v. Kahr. Dr. Roth. J. V. Dr. Schweyer. Dr. Matt. Dr. Krausneck. Oswald. Wutzlhofer. Hamm.

Erläuterungen zum Bayer. Vollzugsgesetze zum Landessteuergesetz.

Anteile der Gemeinden und Kreise an der Einkommensteuer und Körperschaftssteuer.

Art. 1.

I Die Gemeinden und Kreise werden an dem nach § 17 des Landessteuergesetzes dem Lande und den Gemeinden zukommenden Anteil am Ertrage der Einkommensteuer und der Körperschaftssteuer nach Maßgabe des örtlichen Aufkommens verhältnismäßig beteiligt.

II Für jede Gemeinde und jeden Kreis wird der Anteil gesondert nach dem Verhältnisse berechnet, in welchem die Solleinnahme des Landes an Einkommen-, Kapitalrenten- und Vermögensteuern einschließlich der Zuschläge nach dem Durchschnitte der Jahre 1912 mit 1919 zu den Solleinnahmen der Gemeinde oder des Kreises an Umlagen zu diesen Steuern stand. Die Hundertsätze für die Anteile der Gemeinden und Kreise sind auf ganze Zahlen aufzurunden.

III Die Verteilung erfolgt unter Beachtung der Grundsätze in den §§ 20 bis 25 des Landessteuergesetzes. Sind an einem Steuerbetrage gleichzeitig Wohnsitz- und Belegenheits-(Betriebs-) Gemeinden anteilsberechtigt (§ 22 Landessteuergesetz), so unterbleibt die Zerlegung des Steuerbetrags, wenn das Einkommen aus den Grundstücken, Gebäuden und Gewerben in der Belegenheits-(Betriebs-)Gemeinde weniger als 1500 Mark beträgt.

Nach § 17 LStG. werden die Länder und Gemeinden an dem Ertrage der Einkommensteuer (RG. vom 29. März 1920, 24. März 1921, RG. vom 11. Juli 1921 über die Einkommensteuer vom Arbeitslohn) und der Körperschaftssteuer (RG. vom 30. März 1920) mit zwei Dritteln des Aufkommens beteiligt. Das Reichsgesetz hat sich in den §§ 20 ff. darauf beschränkt, die örtliche Ausscheidung zwischen den einzelnen Ländern und den einzelnen Gemeinden zu regeln, hat es aber im übrigen der Landesgesetzgebung überlassen, zu bestimmen, wieviele Teile von dem gemeinsamen Landesanteil dem Lande und wieviele Teile den Gemeinden oder Gemeindeverbänden zufließen sollen.

Das bayerische Vollzugsgesetz nun sucht die besonderen Verhältnisse der einzelnen Gemeinden und Gemeindeverbände bei dieser Verteilung tunlichst zu berücksichtigen. Es wäre wünschenswert gewesen, wenn hiebei auch dem künftigen Bedarf hätte möglichst Rechnung getragen werden können. Allein jede Verteilung nach dem künftigen Bedarf würde nicht nur willkürlich, sondern schließlich auch ungerecht sein, weil die Gemeinden am meisten begünstigt würden, die am wenigsten zu sparen verstehen.

Unter diesen Umständen blieb, um eine möglichst objektive Grundlage für die Verteilung zu gewinnen, nichts anderes übrig, als das bisherige Verhältnis der Einnahmen des Landes, der Gemeinden und Kreise aus den Steuern zugrunde zu legen, die durch die Reichseinkommensteuer, Körperschaftssteuer und Kapitalertragsteuer ersetzt worden sind. Es sind dies die bayerische Einkommensteuer, Kapitalrentensteuer und Vermögenssteuer samt den hiezu erhobenen Gemeinde- und Kreisumlagen. Dabei wurde der Durchschnitt der Jahre 1912 mit 1919 — am 1. Januar 1912 war das bayerische Einkommensteuergesetz vom 14. August 1910 in Kraft getreten — in Rechnung gestellt, um Zufallsergebnisse tunlichst zu vermeiden.

Art. 1 Abs. II sieht für jede Gemeinde und jeden Kreis eine gesonderte Berechnung des Anteils an der Einkommensteuer und Körperschaftssteuer nach dem Verhältnis vor, in dem die Solleinnahme des Landes an Einkommensteuern, Kapitalrenten- und Vermögensteuern einschließlich der Zuschläge nach dem Durchschnitte der Jahre 1912 mit 1919 zu den Solleinnahmen der Gemeinden oder des Kreises an Umlagen zu diesen Steuern stand. Die Berechnung der Anteile wurde nach Weisung der Staatsministerien des Innern und der Finanzen vom Statistischen Landesamt in München ausgeführt und ist im Bayer. Staatsanzeiger veröffentlicht worden. Oberbayern, Bek. vom 10. Juli 1921, StAnz. Nr. 168; Niederbayern, Bek. vom 10. Juli 1921, StAnz. Nr. 169; Pfalz, Bek. vom 10. Juli 1921, StAnz. Nr. 171; Oberpfalz, Bek. vom 28. Juli 1921, StAnz. Nr. 184; Oberfranken, Bek. vom 28. Juli 1921, StAnz. Nr. 181; Mittelfranken, Bek. vom 28. Juli 1921, StAnz. Nr. 190; Unterfranken, Bek. vom 28. Juli 1921, StAnz. Nr. 186; Schwaben, Bek. vom 28. Juli 1921, StAnz. Nr. 192. Die Feststellung der Anteile hat nicht Gesetzeskraft und kann beim Nachweis irriger Berechnung jederzeit berichtigt werden. Bei der Feststellung des Aufkommens einer Gemeinde an Umlagen wurden etwaige Ortsumlagen den Gemeindeumlagen hinzugerechnet. Mit den Gemeindeumlagen sind auch die Bezirksumlagen (Distriktsumlagen) berücksichtigt, die nach Art. 38 ff. des Umlagengesetzes von 1910/18 Beiträge der Gemeinden und Eigentümer ausmärkischer Grundstücke bildeten und von den Gemeinden in gleicher Weise wie ihr sonstiger Bedarf, d. h. in Ermangelung sonstiger Einnahmen durch Gemeindeumlagen aufzubringen waren.

Art. 1 Abs. II mußte diese besondere Berechnung der Anteile auf Land, Kreis und Gemeinde beschränken. Auch für die Bezirke, die künftighin wie die Gemeinden selbständig und nicht mehr deren Kostgänger sein sollen, die gleiche Berechnung durchzuführen, wäre schon deshalb unmöglich gewesen, weil die Bezirksumlagen (Distriktsumlagen) erst aus dem Betrag der Gemeindeumlagen hätten ausgeschieden werden müssen und bei ihrer verschiedenen rechtlichen Natur nicht ohne weiteres mit den Umlagen der Gemeinden und Kreise hätten verglichen werden können.

Die §§ 20 bis 25 LStG., auf die Abs. III des Art. 1 verweist, enthalten die Grundsätze, nach denen sich das örtliche Aufkommen einer Gemeinde und eines Landes bemißt. Von der Ermächtigung des § 22 Abs. 3 LStG. ist in Art. 1 Abs. III Gebrauch gemacht. Dabei wurde die Grenze mit Rücksicht auf die Geldentwertung auf 1500 ℳ festgesetzt.

Steuerbeträge, die nach den §§ 20 ff. LStG. auf eine Belegenheits- oder Betriebsgemeinde oder eine andere Wohnsitzgemeinde ausgeschieden werden, sind nach dem Verteilungsschlüssel zu verteilen, der für die anteilsberechtigte Gemeinde gilt.

Art. 2.

Bezirkszugehörige Gemeinden sind verpflichtet, ihre Bezirke an den ihnen nach Art. 1 überwiesenen Anteilen am Ertrage der Einkommensteuer und der Körperschaftssteuer verhältnismäßig zu beteiligen. Die Berechnung erfolgt in sinngemäßer Anwendung des Art. 1 Abs. II.

Art. 2 regelt die Beteiligung der Bezirke an den den Gemeinden nach Art. 1 zustehenden Anteilen am Ertrage der Einkommensteuer und Körperschaftssteuer. Nachdem in diesen Anteilen der Gemeinden die Bezirksumlagen, die bisher die Gemeinden aufzubringen hatten, mitberücksichtigt sind, war es selbstverständlich, daß auch die Bezirke in irgendeiner Weise an diesen Gemeindeanteilen beteiligt werden mußten. In sinngemäßer Anwendung des Art. 1 Abs. II wurden deshalb auch für die Bezirke entsprechende Beteiligungsziffern errechnet, die gleichzeitig mit den Verhältniszahlen des Landes, der Kreise und Gemeinden im Bayer. Staatsanzeiger veröffentlicht worden sind. Dabei wurde das Sollaufkommen des Bezirks an Bezirksumlagen, wie es sich nach dem jeweiligen Hundertsatz der Bezirksumlagen errechnet haben würde, wenn nur die Einkommensteuer, Vermögenssteuer und Kapitalrentensteuer zugrunde zu legen gewesen wären, zu den Gemeindeumlagen aus diesen Steuern in der einzelnen Gemeinde in Beziehung gesetzt.

Hat eine Gemeinde bisher keine Gemeindeumlagen erhoben, so kann allerdings auch der Bezirk nach Art. 2 keine Anteile erhalten, weil schon der Gemeinde selbst in solchen Fällen keine Anteile an der Einkommensteuer und Körperschaftssteuer zuzuweisen sind. Denn die Anteilsberechtigung einer Gemeinde, die sich nach dem bisherigen Aufkommen an Gemeindeumlagen bemißt, setzt natürlich voraus, daß solche Umlagen überhaupt erhoben worden sind. Um in solchen Fällen, in denen gerade die wohlhabendsten Gemeinden ihrer Beitragspflicht zu den Ausgaben des Bezirks ledig würden, die Bezirke einigermaßen zu entschädigen, wurde Art. 37 dem Gesetze eingefügt, der die bezirkszugehörigen Gemeinden verpflichtet, ihren Bezirken bestimmte Einnahmen, die sie im Jahre 1919 hatten, zuzüglich einer Steigerung von 25 vom Hundert zu gewährleisten.

Die Berechnung der Anteile nach Art. 1 und 2 gestaltet sich folgendermaßen: Nach der veröffentlichten Übersicht sind z. B. die Verhältniszahlen für die Landgemeinde E. 40, für den Kreis 12, für das Land 48, für den Bezirk, zu dem die Gemeinde E. gehört, 52,8. Würde das Aufkommen an Einkommensteuern und Körperschaftssteuern in der Gemeinde E. in einem Steuerjahre z. B. 60000 ℳ betragen, so würden nach § 17 LStG. auf das Reich $^1/_3$ = 20000 ℳ, auf Land, Kreis, Bezirk und Gemeinde zusammen $^2/_3$ = 40000 ℳ treffen. Von diesen 40000 ℳ erhielten nun:

Land	48%	= 19200 ℳ,
Kreis	12%	= 4800 ℳ,
Gemeinde	40%	= 16000 ℳ.

An diesem Gemeindeanteil von 16000 ℳ ist der Bezirk mit 52,8% zu beteiligen, so daß der Bezirk 8448 ℳ erhielte, der Rest mit 7552 ℳ der Gemeinde verbliebe.

Art. 3.

Die Gemeinden und Kreise dürfen den ihnen zugewiesenen Anteil an der Einkommensteuer weder ganz noch teilweise unerhoben lassen (§ 29 Landessteuergesetz).

§ 29 LStG. ermächtigt die Gemeinden und Gemeindeverbände, für das einzelne Steuerjahr zu beschließen, daß ihr Anteil an der Einkommensteuer ganz oder teilweise unerhoben bleibt. Den Gemeinden und Gemeindeverbänden sollen keine Einnahmen aufgezwungen werden, die sie nicht wünschen und brauchen. Die Erlaubnis kann aber durch Landesgesetz ausgeschlossen oder beschränkt werden. Dies ist in Art. 3 geschehen. Nachdem in Bayern die Anteile für jede Gemeinde und jeden Kreis auf Grund des bisherigen Umlagenaufkommens gesondert berechnet werden, werden reiche Gemeinden, die bisher nur geringe Umlagen zu erheben brauchten, ohnedies nur geringe Anteile an der Einkommensteuer und Körperschaftssteuer erhalten. § 29 wäre deshalb an sich schon in Bayern nur wenig Bedeutung zugekommen.

Örtliche Abgaben.

Art. 4.

I Die Gemeinden sind zur Erhebung örtlicher Abgaben berechtigt.

II Der Beschluß über die Erhebung örtlicher Abgaben bedarf der Genehmigung der Regierung, Kammer des Innern. Die Genehmigung kann nur versagt werden, soweit reichs- oder landesrechtliche Vorschriften oder allgemeine, insbesondere volkswirtschaftliche oder steuerliche Interessen des Landes entgegenstehen. Gegen den ablehnenden Beschluß steht der Gemeinde binnen einer Frist von 14 Tagen Beschwerde an das Staatsministerium des Innern zu, das im Benehmen mit dem Staats-

ministerium der Finanzen und dem etwa sonst beteiligten Staatsministerium entscheidet.

Unter örtlichen Abgaben sind indirekte Gemeindesteuern im weiteren Sinn zu verstehen.

Der Begriff „örtliche Abgaben" findet sich schon in Art. 40 Abs. IV der rechtsrh. Gemeindeordnung und in Art. 31 Abs. IV der pfälz. Gemeindeordnung i. d. Fassung des Art. 50 des Umlagengesetzes vom 14. August 1910. Die Auslegung war bestritten. Während die einen unter örtlichen Abgaben im Sinn dieser Gesetzesvorschriften nur indirekte Abgaben lokaler Natur von untergeordneter Bedeutung gleich den Pflaster-, Weg- und Brückenzöllen verstehen wollten, haben andere den Begriff im Sinne indirekter Steuern aller Art aufgefaßt. Kahr, Rechtsrh. Gemeindeordnung Bd. I S. 413; Seydel, Bayer. Staatsrecht 2. Aufl. Bd. II S. 678; BlAdmPr. Bd. 60 S. 145; VGH. Bd. 41 S. 120. Art. 4 des VollzG. hat, wie sich aus der Begründung ergibt, den Begriff örtliche Abgaben im weiteren Sinne verwendet. Gemeindeumlagen sind begrifflich keine örtliche Abgaben, dagegen fallen die in Art. 5 ff. angeführten Zuwachssteuern, Grundwertabgaben, ebenso wie die Vergnügungssteuern an und für sich unter den Begriff. Sie sind nur wegen ihrer Wichtigkeit im Gesetze besonders geregelt. Gebühren für Amtshandlungen der Gemeindebehörden, d. s. Gebühren im engeren Sinne, sind keine örtlichen Abgaben, ebensowenig Gebühren für die Benützung gemeindlichen Eigentums oder gemeindlicher Anstalten und Unternehmungen, die in Art. 40 bezw. 31 der Gemeindeordnung freilich gleichfalls als örtliche Abgaben bezeichnet werden. Für diese Gebühren ist auch künftighin das Kostengesetz bzw. die Gemeindeordnung maßgebend.

Hundeabgaben würden an sich begrifflich örtliche Abgaben im Sinne des Art. 4 bilden können. Art. 4 findet auf sie jedoch keine Anwendung, nachdem die Hundeabgaben in einem besonderen Gesetz, dem Hundeabgabengesetz vom 14. August 1910, GVBl. S. 604, geregelt sind.

Das Gleiche gilt von den Pflasterzöllen, Weggeldern und Brückenzöllen, für die auch fernerhin die Art. 40 Abs. IV bzw. 31 Abs. IV der beiden Gemeindeordnungen maßgebend sind. Die Befugnis der Gemeinden, Kurtaxen für die Herstellung und Unterhaltung der zu Kurzwecken getroffenen Veranstaltungen zu erheben, beruht auf Art. 179 des Kostengesetzes vom 16. Februar 1921 (GVBl. S. 134).

Über die Erhebung örtlicher Abgaben hat in den Städten der Stadtrat, in den übrigen Gemeinden der Gemeinderat zu beschließen. Art. 6 des Selbstverwaltungsgesetzes vom 22. Mai 1919 und § 6 der VollzAnw. hiezu.

Der Beschluß bedarf der Genehmigung der Regierung, Kammer des Innern. Es ist nicht so, daß der Regierung, wie etwa den Landesfinanzämtern nach § 5 LStG. lediglich ein Einspruchsrecht zustünde. Ein diesbezüglicher Antrag der USP. zu Art. 4 bei der ersten Lesung des Gesetzes im Haushaltsausschusse fand keine Annahme. Die Satzung der Gemeinde ist vielmehr erst dann rechtswirksam, wenn die Regierung ihre ausdrückliche Genehmigung hiezu erteilt hat.

Die Genehmigung kann nun nach Satz 2 des Art. 4 Abs. II nur dann versagt werden, wenn reichs- oder landesrechtliche Vorschriften oder allgemeine, insbesondere volkswirtschaftliche oder steuerliche Interessen des Landes entgegenstehen. Es ist selbstverständlich, daß sich die Prüfung vor allem darauf erstrecken muß, ob die Satzung der Gemeinde nicht gegen das geltende Reichs- oder Landesrecht, insbesondere Steuerrecht verstößt, und ob die örtliche Abgabe nicht geeignet ist, die Steuereinnahmen des Landes oder des Reichs zu gefährden. Dabei wird die Regierung, soweit es sich um steuerliche Fragen handelt, mit den zuständigen Reichs- und Landesbehörden ins Benehmen zu treten haben. Sie braucht nicht abzuwarten, ob das Reich von seinem Einspruchsrecht nach § 5 LStG. Gebrauch macht, sondern kann schon ihrerseits die Genehmigung versagen, wenn sie die Gründe, die die zuständige Reichsbehörde gegen die Einführung der Abgabe nach § 2 oder 3 LStG. geltend macht, als berechtigt anerkennt.

Nach Satz 2 Abs. II kann aber die Genehmigung nicht nur aus *rechtlichen* Gründen, sondern auch dann versagt werden, wenn allgemeine, insbesondere volkswirtschaftliche Interessen des Landes entgegenstehen. Hiernach wird die Regierung insbesondere auch zu prüfen haben, ob die einzuführende Abgabe einigermaßen den Forderungen der *Gerechtigkeit* entspricht und das Maß des Erträglichen und die *Leistungsfähigkeit* des Pflichtigen nicht überschreitet. Es ist außerordentlich schwer, die Wirkung der derzeitigen Steuersätze zu beurteilen und die Belastung der einzelnen Pflichtigen durch diese Steuern auch nur annähernd zu berechnen. Und doch muß diese Arbeit geleistet werden, um so mehr als einzelne Steuern, wie z. B. die Einkommensteuer ohnedies schon das Einkommen bis zur höchstmöglichen Grenze belasten. Daneben besteht auch Veranlassung zu prüfen, ob die Abgabe mit den allgemeinen Richtlinien und dem Geiste der Reichs- und Landesverfassung im Einklang steht. Insbesondere muß Art. 119 der Reichsverfassung, wonach die Reinerhaltung, Gesundung und soziale Förderung der Familie Aufgabe des Staates und der Gemeinden ist, kinderreiche Familien Anspruch auf eine ausgleichende Fürsorge haben sollen, auch hier zur Geltung zu kommen. Abgaben der Gemeinden, die ausschließlich oder in der Hauptsache nur die Familie treffen, müßte hiernach die Genehmigung wohl versagt werden.

Es frägt sich, ob die Genehmigung auch in *widerruflicher* Weise erteilt werden kann, wie dies bisher vielfach geschehen ist. Die Frage ist wohl zu verneinen. Jedenfalls wäre auch ein Widerruf einer einmal erteilten Genehmigung nur unter denselben Voraussetzungen möglich, unter denen die Genehmigung nach Art. 4 Abs. II S. 2 des Gesetzes versagt werden kann.

Gegen den ablehnenden Beschluß der Regierung, Kammer des Innern steht der Gemeinde binnen einer Frist von 14 Tagen nach Abs. II Satz 3 des Art. 4 die Beschwerde an das Staatsministerium des Innern zu.

Außerdem dürfte gegen einen ablehnenden Bescheid der Regierung nach Art. 10 Ziff. 2 VGHG. auch Beschwerde an den Verwaltungsgerichtshof zulässig sein, wie von dem Abg. Schäffer bei der Beratung des Gesetzes ohne Widerspruch der Staatsregierung festgestellt wurde. Die Zuständigkeit des Verwaltungsgerichtshofs könnte sich jedoch nur auf Rechtsfragen, ob z. B. die gemeindliche Steuersatzung gegen Reichs- oder Landesrecht verstößt, nicht aber auf reine Ermessensfragen erstrecken. Gegen eine Entscheidung des Staatsministeriums des Innern kann der Verwaltungsgerichtshof nicht mehr angerufen werden.

Als örtliche Abgaben im Sinne des Art. 4 des G. kommen hauptsächlich in Betracht:

1. Automobilsteuer.

Die Besteuerung von Personenkraftfahrzeugen durch die Gemeinden ist mit Rücksicht auf § 71 Abs. 2 und Tarifnummer 8 RStG. vom 3. Juli 1913 (RGBl. S. 639) unzulässig. Hiernach unterliegen reichsstempelpflichtige Erlaubniskarten für Kraftfahrzeuge keiner weiteren Stempelabgabe (Taxe, Sportel usw.) in den einzelnen Ländern. Diese Bestimmung wird in dem Urteil des RG. vom 9. Januar 1912 (Bd. 78 S. 322) dahin ausgelegt, daß auch der Besitz von Kraftfahrzeugen, die dem Reichsstempel unterworfen sind, in den Ländern nicht besteuert werden dürfe, auch wenn die Landesabgabe nicht in der Form einer Abgabe für die Erlaubniskarten, sondern als direkte Abgabe von dem Besitzer erhoben werde. Die reichsstempelpflichtigen Personenkraftfahrzeuge seien hiernach der Besteuerung durch ein Land oder eine Gemeinde auf Grund des § 71 Abs. 2 RStG. entzogen.

Dagegen würde einer Besteuerung der Lastkraftwagen und der vom Reichsstempel befreiten Personenkraftfahrzeuge durch die Gemeinden zur Zeit nichts im Wege stehen (Entschl. des Reichsministers der Finanzen vom 20. November 1920 III 28902). Es ist jedoch vom Reiche beabsichtigt, die Kraftfahrzeugbesteuerung neu zu regeln und hierbei auch die Lastkraftwagen und die der gewerbsmäßigen Personenbeförderung dienenden Kraftfahrzeuge, die bisher nach Tarifnummer 8 RStG. stempelfrei waren, zur Reichssteuer heranzuziehen. Wird der bereits vorliegende Entwurf Gesetz, so sind gemeindliche Abgaben neben der Reichssteuer nach § 2 LStG. unzulässig.

2. Beherbergungssteuer.

Die Beherbergungssteuer (Wohnsteuer bei vorübergehenden Aufenthalt) ist heute in den meisten größeren Gemeinden eingeführt. Sie ist eine Abgabe fur die gewerbsmäßige Vermietung von Zimmern oder Wohnungen in Hotels, Gasthöfen, Gasthäusern, Wirtschaften, Pensionen oder Privathäusern an Personen zu vorübergehendem Aufenthalt.

Die Gewährung eingerichteter Schlaf- und Wohnräume in Gasthöfen, Pensionen oder Privathäusern zu vorübergehendem Aufenthalt unterliegt nach § 25 Abs. 1 Ziff. 2 des Umsatzsteuergesetzes vom 24. Dez. 1919 (RGBl. 2157) allerdings bereits einer erhöhten Umsatzsteuer von 10 vom Hundert des Entgelts, wenn das Entgelt für den Tag oder die Übernachtung fünf Mark oder mehr beträgt. Trotz dieser Besteuerung durch das Reich sind aber die Gemeinden befugt, auch ihrerseits Abgaben zu erheben. Denn § 44 des Umsatzsteuergesetzes, der gegenüber § 2 LStG. als lex specialis gilt, verbietet Steuern der Länder und Gemeinden nur vom Warenumsatz, nicht aber von Leistungen. Bei der Beherbergungssteuer handelt es sich aber nicht um die Besteuerung von Warenumsätzen, sondern von Leistungen. (Anfrage des Abg. Dr. Moldenhauer vom 5. November 1920 im Reichstag und Antwort des Reichsfinanzministers vom 20. November 1920, RT. I 1920 Drucks. Nr. 835 und 947.) Vgl. auch Bekanntmachung des Staatsministeriums des Innern vom 22. Januar 1920, Bayer. Staatsanzeiger Nr. 19; ferner VGH. Bd. 41 S. 128.

Das Staatsministerium des Innern hat für die Erhebung von Beherbergungssteuern in den Entschl. vom 30. Jan. 1919 und 22. Jan. 1920 (Bayer. Staatsanzeiger 1919 Nr. 31 und 1920 Nr. 19) eine Mustersatzung aufgestellt, die im Anhang zum Abdruck gebracht ist. Die Gemeinden sind befugt, die Satzung wie die ortspolizeilichen Vorschriften den örtlichen Verhältnissen anzupassen.

Neben der Beherbergungssteuer können in Badeorten, klimatischen und anderen Kurorten nach Art. 179 des Kostengesetzes vom 16. Febr. 1921 mit Genehmigung der Staatsministerium des Innern und der Finanzen für die Herstellung und Unterhaltung der zu Kurzwecken getroffenen Veranstaltungen von der Gemeinde besondere Kurtaxen erhoben werden. Die Erhebung solcher Kurtaxen setzt aber voraus, daß tatsächlich zu Kurzwecken Veranstaltungen zu treffen sind. Die Anbringung einiger Ruhebänke oder sonstiger geringfügiger Vorkehrungen genügt nicht. Verschönerungsvereinen kann die Erhebung von Kurtaxen nicht gestattet werden. Ein Beispiel einer solchen Kurtaxenordnung ist im Anhang abgedruckt.

Die Beherbergungssteuer oder die Kurtaxe für Inländer und Angehörige der Ententestaaten verschieden zu bemessen, ist nach Art. 276 lit. c des Versailler Vertrages unzulässig.

3. Steuer für das Halten von Hausangestellten (Dienstbotensteuer).

Die Erhebung einer Steuer für das Halten von Hausangestellten wurde vom Staatsministerium des Innern unter bestimmten Voraussetzungen bereits wiederholt genehmigt. Die vom Staatsministerium des Innern aufgestellte Mustersatzung ist im Anhang abgedruckt.

4. Abgabe für das Halten von Reit- und Zugtieren.

An sich besteht gegen die Einführung einer solchen Abgabe kein Bedenken, doch dürften die Erhebungskosten gegenüber dem Ertrag der Steuer unverhältnismäßig hoch sein.

Die Erhebung einer erhöhten Umsatzsteuer für die Lieferung von Reit- und Kutschpferden nach § 21 Ziff. 5 des Umsatzsteuergesetzes steht einer solchen gemeindlichen Abgabe nicht im Wege, denn die Abgabe würde nicht den Umsatz, sondern den Besitz von Luxuspferden treffen. Vgl. die im Anhang abgedruckte Münchener Satzung von 1920 über die Erhebung einer gemeindlichen Abgabe für das Halten von Reit- und Zugtieren.

5. Personenaufzugssteuer.

Sie ist im wesentlichen eine Luxussteuer und trifft die in besseren Wohnhäusern, aber auch in gewerblichen Betrieben eingebauten Aufzüge für Personenbeförderung. Als Beispiel ist die vom Stadtrat Nürnberg beschlossene Satzung im Anhang abgedruckt.

6. Schankerlaubnissteuer.

Bei der Eröffnung einer Gastwirtschaft, eines Cafés usw. oder dem Übergang eines solchen Unternehmens in andere Hände soll an die Gemeinde eine besondere Abgabe entrichtet werden. Wenn auch die Erteilung der Erlaubnis zum Betrieb einer Gast oder Schankwirtschaft namentlich im Fall der Neuerrichtung bereits sehr erheblichen Landesstempeln nach Tarifstelle 19 des Stempelgesetzes unterworfen ist, so ist doch möglich, den Gemeinden die Erhebung mäßiger Abgaben neben diesen Stempeln zu gestatten, wie dies auch in der Tat vielfach schon geschieht. Die Abgabe wird zweckmäßig in der Form eines prozentualen Zuschlags zu den Landesstempeln zu erheben sein. 50% der Sätze der Tarifstelle 19 sollen die Zuschläge im allgemeinen nicht übersteigen. Doch steht nichts im Wege, die Zuschläge für gewisse Luxusgaststätten noch wesentlich zu erhöhen, wenn dies die örtlichen Verhältnisse rechtfertigen.

7. Reklamesteuer.

Reichsrechtliche Bedenken dürften gegen eine gemeindliche Reklamesteuer nicht bestehen. Nach § 25 Abs. 1 Ziff. 1 des Umsatzsteuergesetzes vom 24. Dezember 1919, RGBl. S. 2157 ist zwar die Übernahme von Anzeigen, soweit sie sich nicht auf öffentliche Wahlen beziehen, bereits einer Steuer von 10 vom Hundert des Entgelts unterworfen. Als Übernahme von Anzeigen im Sinn dieser Gesetzesvorschrift gilt nicht nur die Herstellung von Anzeigen durch Druck oder auf einem anderen Wege als durch Handschrift, Schreibmaschinenschrift, Handzeichnung oder Handmalerei, sondern auch die Überlassung von Flächen und Räumen zur Aufnahme von Ankündigungen, sowie die Vornahme von Ankündigungen durch Umhertragen von Tafeln, Ausrufern usw.

Trotz der Besteuerung der Reklame durch das Reich dürften aber noch besondere gemeindliche Abgaben zulässig sein. Denn § 44 des Umsatzsteuergesetzes verbietet nur Steuern der Länder und Gemeinden vom W a r e n u m s a t z, nicht aber von L e i s t u n g e n. Die Inanspruchnahme von Steuern durch das Reich schließt nach § 2 des LStG. wohl allgemein die Erhebung gleichartiger Steuern durch die Länder und Gemeinden aus, wenn nicht reichsgesetzlich etwas anderes vorgeschrieben ist. Allein eine solche Spezialvorschrift im Sinne des § 2 LStG. ist gerade § 44 des Umsatzsteuergesetzes. Die Gemeinden sind daher an sich nicht gehindert, die unentgeltliche wie die entgeltliche Reklame zu besteuern, selbst wenn letztere bereits umsatzsteuerpflichtig sein sollte.

8. Wohnungsluxussteuern.

Nachdem das Reich mit der Zurücknahme des Entwurfs eines Ergänzungssteuergesetzes im Jahre 1920 vorerst auf die Besteuerung eines übermäßigen Aufwands im allgemeinen verzichtet hat, steht der Besteuerung übermäßigen Wohnungsaufwands durch die Gemeinden nichts im Wege. Die Abgabe wurde bisher regelmäßig nach dem Preis der Wohnung und der Zahl der entbehrlichen Räume bemessen. Mit Entschließung vom 25. Juli 1921 Nr. 3027 k 84 hat das Staatsministerium des Innern eine Mustersatzung für eine gemeindliche Wohnungsluxussteuer ausgearbeitet. Darnach ist eine Steuer nur zu erheben, wenn die Zahl der Wohnräume einer Wohnung um mehr als 1 (2) größer ist als die Personenzahl des die Wohnung innehabenden Hausstandes.

Nun sind aber auch in § 6 Abs. 2 des RG. vom 26. Juni 1921 über die Erhebung einer Abgabe zur Förderung des Wohnungsbaues (RGBl. S. 773) besondere gemeindliche Wohnungsluxussteuern vorgesehen worden. Darnach sind die Gemeinden berechtigt, neben der allgemeinen Abgabe zur Förderung des Wohnungsbaues, insbesondere zur Verzinsung und Tilgung der hiefür aufgenommenen Anlehen, von Wohnungen, „welche im Verhältnis zur Zahl der Bewohner oder zur Zweckbestimmung der Räume als übergroß anzusehen sind", eine besondere Abgabe zu erheben. Die Erhebung bedarf der Genehmigung der obersten Landesbehörde, der die nähere Regelung nach Maßgabe der von der Reichsregierung aufzustellenden allgemeinen Grundsätze und nach Maßgabe des Landesrechts vorbehalten bleibt. Solche Richtlinien sind bisher noch nicht aufgestellt worden.

Wenn auch an sich die auf Art. 4 des VollzG. beruhende Befugnis der Gemeinden, Wohnungsluxussteuern zu erheben, durch § 6 Abs. 2 des RG. vom 26. Juni 1921 nicht berührt wird, so können doch selbstverständlich beide Steuern in einer Gemeinde nicht nebeneinander bestehen. Im übrigen werden die Richtlinien des Reichs abzuwarten sein. Zu beachten ist, daß die vom Reichsgesetz zugelassenen Wohnungsluxussteuern von den Gemeinden nur zur Förderung des Wohnungsbaues verwendet werden dürfen, während bisher diese Abgaben zur Deckung des allgemeinen Bedarfs der Gemeinde dienten.

Dagegen ist die Genehmigung folgender Abgaben bisher regelmäßig versagt worden:

Feuerwehrsteuern, allgemeine Gewerbebetriebseröffnungsabgaben, Jagdsteuern, Fahrradsteuern, Klavier- und Grammophonsteuern, Steuern auf Jagdgewehre, Mobiliarsteuern.

Feuerwehrsteuern, die z. B. in Württemberg eingeführt sind, dürften sich für bayerische Verhältnisse nicht eignen. Gegen eine allgemeine Gewerbebetriebseröffnungsabgabe sprechen gewichtige gewerbepolitische Bedenken, abgesehen davon, daß sie gerade Minderbemittelten es erschweren würde, sich selbständig zu machen. Klaviere und Grammophen werden, soweit ihre Besteuerung überhaupt möglich ist, durch die Vergnügungssteuer erfaßt. Für die Ausübung der Jagd aber sind bereits die hohen Stempel für die Jagdkarte sowie die Stempel nach Tarifstelle 25 des Stempelgesetzes zu entrichten, neben denen weitere gemeindliche Abgaben nicht mehr erträglich erscheinen. Fahrradsteuern wären an sich denkbar, wenn es möglich wäre, zwischen notwendigem Gebrauch des Fahrrads und Vergnügen zu unterscheiden. Mobiliarsteuern, d. h. Abgaben vom Werte der Wohnungseinrichtung, sind nach § 2 LStG. unzulässig, da sie nichts anderes als eine Art Vermögenssteuer darstellen würden, die Länder und Gemeinden aber nicht mehr befugt sind, neben der Reichseinkommensteuer ihrerseits Vermögenssteuern zu erheben.

Zuwachssteuer.

Art. 5.

I Beim Übergange des Eigentums an einem Grundstück oder beim Übergang eines Rechtes, das den Grundstücken gleichsteht, ist die Gemeinde, in der das Grundstück liegt oder das Recht besteht, befugt, eine gemeindliche Steuer nach dem unverdienten Wertzuwachse (Zuwachssteuer) zu erheben.

II Dem Übergange des Eigentums an Grundstücken steht gleich der Übergang von Rechten an dem Vermögen einer Gesell-

schaft mit beschränkter Haftung, einer Kommanditgesellschaft, Gewerkschaft, eingetragenen Genossenschaft, eines eingetragenen Vereins oder einer offenen Handelsgesellschaft, soweit das Vermögen der Vereinigung aus Grundstücken besteht, wenn entweder zum Gegenstande des Unternehmens die Verwertung von Grundstücken gehört oder wenn die Vereinigung geschaffen ist, die Zuwachssteuer zu ersparen.

III Die Verwaltung der Steuer obliegt den Gemeinden, sie kann vertragsweise auch einem Notar übertragen werden.

IV Das Staatsministerium des Innern ist ermächtigt, im Einvernehmen mit den Staatsministerien der Justiz und der Finanzen eine Mustersatzung mit bindender Kraft aufzustellen.

V Die Mustersatzung ist dem Landtage vor Inkrafttreten vorzulegen; sie tritt außer Kraft oder wird abgeändert, wenn der Landtag es verlangt.

Die Besteuerung des unverdienten Wertzuwachses an Grundstücken erfolgte in Bayern nach dem Zuwachssteuergesetze vom 14. Februar 1911, RGBl. S. 33, auch nachdem das Reich mit Wirkung vom 1. Juli 1913 auf die Erhebung seines Anteils verzichtet hatte. Die Gemeinden hatten seitdem vielfach auf Grund des § 59 des Gesetzes Zuschläge zu ihrem Anteil bis zu 100% beschlossen, so daß die Steuer hier 90% des ursprünglichen Steuersatzes wieder erreichte.

Nach § 1 Abs. 5 des Reichsgesetzes vom 3. Juli 1913, RGBl. 521, sind die Länder befugt, durch Landesgesetz oder in Gemäßheit des Landesrechts durch ortsstatutarische Vorschrift eine andere Regelung der Besteuerung des Wertzuwachses als in dem RG. vom 14. Februar 1911 zu treffen. Von dieser Ermächtigung hat Bayern in den Art. 5 und 48 Abs. III dieses Gesetzes Gebrauch gemacht.

Hiernach sind vom 1. Oktober 1921 ab Zuwachssteuern nach dem Reichsgesetze vom 14. Februar 1911 in Bayern nicht mehr zu erheben. War jedoch in diesem Zeitpunkt die Steuerpflicht nach dem Reichsgesetze bereits eingetreten — nach § 4 des Zuwachssteuergesetzes wurde die Steuerpflicht durch die Eintragung der Rechtsänderung in das Grundbuch oder, wenn es einer solchen zum Übergang des Eigentums nicht bedurfte, durch den Vorgang begründet, der die Rechtsänderung bewirkte —, so hat es bei den bisherigen Vorschriften sein Bewenden, die Steuer ist nach dem Reichsgesetze vom 14. Februar 1911 zu berechnen. Soweit aber eine Steuerpflicht am 1. Oktober 1921 noch nicht bestand, weil die Eigentumsänderung erst später in das Grundbuch eingetragen wurde, ist jedenfalls eine Steuerpflicht nach dem früheren Zuwachssteuergesetze nicht mehr gegeben. Ob und welche Steuer nach dem 1. Oktober 1921 von dem unverdienten Wertzuwachse zu entrichten ist, hängt davon ab, ob die Gemeinde eine solche Besteuerung nach Maßgabe des Art. 5 dieses Gesetzes und der ministeriellen Mustersatzung vom 17. September 1921 beschließt oder nicht. Will daher eine Gemeinde auch künftighin Zuwachssteuern erheben, so muß sie hierüber ausdrücklich Beschluß fassen. Der Beschluß kommt in Städten dem Stadtrat, in den übrigen Gemeinden dem Gemeinderat zu. Es steht im freien Ermessen der Gemeinde, ob sie auch nach dem 1. Oktober 1921 Zuwachssteuern erheben will oder nicht. Gezwungen ist sie durch das Gesetz hiezu nicht und kann auch von Aufsichts wegen hiezu nicht gezwungen werden. Ein diesbezüglicher sozialdemokratischer Antrag im Haushaltsausschusse, wonach in allen Gemeinden wie bisher Zuwachssteuern hätten erhoben werden müssen, hat keine Mehrheit gefunden.

Will aber eine Gemeinde auch künftighin Zuwachssteuern erheben, so ist sie an die vom Staatsministerium des Innern erlassene Mustersatzung vom 17. September 1921 gebunden. Diese Mustersatzung, der nach Art. 5 Abs. IV bindende Kraft zukommt, ist nach eingehender Beratung mit den Verbänden der Gemeinden in Nr. 43 GVBl. veröffentlicht worden. Sie läßt dem Ermessen der Gemeinde weitgehenden Spielraum, vor allem kann die Gemeinde die Höhe der zu erhebenden Steuer selbst bestimmen, die Mustersatzung hat sich darauf beschränkt, Höchstsätze für die Besteuerung vorzuschreiben.

Die Verwaltung der Steuer obliegt grundsätzlich der Gemeinde selbst. Die Gemeinde kann die Verwaltung vertragsweise auch einem Notar übertragen, sie kann auch gemäß § 19 der Reichsabgabenordnung beantragen, daß die Verwaltung dem zuständigen Finanzamt übertragen wird.

Gegen die Anforderung von Zuwachssteuern steht dem Pflichtigen nach Art. 8 Ziff. 31 VGHG. i. d. F. des Art. 47 dieses Gesetzes der Verwaltungsrechtsweg offen. Erste Instanz ist die der Gemeinde zunächst übergeordnete Verwaltungsbehörde, zweite Instanz ist nach Art. 8 Ziff. 31, Art. 9 VGHG. der Verwaltungsgerichtshof.

Grundwertabgabe.

Art. 6.

I Die Gemeinden sind berechtigt, von unbebauten Grundflächen des Gemeindebezirkes, die nicht dauernd land- oder forstwirtschaftlichen oder gärtnerischen Zwecken zu dienen bestimmt sind, neben der Grundsteuer alljährlich eine Abgabe bis zu sechs vom Tausend des gemeinen Wertes der Grundfläche (Grundwertabgabe) zu erheben.

II Die Verwaltung der Abgabe obliegt den Gemeinden.

III Das Staatsministerium des Innern ist ermächtigt, im Einvernehmen mit dem Staatsministerium der Finanzen eine Mustersatzung mit bindender Kraft aufzustellen.

IV Die Mustersatzung ist dem Landtage vor Inkrafttreten vorzulegen; sie tritt außer Kraft oder wird abgeändert, wenn der Landtag es verlangt.

Die Erhebung besonderer Steuern von Bauplätzen und sonstigen in der Hauptsache Spekulationszwecken dienenden Grundstücken neben der allgemeinen Grundsteuer ist vom Landtage schon wiederholt gefordert worden. Vgl. Beschlüsse der K. d. Abg. vom 21. Juni 1900, StenBer. Bd. V 162: Prot. S. 503/4.

1903 hatte die Regierung einen Entwurf eines Gesetzes über eine Grundwertabgabe vorgelegt, die in der Kammer der Abgeordneten mit geringen Änderungen auch mit großer Stimmenmehrheit angenommen, in der Kammer der Reichsräte aber mit 21:21 Stimmen abgelehnt wurde. 1918 hatte die Regierung abermals im Einvernehmen mit den Gemeinden den Entwurf eines Grundwertabgabegesetzes ausgearbeitet, und zwar sollte die Grundwertabgabe nach diesem Entwurf im Gegensatze zum Entwurfe von 1903 eine rein gemeindliche Steuer sein. Nach Ausbruch der Revolution wurde jedoch der Entwurf nicht weiter verfolgt.

Art. 6 des Gesetzes ermächtigt nunmehr die Gemeinden — nicht auch die Gemeindeverbände — von unbebauten Grundflächen des Gemeindebezirks, die nicht dauernd land- oder forstwirtschaftlichen oder gärtnerischen Zwecken zu dienen bestimmt sind, neben der Grundsteuer alljährlich eine Abgabe bis zu 6 v. Tsd. des gemeinen Werts der Grundfläche zu erheben. Die in Abs. III vorgesehene Mustersatzung ist vom Staatsministerium des Innern unterm 17. September 1921 erlassen worden (GVBl. S. 468). Sie hat bindende Kraft. Die Gemeinde ist nicht gezwungen, eine Grundwertabgabe einzuführen, es steht in ihrem freien Ermessen, ob sie eine solche Abgabe erheben will oder nicht. Beschließt sie aber die Einführung der Abgabe, so ist sie an die Mustersatzung gebunden und kann nur insoweit abweichende Bestimmungen treffen, als dies die ministeriellen Vorschriften zugelassen haben.

Unbebaute Grundstücke, die gewerblichen Zwecken dienen, sind von der Grundwertabgabe an und für sich nicht ausgenommen. Die Abgabe soll jedoch nach einem Beschlusse des Landtags von solchen gewerblichen Grundstücken nicht erhoben werden, die nach Art der Benützung, Bauaufwand und Beschaffenheit dauernd gewerblichen Zwecken dienen. Diesem Beschluß ist in § 2 Ziff. 1 der Mustersatzung Rechnung getragen. Es wird im einzelnen Fall oft schwer sein, zu entscheiden, ob diese Voraussetzungen gegeben sind. Für ein Grundstück, das ohne besondere bauliche Anlagen z. B. als Seilerbahn dient, dürfte die Befreiung von der Abgabe nicht beansprucht werden können. Dagegen kann die Abgabe für einen Lagerplatz wohl nicht gefordert werden, der seit Jahr und Tag als solcher benützt wird und durch die Art der Umzäunung, Einrichtung von Schuppen, einer Schreibstube usw. als solcher gekennzeichnet ist.

Zu den Grundstücken, die dauernd land- oder forstwirtschaftlichen oder gärtnerischen Zwecken zu dienen bestimmt sind, zählen Parkanlagen nicht, wie bei der Beratung des Gesetzes ausdrücklich festgestellt wurde. Unter Parkanlagen sind größere, wohl über 1 ha umfassende bestockte Grundflächen zu verstehen. Sie sind in der Regel von gepflegten Wegen durchzogen und mit Mauern oder dauerhaften Zäunen umfriedet. Sie dienen in der Hauptsache nicht dem Erwerb, sondern dem Genusse ihres Besitzers. Hausgärten und kleinere Waldflächen, wie sie in Waldkolonien regelmäßig das Wohngebäude umgeben, sind keine Parkanlagen. Andererseits werden Parkanlagen aber nicht dadurch zu land- oder forstwirtschaftlich genutzten Grundstücken, daß etwa der Besitzer das anfallende Holz ordnungsmäßig verwertet.

Ein Grundstück dient gärtnerischen Zwecken im Sinn des Gesetzes, wenn die Gärtnerei berufsmäßig auf dem Grundstück ausgeübt wird.

Nach einem weiteren Beschlusse des Landtags sollen ferner Grundstücke mit keiner oder geringerer Abgabe herangezogen werden, die binnen kurz bemessener Zeitspanne zur Bebauung mit Klein- und Werkwohnungen benützt werden oder die öffentlichen oder gemeinnützigen Zwecken dienen, wie denen des Unterrichts, der Wohltätigkeit oder öffentlichen Gesundheitspflege. Hierauf bezieht sich § 3 der Mustersatzung. Darnach sind auch solche an sich abgabepflichtige Grundstücke von der Grundwertabgabe befreit, für die bereits Pläne zum Bau von Klein- oder Werkwohnungen vorgelegt, oder entsprechende Verhandlungen eingeleitet sind. Sind solche Wohnungen bis zum Ablauf der von der Gemeinde zu bestimmenden angemessenen Frist nicht errichtet, so soll die Gemeinde berechtigt sein, die geschuldete Abgabe samt 5% Zinsen für den ganzen Zeitraum nachzufordern.

Über die Einführung einer Grundwertabgabe hat in Städten der Stadtrat, in den übrigen Gemeinden der Gemeinderat zu beschließen.

Die Verwaltung der Steuer obliegt nach Abs. II des Art. 6 der Gemeinde. Nach § 6 der Mustersatzung hat die Feststellung der Veranlagungsgrundlagen durch einen oder mehrere vom Stadtrat (Gemeinderat) zu wählende Ausschüsse (Art. 106 bzw. 67 der beiden GO.) zu erfolgen. Die Gemeinde kann aber auch nach § 19 der Reichsabgabenordnung beantragen, daß die Erhebung der Abgabe dem für sie zuständigen Finanzamt übertragen wird.

Gegen die Anforderung von Grundwertabgaben kann der Pflichtige nach Art. 8 Ziff. 31 VGG. i. d. F. des Art. 47 dieses Gesetzes den Verwaltungsrechtsweg beschreiten. Erste Instanz ist die der Gemeinde zunächst übergeordnete Verwaltungsbehörde, zweite Instanz ist nach Art. 8 Ziff. 31, Art. 9 VGG. der Verwaltungsgerichtshof.

Warenhaussteuer und Steuer von Filialgeschäften.

Art. 7.

I Die Gemeinden können beschließen, daß gewerbliche Unternehmungen, deren Geschäftsbetrieb zur gewinnbringenden Verwertung größerer Betriebsmittel eine außergewöhnliche Ausdehnung hat und durch die Art des Geschäftsverfahrens von den Grundsätzen und Formen der üblichen Gewerbeausübung wesentlich abweicht, besondere Zuschläge zur Gewerbsteuer zu entrichten haben (Warenhaussteuer).

II Zu den gewerblichen Unternehmungen dieser Art zählen unter den angegebenen Voraussetzungen insbesondere:

1. Warenhäuser, Großmagazine, Großbazare, Abzahlungsgeschäfte, Versteigerungsgeschäfte und Versandgeschäfte, durch welche Waren, die nach ihrer Beschaffenheit verschiedenen Gattungen angehören oder als Erzeugnisse

verschiedener Gewerbe- oder Handwerkszweige anzusehen sind, in größerem Umfange mittels Einzelverkaufs in offenen Verkaufsstellen feilgehalten oder im Wege des unmittelbaren Versandes an die Verbraucher veräußert werden;

2. Gewerbe der in Ziff. 1 bezeichneten Art, in denen der Betriebsumfang durch Haltung einer Mehrzahl von Verkaufsstellen oder Niederlagen für den Vertrieb der Waren oder Erzeugnisse außergewöhnlich erweitert ist.

III Die Gemeinden können ferner beschließen, daß Gewerbtreibende, die im Gemeindebezirk, ohne in ihm ihren Wohnsitz oder Hauptbetriebssitz zu haben, Verkaufsstellen oder Lager unterhalten, von denen aus Waren zum Verkauf abgegeben werden, zur Entrichtung besonderer Zuschläge zur Gewerbsteuer verpflichtet sind (Filialsteuer).

IV Die Zuschlagspflicht erstreckt sich nicht auf gewerbliche Betriebe inländischer Personenvereinigungen und Zweckvermögen, die nach der Satzung, Stiftung oder sonstigen Verfassung ausschließlich gemeinnützigen oder mildtätigen Zwecken dienen; die Gemeinnützigkeit ist bei Personenvereinigungen nicht ausgeschlossen, wenn die Einlagen nach der Satzung oder sonstigen Verfassung mit höchstens fünf vom Hundert verzinst werden, bei Auslosungen, Ausscheiden eines Mitglieds oder für den Fall der Auflösung der Personenvereinigung nicht mehr als der Nennwert der Einlage zugesichert und bei der Auflösung der Rest des Vermögens für gleiche Zwecke bestimmt ist.

V Die Zuschläge dürfen 200 vom Hundert, in den Fällen des Abs. III für Gewerbebetriebe, die nicht unter Abs. I und II fallen, 50 vom Hundert der auf die Gemeinde treffenden Gewerbsteuer nicht übersteigen.

VI Der Beschluß bedarf der Genehmigung des Staatsministeriums des Innern im Einvernehmen mit dem Staatsministerium der Finanzen.

I. Warenhaussteuer.

Die Warenhaussteuer nach dem Gesetze vom 14. August 1910, GVBl. S. 597, konnte seit dem Inkrafttreten des Umsatzsteuergesetzes vom 24. Dezember 1919 in Bayern nicht mehr erhoben werden; sie war nach dem Geschäftsumsatze des warenhaussteuerpflichtigen Betriebs bemessen, Steuern vom Warenumsatze sind aber nach § 44 des Umsatzsteuergesetzes den Ländern und Gemeinden seit dem Inkrafttreten dieses Gesetzes am 1. Januar 1920 nicht mehr gestattet.

Art. 7 dieses Gesetzes hat nun zwar die Begriffsbestimmung des Warenhauses aus dem Gesetze vom 14. August 1910 übernommen, die Steuer aber nach dem Vorbilde Hessens als besondere Zuschläge zur Gewerbsteuer ausgestaltet.

Auch nach Art. 7 d. G. kann eine Warenhaussteuer nur von solchen gewerblichen Unternehmungen erhoben werden, deren Geschäftsbetrieb zur gewinnbringenden Verwertung größerer Betriebsmittel eine außergewöhnliche Ausdehnung hat und durch die Art des Geschäftsverfahrens von den Grundsätzen und Formen der üblichen Gewerbeausübung wesentlich abweicht.

Zur Begründung der Steuerpflicht müssen alle diese Voraussetzungen zusammentreffen. VGH. Bd. 33 S. 133; Bd. 34 S. 146. Bei ihrer Würdigung ist auch auf die örtlichen Verhältnisse entsprechende Rücksicht zu nehmen. VGH. Bd. 37 S. 9.

1. Für die Frage, wann „größere" Betriebsmittel im Sinn des Gesetzes anzunehmen sind, bietet die steuerpolitische Begründung der Abgabe insoferne einen Anhaltspunkt, als nach der Absicht des Gesetzgebers das in Warenhäusern und ähnlichen Unternehmungen regelmäßig arbeitende Großkapital mit Rücksicht auf seine gesteigerte Steuerkraft stärker zur Gewerbsteuer als sonstige Gewerbebetriebe herangezogen werden soll. Mit größeren Betriebsmitteln sind in der Regel Betriebsmittel des „Großkapitalismus" gemeint. VGH. Bd. 35 S. 65. Dabei ist keineswegs notwendig, daß das Geschäftsvermögen aus den Mitteln großer Geldleute oder Gesellschaften herrührt. Gerade im Großbetriebe des Kleinhandels sind die Angestellten am Gesellschaftsvermögen häufig selbst beteiligt.

Im übrigen ist das Vorhandensein größerer Betriebsmittel nicht nach einem absoluten Größenbetrage, sondern in Rücksicht auf die bei der betreffenden Gewerbegattung üblichen Betriebsverhältnisse zu beurteilen. Hiebei müssen auch die Verhältnisse des Betriebsortes beachtet werden, dies liegt in der Natur der Sache, da ein Warenhaus mit geringeren Betriebsmitteln in einer kleinen Stadt die gleichen Wirkungen auf die übrigen Geschäfte äußern kann, wie ein Unternehmen mit hervorragendem Vermögen in der Großstadt. VGH. Bd. 37 S. 6; Bd. 38 S. 98.

Als Betriebsmittel kommen außer dem Stammvermögen auch Warenkredite und Einlagen anderer, sowie Warenvorräte, Einrichtungsgegenstände und der dem Warenhause von größeren Geschäften für den Betrieb gewährte Kredit in Betracht. Das Geschäftshaus an sich kann jedenfalls dann nicht zu den Betriebsmitteln gerechnet werden, wenn es nicht im Eigentum der Firma des Warenhauses steht, sondern nur auf Zeit für den Warenhausbetrieb gemietet ist. VGH. Bd. 38 S. 97.

2. Eine außergewöhnliche Betriebsausdehnung, wie sie der Begriff des Warenhauses erfordert, ist nach dem Gesetze und der Rechtsprechung des VGH. dann gegeben, wenn Waren, die nach ihrer Beschaffenheit verschiedenen Gattungen angehören, oder als Erzeugnisse verschiedener Gewerbe- oder Handwerkszweige anzusehen sind, in größerem Umfange zum Einzelverkaufe feilgehalten oder unmittelbar an die Verbraucher versandt werden. VGH. Bd. 33 S. 133. Ein Wäschehaus, das in der Hauptsache nur Wäsche und verwandte Artikel führt, ist deshalb nicht als Warenhaus im Sinn des Art. 7 zu erachten.

wenn auch der Betrieb im übrigen nach seiner äußeren Aufmachung einem Warenhaus ähneln sollte. Unter Warengattung im handels- und steuerrechtlichen Sinne ist nach der Rechtsprechung des VGH. eine durch gemeinsame Merkmale bestimmte Klasse von Gegenständen des Handelsverkehrs zu verstehen. Die Warengattung unterscheidet sich einerseits von der „Branche", andererseits von der „Warengruppe". Beide Begriffe sind weiter. Die Branche ist ein Zweig, eine Abteilung oder ein Fach des kaufmännischen Geschäfts. Sie umfaßt bestimmte, miteinander in einem inneren Zusammenhange stehende und darnach unter sich verwandte Warengattungen. Die „Warengruppe" setzt sich selbst aus verschiedenen Warengattungen zusammen. VGH. Bd. 37 S. 6; Bd. 38 S. 97. Die Ausdehnung des Geschäftsbetriebs muß außergewöhnlich sein: dies gilt nicht nur für die räumliche Ausdehnung des Betriebs, sondern auch bezüglich des Warenumsatzes, der Zahl der im Betriebe verwendeten Personen usw. Vgl. insbesondere als Beispiele die Entsch. d. VGH. Bd. 34 S. 146, 152; Bd. 35 S. 65.

3. Der Begriff des Warenhauses setzt endlich voraus, daß die Art des Geschäftsverfahrens von den Grundsätzen und Formen der üblichen Gewerbeausübung wesentlich abweicht. Als Kennzeichen eines solchen Geschäftsverfahrens kommen nach der Rechtsprechung des Verwaltungsgerichtshofs insbesondere in Betracht: das Drücken auf die Arbeitslöhne der Hilfspersonen, kleinen Handwerksmeister oder Hausarbeitspersonen, der Ankauf von Ausschußwaren oder minderwertigen Massenverbrauchsgegenständen und der Verkauf dieser zu Preisen, um den sie im gewöhnlichen Geschäftsbetrieb nicht geliefert werden können, das Anbieten von Lockartikeln, das Vorkommen von Maß- und Gewichtsverschleierungen, eine ungewöhnliche Reklame (VGH. Bd. 34 S. 146), die Ankündigung von Serienverkäufen oder von sog. Spezialtagen oder Spezialwochen mit niedrigen Preisen, die Zusicherung von Geschenken oder dgl. bei Einkäufen. Als besonderes Merkmal der Warenhäuser ist bisher stets die sofortige Barzahlung bezeichnet worden, die von jedem Käufer ausnahmslos verlangt wird. Einem Geschäft, das Zahlungsstundung gewährt, oder auf Kredit Waren liefert, Warenmuster ins Haus schickt, und Preisabhandeln zuläßt, mangeln wesentliche Merkmale eines Warenhauses. VGH. Bd. 33 S. 133; Bd. 34 S. 152; Bd. 37 S. 6; Bd. 38 S. 97. Im übrigen ist aber darauf hinzuweisen, daß sich die Verhältnisse jederzeit ändern können: Es kommt darauf an, ob Gewerbeausübung jeweils üblich ist. Die Begründung des Warenhaussteuergesetzes und die bisherige Rechtsprechung können deshalb mehr oder minder nur Anhaltspunkte sein. Soweit sich insbesondere im Laufe der Zeit die kaufmännische Reklame mehr und mehr der früher nur bei Warenhäusern üblich gewesenen Reklame angepaßt hat, kann diese als besonderes Kennzeichen des Warenhauses nicht mehr verwertet werden. VGH. Bd. 33 S. 133.

Abs. II des Art. 7 bringt nur Beispiele. Eine Warenhaussteuer kann daher auch von Unternehmungen der in Abs. I bezeichneten Art erhoben werden, wenn sie keine der Bezeichnungen des Abs. II führen. Umgekehrt unterliegen Unternehmungen mit einer solchen Bezeichnung der Warenhaussteuer dann nicht, wenn die Voraussetzungen des Abs. I nicht erfüllt sind. Entscheidend ist nicht der Name, sondern das Wesen der Unternehmung. Dabei sind die Vorschriften des Art. 7, nachdem sie einmal Ausnahmebestimmungen enthalten, nach allgemeiner Rechtsregel nicht in ausdehnendem, sondern im streng begrenzten Sinne zu handhaben. VGH. Bd. 33 S. 133.

Das Halten einer Mehrzahl von Verkaufsstellen oder Niederlagen für den Vertrieb der Waren oder Erzeugnisse (Art. 7 Abs. II Ziff. 2) kann an sich eine Warenhaussteuerpflicht nicht begründen. Um die Erhebung einer Warenhaussteuer zu rechtfertigen, müssen vor allem bei dem Stammgeschäft die Voraussetzungen des Art. 7 Abs. I und II Ziff. 1 gegeben sein. VGH. Bd. 33 S. 133.

Besondere Schwierigkeiten ergeben sich dann, wenn nicht das Stammgeschäft, sondern nur eine Filiale des Unternehmens in Bayern liegt und nun beurteilt werden soll, ob die Filiale der Warenhaussteuer unterliegt. Nach der Rechtsprechung des VGH. sind in solchen Fällen nicht etwa die Verhältnisse der bayerischen Zweigniederlassung für sich allein, sondern im Zusammenhange damit auch die des Hauptgeschäfts samt seinen sonstigen Zweiggeschäften und zwar sämtliche Betriebsstätten zusammen als Gesamtunternehmen zu würdigen. VGH. Bd. 37 S. 6.

Wer das warenhaussteuerpflichtige Unternehmen betreibt, ist gleichgültig. Auch Konsumvereine können steuerpflichtig werden, wenn die Voraussetzungen des Art. 7 für ihren Geschäftsbetrieb zutreffen.

Die Zuschläge zur Gewerbsteuer dürfen nach Abs. V des Art. 7 200% dieser Steuer nicht übersteigen.

II. Filialsteuer.

Schon das Gewerbsteuergesetz von 1910 hatte in Art. 6 Abs. III bei Gewerbetreibenden, die zum Zwecke des Absatzes ihrer Erzeugnisse oder zur Ausdehnung des Handelsgewerbes mehr als einen Verkaufsladen oder mehr als eine ständige Niederlage zum Warenverkaufe halten, besondere Zuschläge zur Betriebskapitalsanlage vorgesehen. Als besondere gemeindliche Abgabe ist die Filialsteuer in Bayern neu. Sie ist dem hessischen Rechte nachgebildet.

Nach Art. 7 Abs. III können nunmehr Gemeinden beschließen, daß Gewerbetreibende, die im Gemeindebezirk, ohne in ihm ihren Wohnsitz oder Hauptbetriebssitz zu haben, Verkaufsstellen oder Lager unterhalten, von denen aus Waren zum Verkaufe abgegeben werden, besondere Zuschläge zu der auf die Gemeinde treffenden Gewerbsteuer zu entrichten haben. Die Zuschläge dürfen 50% der Steuer nicht übersteigen. Unterhält z. B. eine Firma in M. eine Filiale in N. und sind von der gesamten von der Firma zu entrichtenden Gewerbsteuer von 2000 ℳ nach Art. 15 ff. d. G. 500 ℳ auf die Gemeinde N. auszuscheiden, so kann die Gemeinde N. äußerstenfalls eine Abgabe von $500 \cdot {}^{50}/_{100} = 250$ ℳ als Filialsteuer erheben. Das Hauptgeschäft in M. bleibt zuschlagsfrei, auch wenn in der Gemeinde M. gleichfalls Filialsteuern eingeführt wären. Eine Ausnahme besteht für Filialen von Warenhäusern und diesen gleichstehenden Betrieben, für sie kann der Zuschlag wie für das Warenhaus selbst bis zu 200% erhöht werden; dabei ist aber vorausgesetzt, daß der Zweigniederlassung warenhausähnlicher Charakter zukommt; ist dies nicht der Fall, so darf auch bei Zweigniederlassungen von Warenhäusern der allgemeine Höchstsatz der Filialsteuer mit 50% nicht überschritten werden. Filialen, die ein Gewerbetreibender am Ort des Hauptgeschäfts unterhält, sind zuschlagsfrei. Dies ergibt sich schon aus der Fassung des Art. 7 Abs. III. Dagegen können Filialsteuern auch dann erhoben werden, wenn das Hauptgeschäft außerhalb Bayerns betrieben wird und nur die Zweigniederlassung in Bayern liegt.

Der Begriff „Ware“ ist hier im weitesten Sinn zu verstehen. Er umfaßt alle Gegenstände, einschließlich der Wertpapiere, soweit sie Gegenstände des Handelsverkehrs sind.

Zweigniederlassungen, von denen aus Waren zum Verkaufe nicht abgegeben werden, in denen z. B. nur Arbeit geleistet wird, Fabrikniederlassungen, Reparaturwerkstätten usw., bleiben zuschlagsfrei.

III. Gemeinsame Vorschriften.

Es steht im Ermessen der Gemeinde, ob sie Warenhaussteuern oder Filialsteuern erheben will oder nicht. Das Gesetz hat im Gegensatz zum früheren Warenhaussteuergesetz davon abgesehen, die Erhebung solcher Steuern allgemein vorzuschreiben. Die Gemeinde soll hiezu nicht gezwungen sein, wenn die örtlichen Verhältnisse es rechtfertigen, von solchen Steuern abzusehen.

Gemeinnützige und mildtätige Unternehmungen sind nach Abs. IV des Art. 7 von der Zuschlagspflicht gesetzlich ausgenommen. Dies gilt für die Warenhaussteuer wie für die Filialsteuer. Gemeinnützigkeit liegt nur vor, wenn das Unternehmen der Allgemeinheit und nicht nur bestimmten Personen oder einem engeren Kreise von solchen zu dienen bestimmt ist. Unter mildtätigen Zwecken wird man wie in anderen Steuergesetzen solche zu verstehen haben, die einer gewissen Bedürftigkeit, die keineswegs eine Notlage zu sein braucht, in irgendeiner Weise abhelfen wollen. Mildtätigkeit ist vielleicht gegenüber Wohltätigkeit der weitere Begriff.

Der Beschluß über die Erhebung von Warenhaussteuern und Filialsteuern steht in den Städten dem Stadtrat, in den übrigen Gemeinden dem Gemeinderat zu. Er bedarf der Genehmigung des Staatsministeriums des Innern. Die insbesondere auch aus volkswirtschaftlichen Gründen, wenn z. B. die Filialsteuer in einer Gemeinde nur dazu dienen soll, einigen wenigen ansässigen Gewerbetreibenden eine gewisse Monopolstellung zu verschaffen, versagt werden kann.

Über die Erhebung der Abgaben enthält das Gesetz keine Vorschriften. Die Gemeinde kann die Zuschläge wie die Gemeindeumlagen selbst erheben, sie kann aber auch beantragen, daß die Zuschläge von der Behörde miterhoben werden, die die Gewerbsteuer veranlagt und erhebt.

Gegen die Anforderung von Warenhaus- und Filialsteuern steht dem Pflichtigen der Verwaltungsrechtsweg offen. Erste Instanz ist die der Gemeinde unmittelbar übergeordnete Verwaltungsbehörde, zweite Instanz ist der Verwaltungsgerichtshof. Art. 8 Ziff. 31 VGG. i. d. F. des Art. 47 dieses Gesetzes.

Vergnügungssteuer.

Art. 8.

[I] Die in den §§ 12, 13 des Landessteuergesetzes vorgeschriebene Vergnügungssteuer verbleibt den Gemeinden und wird von diesen erhoben.

II **Auf die Erhebung und das Rechtsmittelverfahren finden die für die örtlichen Abgaben geltenden Vorschriften entsprechende Anwendung.**

Während bisher die Einführung von Vergnügungssteuern im freien Ermessen der Gemeinden stand, sind diese nunmehr nach § 12 LStG. verpflichtet, eine solche Steuer zu erheben, falls nicht der Gemeindeverband oder das Land, denen die Gemeinde angehört, eine solche Steuer einführt. § 13 des Gesetzes ermächtigte sodann den Reichsrat, Bestimmungen über die Vergnügungssteuer zu erlassen, in denen Art und Umfang der Steuerpflicht, die Steuersätze und die sonstige steuerliche Befugnis der Gemeinden geregelt werden. Diese Bestimmungen sollen in allen Gemeinden als Steuerordnung gelten, soweit die Gemeinden nicht mit Genehmigung der Landesregierung oder der von ihr beauftragten Behörde besondere Steuerordnungen im Rahmen der Bestimmungen des Reichsrats erlassen. Steuerordnungen, die zur Zeit des Inkrafttretens der Bestimmungen des Reichsrats in Geltung sind, bedürfen erneuter Beschlußfassung der zuständigen Gemeindevertretungen und Aufsichtsbehörden und treten in Ermangelung solcher nach Ablauf von drei Monaten außer Kraft.

Diese in § 13 LStG. vorgesehenen Bestimmungen über die Vergnügungssteuer sind nun vom Reichsrat unterm 9. Juni 1921 erlassen und in Nr. 72 des RGBl. veröffentlicht worden. Sie verfolgen eine doppelte Aufgabe, indem sie einerseits eine selbständige Steuerordnung und anderseits den Rahmen für abweichendes Ortsrecht darstellen sollen. Dabei sollte den Gemeinden und Ländern in der Ausgestaltung der Vergnügungssteuer tunlichste Bewegungsfreiheit eingeräumt werden, um ihnen eine eingehende Berücksichtigung besonderer örtlicher Verhältnisse in weitestem Umfange zu ermöglichen.

Die Bestimmungen sind dementsprechend auch in zwei Teile geschieden: Art. II enthät die Steuerordnung, Art. III bestimmt, inwieweit die Gemeinden von den Vorschriften dieser Steuerordnung abweichen dürfen. Dabei haben die Gemeinden die Wahl, ob sie selbst eine besondere Steuerordnung im Rahmen dieser Vorschriften erlassen oder nur einzelne Abweichungen von der Steuerordnung des Reichsrats beschließen wollen. Solche Steuerordnungen und Beschlüsse bedürfen aber in Bayern nach der Bekanntmachung der Staatsministerien des Innern, für Unterricht und Kultus und der Finanzen über die Vergnügungssteuer vom 7. September 1921, Bayer. Staatsanzeiger Nr. 209, der Genehmigung der Regierungen, Kammern des Innern. Sollten die Gemeinden Abweichungen beschließen, die in Art. III §§ 2 bis 11 nicht vorgesehen sind, so ist zur Gültigkeit des Beschlusses außer der Genehmigung der Landesregierung (in Bayern Staatsministerium des Innern) die Zustimmung des Reichsministers der Finanzen oder der von ihm beauftragten Reichsbehörde (Art. III § 12) erforderlich.

Die Bestimmungen des Reichsrats über die Vergnügungssteuer sind zwei Monate nach ihrer Veröffentlichung, somit am 15. September 1921, in Kraft getreten. Vgl. hiezu Bek. der Staatsministerien des Innern, für Unterricht und Kultus und der Finanzen vom 7. September 1921, Bayer.

Staatsanzeiger Nr. 209. Für Gemeinden, in denen an diesem Tage noch ältere Steuerordnungen in Geltung waren, treten diese Steuerordnungen gemäß § 13 Satz 3 LStG. drei Monate später, d. h. am 15. Dezember 1921, außer Kraft. Die Bestimmungen des Reichsrats erlangen in diesen Gemeinden also erst mit dem 15. Dezember Geltung, falls über die älteren Ordnungen bis dahin nicht erneute Beschlußfassung nach § 13 Satz 3 LStG. stattgefunden hat. Gemeinden, die am 15. September d. J. eine eigene Steuersatzung nicht besessen haben, können eine solche nach Maßgabe des Art. III der Reichsratsbestimmungen erlassen; solange eine neue Sondersteuerordnung in der Gemeinde aber nicht rechtsgültig zustande kommt, gilt in der Gemeinde seit 15. September die Steuerordnung des Reichsrats, ohne daß es eines besonderen Beschlusses der Gemeinden über ihre Erhebung bedarf.

Nachdem die Vergnügungssteuer durch die §§ 12 und 13 LStG. und die hiezu ergangenen Ausführungsbestimmungen des Reichsrats reichsrechtlich erschöpfend geregelt ist, hat sich Art. 8 darauf beschränkt, zu bestimmen, daß der Ertrag der Vergnügungssteuer in Bayern auch künftighin den Gemeinden verbleibt und von ihnen nach Maßgabe der Vorschriften für die Erhebung örtlicher Abgaben verwaltet wird. Damit ist den Pflichtigen gegen die Anforderung von Vergnügungssteuern auch der Verwaltungsrechtsweg nach Art. 8 Ziff. 31 VGG. i. d. F. des Art. 47 dieses Gesetzes eröffnet. Sollte in besonders gearteten Einzelfällen die Erhebung der Steuer eine außergewöhnliche Härte bedeuten, so ist die Gemeinde befugt, die Steuer ganz oder teilweise zu erlassen (Art. II § 23 d. Best. d. Reichsrats).

Umlagen zu den Ertragsteuern des Landes.

Art. 9.

I Die Gemeinden, Ortschaften, Bezirke und Kreise sind berechtigt, zur Grundsteuer, Haussteuer, Gewerbsteuer und Steuer vom Gewerbebetrieb im Umherziehen Umlagen zu erheben.

II Die nach einem einheitlichen Hundertsatze zu bemessenden Umlagen zur Haussteuer, Gewerbsteuer und Steuer vom Gewerbebetrieb im Umherziehen dürfen in kreisunmittelbaren, nicht bezirkszugehörigen Städten 400 vom Hundert, in den übrigen Gemeinden 350 vom Hundert, in den Bezirken und Kreisen je 50 vom Hundert dieser Steuer nicht übersteigen. Die Umlagen der Gemeinden, Bezirke und Kreise zur Grundsteuer müssen wenigstens im gleichen Hundertsatz festgesetzt und können bis um die Hälfte erhöht werden. Umlagen der Ortschaften (Ortsumlagen) sind nur insoweit statthaft, als die Gemeindeumlagen hinter diesen Höchstsätzen zurückbleiben.

III Mit Rücksicht und im Rahmen der bereits abgeschlossenen Haushaltpläne des Rechnungsjahres 1920 dürfen die Gemeinden

und Bezirke mit Genehmigung der Kreisregierung, Kammer des Innern, die Kreise mit Genehmigung des Staatsministeriums des Innern diese Hundertsätze überschreiten.

Art. 9 enthält die grundlegenden Bestimmungen über die Erhebung von Umlagen zu den Ertragsteuern des Landes: Grundsteuer (Grundsteuergesetz i. d. F. vom 4. November 1910, GVBl. S. 1029, und vom 27. Juli 1921, GVBl. S. 411), Haussteuer (Gesetz vom 17. Aug. 1918, GVBl. S. 858, vom 16. August 1919, GVBl. S. 563 und vom 27. Juli 1921, GVBl. S. 412), Gewerbsteuer (Gesetz vom 27. Juli 1921, GVBl. S. 413) und Steuer vom Gewerbebetrieb im Umherziehen (Gesetz vom 27. Juli 1921, GVBl. S. 439). Die Kapitalrentensteuer, die früher in Bayern erhoben wurde, ist durch die Kapitalertragsteuer des Reichs ersetzt worden; zu dieser Steuer sind keinerlei gemeindliche Zuschläge oder Umlagen zulässig.

Zu den eben erwähnten Ertragsteuern sollen nun künftighin nicht nur die Ortschaften, Gemeinden und Kreise, sondern auch die Bezirke selbständige Umlagen erheben dürfen. Es wäre im Interesse des einfacheren Vollzugs erwünscht gewesen, wenn die Regelung des Umlagengesetzes von 1910/18, wornach die Bezirksumlagen steuerliche Beträge der Gemeinden und der Eigentümer ausmärkischer Grundstücke bildeten, hätte beibehalten werden können. Allein es war der dringende Wunsch aller Gemeinden und Gemeindeverbände, die Bezirke möglichst unabhängig von den Gemeinden zu machen. Die Gemeinden klagten, die Mittel nicht mehr aufbringen zu können, die die Bezirke von ihnen forderten, während anderseits die Bezirke sich darüber beschwerten, daß die Gemeinden die angeforderten Beträge überhaupt nicht mehr bezahlten. Mit Rücksicht auf die freie Stellung, die die Bezirke durch das Selbstverwaltungsgesetz erhalten haben, schien es auch in der Tat gerechtfertigt, den Bezirken in Zukunft eigene Einnahmen zuzuweisen.

Die Berechnung der Gemeindeumlagen wird sich künftighin von dem bisherigen Verfahren wesentlich unterscheiden:

a) Nach dem Umlagengesetze von 1910/18 wurden die Gemeindeumlagen nach einem einheitlichen Hundertsatz aus der auf die Gemeinde treffenden Steuersumme berechnet, die zum Zwecke der Umlagenerhebung erst nach Maßgabe der Art. 24ff. des Umlagengesetzes besonders festgestellt werden mußte. Dabei wurden die Grund- und Haussteuern mit dem eineinhalbfachen Betrage, sämtliche Gewerbsteuern und Steuern vom Gewerbebetrieb im Umherziehen mit den zweifachen Beträgen, sämtliche Kapitalrentensteuern mit dem einfachen Betrage, die Einkommensteuern mit dem halben Betrag und die Vermögensteuern mit einem Viertel in Ansatz gebracht. Künftighin sollen die Steuern, zu denen überhaupt noch Umlagen erhoben werden können, ohne weiteres mit ihren Normalsätzen eingestellt werden. Dies bedeutet eine wesentliche Vereinfachung des Verfahrens. Nachdem die bayerische Einkommensteuer weggefallen ist, ist auch ein Vergleich der einzelnen Steuerarten, auf dem die bisherige Abstufung beruhte, nicht mehr möglich.

b) Die Umlagen sollen auch künftighin grundsätzlich nach einem einheitlichen Hundertsatze bemessen werden, nur zur Grundsteuer sollen um die Hälfte höhere Sätze zulässig sein; es steht aber der Gemeinde usw. frei, von einer solchen Erhöhung abzusehen und den gleichen Hundertsatz wie für die übrigen Steuerarten auch für die Grundsteuer vorzuschreiben.

Abs. II des Art. 9 hat für die Umlagen Höchstgrenzen vorgeschrieben. Es war dies notwendig, nicht nur um einer Überlastung der Steuerpflichtigen und Übergriffen einzelner Gemeindeverbände vorzubeugen, sondern um auch eine allzuhohe Belastung des Grund- und Hausbesitzes und des Gewerbebetriebs gegenüber dem Kapitalvermögen zu vermeiden, das durch die Kapitalertragsteuer lediglich mit 10% des Ertrags herangezogen wird.

Die Höchstgrenzen sind nach Abs. II des Art. 9 folgende:

1. Umlagen zur Haussteuer, Gewerbsteuer und Steuer vom Gewerbebetrieb im Umherziehen

a) für kreisunmittelbare, nicht bezirkszugehörige Städte .	400%
b) für die übrigen Gemeinden — hiezu gehören auch die bezirkszugehörigen unmittelbaren Städte der Pfalz — . .	350%
c) für die Bezirke	50%
d) für die Kreise	50%

2. Umlagen zur Grundsteuer

a) für kreisunmittelbare, nicht bezirkszugehörige Städte .	600%
b) für die übrigen Gemeinden	525%
c) für die Bezirke	75%
d) für die Kreise	75%

Umlagen der Ortschaften (Ortsumlagen) sind nur insoweit statthaft, als die Gemeindeumlagen (Ziff. 1 und 2, a und b) hinter diesen Höchstsätzen zurückbleiben. Ist eine Gemeinde gezwungen, in späteren Jahren höhere Umlagen als bisher zu erheben, so muß die Ortschaft zurücktreten; je mehr die Gemeinde ihr Umlagenrecht ausschöpft, desto weniger Ortsumlagen können erhoben werden.

Abs. III enthält eine Übergangsbestimmung für jene Gemeinden, Bezirke und Kreise, die zur Abgleichung der bereits abgeschlossenen Haushaltspläne des Rechnungsjahrs 1920 höherer Umlagen bedurften. Die Überschreitung der Höchstsätze bedarf aber der ausdrücklichen Genehmigung der Regierung, Kammer des Innern, bzw., soweit Kreisumlagen in Frage stehen, des Staatsministeriums des Innern.

Den Umlagen kommt auch in Zukunft subsidiärer Charakter zu, wie dies bisher der Fall war. Art. 39 bzw. Art. 30 der beiden Gemeindeordnungen, Art. 30 Distriktsratsgesetz. An den bisherigen Vorschriften hat sich in dieser Richtung nichts geändert.

Über die Erhebung von Ortsumlagen hat der Ausschuß der Ortschaft zu beschließen. Art. 153 rechtsrh. Gemeindeordnung i. d. Fassung des Art. 28 Selbstverwaltungsgesetzes.

Gemeindeumlagen sind in den Städten vom Stadtrat, in den übrigen Gemeinden vom Gemeinderat zu beschließen. Art. 6 Selbstverw.-G. In Art. 30 des Umlagengesetzes von 1910/18 war für die Landgemeinden rechts des Rheins eine besondere Teilnahme der Höchstbesteuerten an der Beschlußfassung über die Erhebung von Gemeindeumlagen vorgesehen. Diese Bestimmung des Umlagengesetzes ist bereits durch das

Selbstverwaltungsgesetz (§§ 33 VollzAnw. z. SelbstverwG.) aufgehoben worden und wurde in das VollzG. z. LStG. auch nicht neuerdings übernommen.

Der Beschluß über die Erhebung von Bezirksumlagen steht dem Bezirkstag, der Beschluß über die Erhebung von Kreisumlagen dem Kreistag zu. Die Beschlüsse bedürfen keiner Genehmigung der Aufsichtsbehörde, soweit eine solche nicht in Abs. III des Art. 9 des VollzG. z. LStG. ausdrücklich vorgeschrieben ist.

Gegen die Anforderung von Ortsumlagen, Gemeinde- und Bezirksumlagen steht dem Pflichtigen der Verwaltungsrechtsweg offen. VGG. Art. 8 Ziff. 24 und 30; Art. 12. Im verwaltungsrechtlichen Umlagenstreit hat der Verwaltungsrichter die von den Steuerbehörden geschaffene Grundlage der Steuerveranlagung und Steuerausscheidung ohne weitere Nachprüfung anzuerkennen, die übrigen Voraussetzungen des Umlagenanspruchs, z. B. Haftung der Ehefrau für die Umlagenschuldigkeit des Ehemanns, aber selbständig zu würdigen.

In welcher Weise Streitigkeiten wegen der Kreisumlagenpflicht zu entscheiden sind, ist gesetzlich nicht besonders geregelt. Insbesondere ist auf diesem Gebiete keine Zuständigkeit des Verwaltungsgerichtshofs begründet. Infolgedessen werden über Kreisumlagenstreitigkeiten jene Behörden zu entscheiden haben, denen die Erhebung der Kreisumlagen obliegt, im Beschwerdefall die diesen vorgesetzten höheren Stellen.

Gemeindeumlagen.

Art. 10.

I Gemeindeumlagenpflichtig ist, wer mit einer der in Art. 9 bezeichneten Steuer veranlagt ist.

II Der Veranlagung steht die vormerkungsweise Veranlagung gleich.

III Die Gemeindeumlagenpflicht bemißt sich nach der veranlagten Steuer. Die Zuschläge des Art. 18 des Gewerbsteuergesetzes bleiben dabei außer Betracht.

IV Steuernachlässe bewirken die entsprechende Minderung oder Aufhebung der Gemeindeumlagenpflicht, die Niederschlagung von Umlagen bleibt der Gemeinde vorbehalten.

Art. 10 entspricht dem Art. 2 des Umlagengesetzes vom 17. August 1918.

Für die Gemeindeumlagenpflicht ist die Veranlagung mit einer der in Art. 9 bezeichneten Steuern maßgebend. Eine Veranlagung ist auch die Steuernachholung. Diese hat hiernach von selbst die nachträgliche Entstehung der entsprechenden Umlagenpflicht zur Folge. VGH. Bd. 33 S. 153. Auch die Festsetzung einer vorläufigen Steuerschuld nach Art. 13 oder Art. 46 Gewerbsteuergesetzes ist als Veranlagung im Sinne des Art. 10 dieses Gesetzes zu erachten.

Eine vormerkungsweise Veranlagung (Abs. II) findet nach den einschlägigen Steuergesetzen in den Fällen statt, in denen zwar keine Staatssteuerpflicht besteht, wohl aber — zum Zwecke der Begründung der

Umlagenpflicht — die Sache so betrachtet werden soll, als wenn eine Staatssteuerpflicht bestünde.

Vormerkungsweise veranlagt werden insbesondere:

a) zur Grundsteuer:

1. das Reich und der Staat, § 120 Abs. I Grundsteuergesetz, § 3 Reichsbesteuerungsges. v. 15. April 1911, RGBl. S. 187,
2. die Kreise, Bezirke, Gemeinden und Ortschaften für ihre unmittelbar zur Erfüllung öffentlicher Aufgaben dienenden Grundstücke, § 120 Abs. II Grundsteuergesetz,
3. die Waldbaugenossenschaften für aufgeforstete Grundstücke, wenn ihnen Befreiung von der Grundsteuer bewilligt wird, § 121 Abs. II Grundsteuergesetz;

b) zur Haussteuer:

das Reich und der Staat, jedoch **nicht** für Gebäude oder Gebäudeteile, die unmittelbar zur Erfüllung öffentlicher Aufgaben dienen, dann für Dienstwohnungen, die zu der Erfüllung dieser Aufgaben in Beziehung stehen.

§ 2 Haussteuergesetz, § 3 Reichsbesteuerungsgesetz vom 15. April 1911, RGBl. S. 187;

c) zur Gewerbsteuer:

die vom Staate betriebenen Gewerbe, die Reichsbank und ihre Zweiganstalten; hiebei sind die einer besonderen Betriebsleitung unterstehenden Unternehmungen des Staates getrennt zu veranlagen. Art. 3 Abs. II Gewerbsteuergesetz.

Außerdem kann eine vormerkungsweise Veranlagung auf Grund einer Vereinbarung oder Verfügung stattfinden, die von der Staatsregierung bezüglich Steuerpflichtiger oder Steuerquellen getroffen wird, die der Steuerhoheit mehrerer Staaten unterliegen.

Ohne Steuerveranlagung (mit Einschluß der Vormerkung) besteht keine Gemeindeumlagenpflicht. Eine solche ist daher insbesondere ausgeschlossen, wenn das einschlägige Steuergesetz Steuerbefreiung vorgesehen hat. Vgl. § 2 Haussteuergesetz, Art. 3 Gewerbsteuergesetz.

Außer der Steuerveranlagung setzte das frühere Recht, wie es vor dem Umlagengesetz von 1910 galt, nach der Rechtsprechung des VGH. (Bd. 10 S. 245; Bd. 15 S. 162; Bd. 28 S. 172; Bd. 37 S. 172; Bd. 39 S. 46) für die Annahme der Gemeindeumlagenpflicht voraus, daß der Pflichtige nicht nur mit Steuer veranlagt war, sondern auch durch Wohnsitz, Aufenthalt, Grundbesitz oder Gewerbebetrieb in einer **persönlichen oder sachlichen Beziehung zur Gemeinde** stand. Wo eine solche Beziehung fehlte, wo also die mit Steuer veranlagte Person nicht in der Lage war, von den Einrichtungen der Gemeinde irgendeinen Vorteil zu ziehen, galt die Person als umlagenfrei. Diese Auffassung des VGH. war sodann in Art. 3 des Umlagengesetzes gesetzlich festgelegt worden. Darnach hatten Personen, wenn sie auch mit Steuern veranlagt waren, aus Erträgen und Einkünften aus Kapitalvermögen und Einkünften aus Beruf usw. keine Gemeindeumlagen zu entrichten, wenn sie in Bayern weder Wohnsitz noch Aufenthalt hatten. Die Bestimmung wurde nur deshalb in das VollG. z. LStG. nicht übernommen, weil sie nach dem Wegfall der bayerischen Einkommensteuer und Kapitalrentensteuer samt der hieraus zu erhebenden Gemeindeumlagen gegenstandslos geworden war. Soweit aber Grundvermögen oder Gewerbebetrieb in Frage kommen, ist die Rechtsprechung des VGH. in den Art. 14 ff. d. G. entsprechend verwertet.

Der im Abs. III Satz 2 erwähnte Art. 18 Gewerbesteuergesetzes ist Art. 18 des Gewerbesteuergesetzes vom 17. August 1918, GVBl. S. 868, das zur Zeit des Erlasses des VollzG. z. LStG. noch galt. Ihm entspricht nunmehr Art. 19 des Gewerbesteuergesetzes vom 27. Juli 1921: Wird die Gewerbesteuererklärung innerhalb der festgesetzten Frist nicht abgegeben, so kann das Finanzamt zugunsten der Staatskasse einen Zuschlag bis zu zehn vom Hundert der endgültig festgesetzten Steuer auferlegen. Für die Bemessung der Gemeindeumlagen bleiben solche Zuschläge außer Betracht. Dagegen sind zu den Zuschlägen nach Art. 6 Abs. IV Gewerbesteuergesetzes auch Umlagen zu berechnen, selbst wenn die Gemeinde die Erhebung einer besonderen Filialsteuer nach Art. 7 Abs. III dieses Gesetzes beschlossen haben sollte.

Unter Steuernachlässen im Sinne des Abs. IV sind Nachlässe nach §§ 123 ff. Grundsteuergesetzes, §§ 39 ff. Haussteuergesetzes zu verstehen; sie haben ohne weiteres eine entsprechende Minderung oder Aufhebung der Gemeindeumlagenpflicht zur Folge. Dagegen ist die Niederschlagung von Umlagen, auch wenn die Staatssteuer aus Billigkeitsgründen oder wegen Uneinbringlichkeit erlassen werden sollte, ausdrücklich der Gemeinde selbst vorbehalten. Vgl. hiewegen Art. 24 d. Ges.

Art. 11.

Gemeindeumlagenfrei sind Erträge

1. aus Grundstücken des Reiches oder des Landes, die unmittelbar zur Erfüllung öffentlicher Aufgaben dienen,
2. aus Kirchen, Bethäusern, Synagogen,
3. aus Dienstgrundstücken der Versicherungskammer,
4. aus unmittelbar zur Erfüllung öffentlicher Aufgaben dienenden Grundstücken der Kreise, der Bezirke, der Gemeinden und der Ortschaften sowie der zur Durchführung der Arbeiter- und Angestelltenversicherung auf Grund der Reichs- oder Landesgesetze errichteten Kassen, Berufsgenossenschaften und Versicherungsanstalten,
5. aus unmittelbar zu Zwecken des Unterrichts oder der Erziehung dienenden Grundstücken öffentlicher Unterrichts- oder Erziehungsanstalten sowie aus Grundstücken dieser Art von Privatanstalten, die für öffentliche Unterrichts- oder Erziehungsanstalten Ersatz bieten und nicht Erwerbszwecke verfolgen,
6. aus Grundstücken, die unmittelbar zu Zwecken der öffentlichen Wohltätigkeit oder der öffentlichen Gesundheitspflege unter Ausschluß von Erwerbs- oder Sportszwecken dienen,
7. aus öffentlichen Sammlungen und öffentlichen Denkmälern

Vgl. Art. 4 des Umlagengesetzes vom 17. August 1918 (16. August 1919) und § 2 des Haussteuergesetzes.

Die hier vorgesehenen Fälle von Umlagenfreiheit beschränken sich durchweg auf Erträge aus Grundbesitz und erstrecken sich nicht auf Erträge aus Hausbesitz. Diese letzteren sind hier schon deshalb umlagenfrei, weil sie zur Haussteuer nach § 2 des Haussteuergesetzes — auch vormerkungsweise — nicht veranlagt werden.

Ziff. 1. Voraussetzung der Umlagenfreiheit ist, daß die Grundstücke unmittelbar zur Erfüllung öffentlicher Aufgaben dienen. Dienen sie dem öffentlichen Interesse nur mittelbar, werden z. B. Grundstücke des Landes oder des Reiches zur Erzielung von Einnahmen an Dritte verpachtet, so ist ein Anspruch auf Umlagenbefreiung nicht gegeben.

Ziff. 2. Befreit sind nur die Kirchengrundstücke selbst, nicht auch sonstige Pfarrgrundstücke, insbesondere nicht Pfründegrundstücke. Ob die Kirche oder das Bethaus im Eigentum einer öffentlichrechtlichen Religionsgesellschaft oder Religionsgemeinschaft steht, ist gleichgültig. Auch Privatkapellen fallen unter die Befreiungsvorschrift der Ziff. 2.

Ziff. 3. Hieher gehören wie bisher die Grundflächen der Dienstgebäude der Versicherungskammer sowie deren Höfe und Gärten, nicht aber die Grundflächen der Wohnhäuser, die in München für die Beamten der Versicherungskammer errichtet worden sind, und die Bauplätze für solche Wohnhäuser.

Ziff. 4. Vgl. die Ausführungen zu Ziff. 1.

Ziff. 5. Als öffentliche Unterrichts- oder Erziehungsanstalten im Sinne der Ziff. 5 dürften solche Anstalten zu gelten haben, die vom Staate, einer Gemeinde oder einer sonstigen Person des öffentlichen Rechtes betrieben werden und auch allgemeinen öffentlichen Zwecken dienen. v. Breunig, Haussteuergesetz § 2 Anm. 9. Diesen öffentlichen Unterrichtsanstalten stehen Privatanstalten gleich, die wie z. B. viele klösterliche Erziehungsanstalten für öffentliche Unterrichts- und Erziehungsanstalten Ersatz bieten und nicht Erwerbszwecke verfolgen, d. h. keinen geschäftlichen Gewinn für das Unternehmen, für seine Leiter oder Inhaber anstreben.

Ziff. 6. Der Begriff der „öffentlichen Wohltätigkeit" setzt nach der Rechtsprechung des VGH. voraus, daß das Unternehmen einem öffentlichen Mangel abhelfen will oder doch wenigstens die Unterstützung wirklich Hilfsbedürftiger bezweckt, die sonst vom Staate oder der Gemeinde unterstützt werden müßten. VGH. Bd. 28 S. 83; Bd. 29 S. 121; Bd. 36 S. 109; Bd. 38 S. 89; der Begriff ist enger als der allgemeiner Mildtätigkeit. Auch allgemeine sozialpolitische Zwecke eines Unternehmens genügen nicht.

Nach der Rechtsprechung des VGH. sollte der Begriff „öffentliche Gesundheitspflege" wie in § 2 Ziff. 6 Haussteuergesetz nur Einrichtungen zum Schutze Gesunder gegen ansteckende Krankheiten, zur Bekämpfung und Verhütung solcher Krankheiten (Lungenheilanstalten usw.) sowie zur Erholung von schwerer Krankheit und zur Stärkung der Gesundheit umfassen. Dagegen sollten Einrichtungen, die der Behandlung und Heilung von Kranken dienen, d. s. (die eigentlichen Krankenhäuser, desgleichen die private Krankenpflege, nicht hieher zählen. VGH. Bd. 41 S. 114. Diese enge Auslegung wurde allgemein als unbillig empfunden. Es war schlechterdings nicht einzusehen, warum Sanatorien steuerlich besser gestellt sein sollen als öffentliche Krankenhäuser. Um dieser Unbilligkeit abzuhelfen, beschloß der Landtag unterm 27. Juli 1921, daß unter den Begriff der „öffentlichen Gesundheitspflege" im Sinne des § 2 Abs. 1 Ziff. 6 Haussteuerges. und Art. 11 Ziff. 6 VollzG. z. LStG. auch Einrichtungen zu zählen seien, die unmittelbar der öffentlichen Krankenpflege, d. h. der Behandlung und Heilung von Kranken dienen. (Beil. 1686, Bayer. Landtag 1. Tagung 1920/21). Die Befreiungsvorschrift kommt nicht nur Einrichtungen des Staates oder einer Gemeinde, sondern allen Einrichtungen für allgemein zugängliche Gesundheitspflege zugute, jedoch mit Ausschluß solcher Einrichtungen, bei denen nebenbei Erwerbszwecke oder Sportszwecke verfolgt werden. VGH. Bd. 36 S. 109; Bd. 38 S. 89. Als solche der öffentlichen Gesundheitspflege dienenden Einrichtungen sind insbesondere zu erwähnen: Lungenheilstätten, Genesungsheime, Walderholungsheime, Turnanstalten, Volksbäder u. dgl., auch Einrichtungen zur Beschaffung gesundheitlich einwandfreier Volksnahrung (Münchener Großmarkthalle VGH. Bd. 39 S. 12). Allgemein zugänglich ist eine Anstalt nur, wenn es sich um eine im öffentlichen allgemeinen Interesse errichtete und betriebene Anstalt handelt.

Maßgebend ist der Zweck, dem das Grundstück dient; ob es im Eigentum eines Privaten steht, oder einer öffentlichrechtlichen Körperschaft gehört, ist ohne Belang. VGH. Bd. 38 S. 89.

Ziff. 7. Bei der Auslegung des Begriffs „öffentliche Sammlung" ist wie bei der entsprechenden Befreiungsvorschrift des § 2 Ziff. 7 des Haussteuergesetzes von der Zweckbestimmung der Sammlung auszugehen. Regelmäßig handelt es sich um Sammlungen künstlerisch und wissenschaftlich interessierender Gegenstände. Ihr Zweck ist ein doppelter: einerseits sollen sie der Kunst und Wissenschaft dienen, andererseits sollen sie auch das Ziel einer allgemeinen Volksbildung und damit öffentliche Zwecke fördern. VGH. Bd. 36 S. 253. In wessen Eigentum die Sammlung steht, ist gleichgültig. Als öffentliches Museum (Sammlung) im Sinn des § 2 Ziff. 7 des Haussteuergesetzes wurde durch den VGH. u. A. auch das Alpine Museum in München anerkannt. Auch botanische Gärten dürften hieher gehören.

Art. 12.

Die Gemeindeumlagenfreiheit (Art. 11) beginnt und endet mit dem Anfange des Kalendervierteljahrs nach dem Zeitpunkt, in dem ihre Voraussetzungen eingetreten oder weggefallen sind.

Vgl. Art. 5 des Umlagengesetzes von 1918/1919, § 121 Abs. III Grundsteuergesetz und § 2 Abs. IV Haussteuerges.

Art. 13.

I Die Staatsregierung kann in Bezug auf Gemeindeumlagenpflichtige, die auch dem Steuerrechte nichtbayerischer Gemeinden

unterliegen, Vereinbarungen und Verfügungen treffen, die von den Vorschriften dieses Gesetzes abweichen.

II Zur Gewährung einer Umlagenminderung oder einer Umlagenbefreiung sind in Fällen solcher Art auch die Gemeinden berechtigt.

III Die Staatsregierung kann ferner über die Gemeindeumlagenpflicht von Personen, die zu einem anderen Staate in Beziehung stehen, nach dem Grundsatze der Gegenseitigkeit Anordnungen treffen, die von den Vorschriften dieses Gesetzes abweichen.

Art. 13 entspricht dem Art. 7 des früheren Umlagengesetzes von 1918/19. Der Vorschrift kommt heute wesentlich geringere Bedeutung zu als früher. Das Doppelsteuergesetz vom 22. März 1909, das durch § 62 Abs. 4 des LStG. mit Wirkung vom 1. April 1920 aufgehoben wurde, hatte sich nur auf Staatssteuern bezogen, sich aber nicht auf die gemeindliche Besteuerung erstreckt. Es war den Ländern überlassen, zur Vermeidung von Doppelbesteuerungen durch die Gemeinden selbst entsprechende Vereinbarungen zu treffen. § 10 des LStG. dagegen, der nunmehr die Frage regelt, in welchem Lande Steuern vom Grundvermögen und Gewerbebetrieb erhoben werden dürfen, bezieht sich nicht nur auf Landessteuern, sondern auch auf gemeindliche Steuern und Abgaben. Vereinbarungen der Länder über die Ausübung des gemeindlichen Besteuerungsrechts werden deshalb in Zukunft kaum mehr nötig sein.

Art. 14.

Umlagenberechtigt in Bezug auf die Erträge aus Grundbesitz, Hausbesitz und Gewerbebetrieb im Umherziehen ist vorbehaltlich des § 10 des Landessteuergesetzes die Gemeinde des Ortes der Steuerveranlagung.

Vgl. Art. 8 des Umlagengesetzes von 1918/1919.

Nach § 10 LStG. dürfen Steuern vom Grundvermögen nur in dem Lande erhoben werden, in dessen Gebiete der Grund- und Gebäudebesitz liegt. Hiemit steht Art. 14 dieses Gesetzes im Einklang. Denn die Grundsteuer und die Haussteuer werden an dem Orte veranlagt oder vorgemerkt, wo das Grundstück oder das Haus liegt.

Bezüglich der Hausiersteuer schreibt § 10 Abs. 4 LStG. vor, daß der Gewerbebetrieb im Umherziehen einschließlich des Wanderlagerbetriebs nur in den Ländern besteuert werden dürfe, in deren Gebiete der Betrieb stattfindet oder stattfinden soll. Es wäre unmöglich gewesen, den gleichen Grundsatz auch auf die einzelne Gemeinde bezüglich der Umlagenerhebung anzuwenden. Art. 14 beließ es bei der bisherigen Regelung, wonach die Gemeinde des Orts der Steuerveranlagung umlagenberechtigt sein soll. Die Hausiersteuer wird aber an dem Orte veranlagt, wo der Gewerbetreibende seinen Wohnsitz hat. Hat er in

Bayern keinen Wohnsitz, so erfolgt die Veranlagung bei jenem Finanzamt, in dessen Bezirk der Gewerbebetrieb begonnen, beziehungsweise der zu dem beabsichtigten Gewerbebetrieb nach den Vorschriften der Gewerbeordnung notwendige Wandergewerbeschein von einer bayerischen Behörde ausgestellt wird. Bei Wanderlagern erfolgt die Veranlagung am Betriebsorte des Wanderlagers. Art. 6 Abs. II, Art. 15 des Gesetzes über die Besteuerung des Gewerbebetriebs im Umherziehen vom 27. Juli 1921, GVBl. S. 439.

Art. 15.

I Umlagenberechtigt in Bezug auf die Erträge aus stehendem Gewerbebetrieb ist die Gemeinde, in der eine Betriebsstätte zur Ausübung des stehenden Gewerbes unterhalten wird.

II Betriebsstätte im Sinne dieses Gesetzes ist jede feste örtliche Anlage oder Einrichtung, die der Ausübung des Betriebs eines stehenden Gewerbes dient. Außer dem Hauptsitz eines Betriebs gelten hiernach als Betriebsstätten: Zweigniederlassungen, Fabrikationsstätten, Ein- und Verkaufsstellen, Kontore und sonstige zur Ausübung des Gewerbes durch den Unternehmer selbst, dessen Geschäftsteilhaber, Prokuristen oder andere ständige Vertreter unterhaltenen Geschäftseinrichtungen. Als Betriebsstätten gelten auch Bauausführungen, die die Dauer von 12 Monaten überschreiten.

Art. 15 entspricht dem bisher in Geltung gewesenen Rechte sowie dem § 10 LStG., wonach stehende Gewerbebetriebe nur in dem Lande besteuert werden dürfen, in dessen Gebiete eine Betriebsstätte zur Ausübung des Gewerbes unterhalten wird.

Der Begriff der Betriebsstätte in Abs. II ist dem § 10 LStG. wörtlich entnommen. Er ist im wesentlichen der gleiche wie im bisherigen Rechte.

In den Art. 12 und 13 des Umlagengesetzes von 1918/1919 war ein Ausgleich zwischen Betriebsgemeinde und Wohngemeinde für den Fall vorgesehen, daß in einer Gemeinde durch dort wohnende Personen, die in einer anderen Gemeinde im Betrieb eines stehenden Gewerbes beschäftigt werden, nachweislich Mehrausgaben für Zwecke der öffentlichen Volksschulen, der öffentlichen Armenpflege oder der Polizei erwachsen, die sonst nicht notwendig wären und eine unbillige Mehrbelastung der Umlagenpflichtigen bewirken. Die Vorschriften wurden auf den eigenen Wunsch der Gemeinden hin in das Gesetz nicht übernommen. Im übrigen würde der Ausgleich wesentlich an Bedeutung verloren haben, nachdem der gesamte Personalaufwand für die Volksschulen ohnedies auf die Staatskasse übernommen worden ist.

Art. 16.

I Kommen nach Art. 15 mehrere Gemeinden in Betracht, so ist jede dieser Gemeinden anteilsweise umlagenberechtigt. Die

Berechnung der Anteile geschieht dadurch, daß die Gewerbsteuer (Betriebskapitalsanlage und Ertragsanlage) ausgeschieden wird.

II Die Ausscheidung geschieht in folgender Weise:

1. Die Betriebskapitalsanlage wird nach dem Werte der in den einzelnen Gemeinden befindlichen Bestandteile des Betriebskapitals (Art. 8, 9 Gewerbsteuergesetz)[1]) ausgeschieden.
2. Die Ausscheidung der Ertagsanlage erfolgt nach den Grundsätzen der §§ 24 und 25 des Landessteuergesetzes.

---

[1]) Das Gesetz bezieht sich auf Art. 8 und 9 des Gewerbsteuergesetzes von 1918. Diesen entsprechen nunmehr Art. 8 und 9 des Gewerbsteuergesetzes vom 27. Juli 1921, GVBl. S. 413, die übrigens mit den früheren Vorschriften im wesentlichen übereinstimmen. Sie lauten wie folgt:

Art. 8. I Das Betriebskapital umfaßt sämtliche dem Gewerbebetriebe gewidmeten Gegenstände und Rechte mit Ausnahme jener, die der Grund- und Haussteuer unterliegen, sowie jener, aus deren Erträgnissen Kapitalertragsteuer an das Reich zu entrichten ist.

II Unter der Voraussetzung dieser Widmung sind insbesondere hierher zu rechnen:

1. benützbar gemachte Wasserkräfte nebst den zugehörigen Wasserbauten und Anlagen, Mineralquellen,
2. Maschinen, Werkzeuge, Gerätschaften, Vorräte an Kohlen, Holz, Petroleum usw.,
3. Tiere und Futtervorräte,
4. Realgewerbeberechtigungen, Urheber- und Patentrechte, Nießbrauchs-, Gebrauchs- und sonstige Nutzungsrechte,
5. Roh- und Hilfsstoffe einschließlich der in Bearbeitung befindlichen Stoffe und die zum Verkaufe bestimmten Vorräte an Erzeugnissen und Waren,
6. soweit nicht die Ausnahme nach Abs. I einschlägig ist, Vorräte an barem Gelde, Gold und Silber in Barren, Papiergeld, Banknoten, Wechseln, Wertpapieren, vom Gewerbebetriebe herrührende Ausstände einschließlich der Kontokorrentguthaben, Darlehensforderungen der Pfandbriefanstalten, der Darlehenskassen und der Kreditinstitute.

III An dem Werte der Gegenstände des umlaufenden Betriebskapitals (Abs. II Ziff. 5 und 6) dürfen die aus der Inanspruchnahme von Warenbezugskredit oder Bankkredit sowie alle sonstigen unmittelbar aus dem laufenden Geschäftsbetriebe herrührenden Kapitalschulden abgezogen werden, insoweit sie nicht in Betriebskapitalbestandteilen ihre Deckung finden, aus deren Erträgnissen Kapitalertragsteuer an das Reich zu entrichten ist. Zu diesen Kapitalschulden zählen auch die Pfandbriefschulden der Pfandbriefanstalten, die solchen Pfandbriefschulden gleichstehenden Verbindlichkeiten der Darlehenskassen und Kreditinstitute und die Prämienreserven der Versicherungsanstalten. Im übrigen ist der Schuldenabzug an dem Werte des Betriebskapitals nicht gestattet.

IV Die Ausnahme des Abs. I gilt nicht, soweit Grundstücke und Gebäude wie Waren den Gegenstand des gewerbsmäßigen An- und

III **Die Ausscheidung der Gewerbsteuer erfolgt veranlaßtenfalls auch in Bezug auf die ausmärkischen Bezirke.**

Vgl. Art. 10 des Umlagengesetzes von 1918/1919.

Die Ausscheidung der Betriebskapitalsanlage nach dem Werte der in den einzelnen Gemeinden befindlichen Bestandteile des Betriebskapitals entspricht dem bisherigen Rechte. Dagegen erschien es zweckmäßig, die Ertragsanlage nach den Grundsätzen der §§ 24 und 25 LStG. auf die einzelnen anteilsberechtigten Gemeinden auszuscheiden, anstatt wie bisher nach den Ertragsteilen, die von den einzelnen Gemeinden aus erzielt werden. Die Anwendung der Grundsätze der §§ 24 und 25 LStG. hat zur Folge, daß zunächst der Gemeinde, in der die Leitung des Gesamtbetriebes stattfindet, 10% der Ertragsanlage zuzuweisen sind. Der verbleibende Teil ist bei Warenhandelsunternehmungen, bei Versicherungs-, Bank- und Kreditunternehmungen nach dem Verhältnis der in den einzelnen Gemeinden erzielten Roheinnahme, bei sonstigen Gewerbebetrieben, insbesondere bei industriellen Unternehmungen, nach Verhältnis der in den einzelnen Gemeinden erwachsenen Ausgaben an Gehältern und Löhnen, jedoch ausschließlich der von dem Gesamtüberschusse berechneten Tantiemen des Verwaltungs- und Betriebspersonals zu verteilen. Nach § 24 Abs. 2 LStG. kann der Verteilung auch ein anderer Maßstab zugrunde gelegt werden, wenn in einzelnen Fällen sich aus der Anwendung der vorstehenden Verteilungsgrundsätze besondere Härten für eine beteiligte Gemeinde oder mehrere Gemeinden ergeben sollten. Die §§ 24 und 25 LStG. werden demnächst einer Nachprüfung seitens des Reichs unterzogen werden.

Die in Abs. III vorgesehene Ausscheidung der Gewerbsteuer auf ausmärkische Bezirke (z. B. für Steinbrüche in ausmärkischen Waldungen) ist unter anderem notwendig, um die hierauf treffenden Bezirksumlagen berechnen zu können.

Verkaufs bilden. In diesem Falle ist jedoch die Betriebskapitalsanlage um die Grund- und die Haussteuer zu kürzen, mit denen solche Grundstücke oder Gebäude veranlagt sind.

Art. 9. I Der Wert des Betriebskapitals ist durch Berechnung und Schätzung seiner Bestandteile nach deren Stand und Wert am Schlusse des für die Veranlagung maßgebenden Kalenderjahrs, bei Steuerpflichtigen, die ein vom Kalenderjahr abweichendes Geschäfts-(Betriebs-)jahr angenommen haben, nach dem Stand und Wert am Schlusse des maßgebenden Geschäfts-(Betriebs-)jahrs zu ermitteln. Bei Steuerpflichtigen, die Handelsbücher nach den Vorschriften des Handelsgesetzbuchs führen, sind die Inventur- und Bilanzergebnisse nach der Inventur und der Bilanz vom Schlusse des maßgebenden Jahres zugrunde zu legen, soweit sie den Bewertungsgrundsätzen in Abs. II entsprechen.

II Soweit für Gegenstände des Betriebsvermögens ein Anschaffungs- oder Herstellungspreis gegeben ist, gilt als Wert dieser Gegenstände der Anschaffungs- oder Herstellungspreis nach Abzug der zulässigen Absetzungen für Abnutzung. Übersteigt der Anschaffungs- oder Herstellungspreis eines Gegenstandes den gemeinen Wert, so ist der Steuerpflichtige berechtigt, diesen Wert an Stelle des Anschaffungs- oder Herstellungspreises anzusetzen. Im übrigen gelten die Bewertungsvorschriften der Reichsabgabenordnung.

Art. 17.

Der maßgebende Zeitpunkt für die Bemessung der Umlagenberechtigung (Art. 15, 16) ist der 1. April, bei späterem Beginne der Umlagenpflicht (Art. 10, 13) der Tag des Beginns. Nachträgliche Änderungen sind für das Steuerjahr nicht zu berücksichtigen.

Vgl. Art. 11 des Umlagengesetzes von 1918/1919.

An die Stelle des 1. Januar wurde mit Rücksicht auf die Änderung des Rechnungsjahrs der 1. April gesetzt.

Ein späterer Beginn der Umlagenpflicht kann z. B. vorliegen, wenn ein Gewerbebetrieb erst nach dem 1. April eröffnet wird, oder wenn eine Umlagenfreiheit, die auf Grund des Art. 13 besteht, im Laufe des Rechnungsjahres in Wegfall kommt. Dagegen liegt ein späterer Beginn der Umlagenpflicht nicht vor, wenn die Steuerveranlagung zwar erst nach dem 1. April, aber mit Wirkung von diesem Tage ab erfolgt, oder wenn nur eine andere rechtliche Grundlage des Umlagenanspruchs, z. B. die Feststellung des Voranschlags und des Hundertsatzes der Umlagen, erst nachträglich hinzutritt.

In den Verhältnissen, die für die Umlagenberechtigung und für das Maß des Berechtigungsanteils entscheidend sind, können während des Steuerjahrs z. B. durch Verlegung, Neuerrichtung oder Aufhebung von Betriebsstätten, durch Änderung in der Gruppiernng des Betriebskapitals oder der Ertragsteile, durch Verlegung von Gemeindegrenzen Änderungen eintreten. Solche Änderungen noch für das laufende Geschäftsjahr zu berücksichtigen, ist nicht möglich.

Art. 17 bezieht sich nur auf die Umlagen*berechtigung* der Gemeinden, von der Umlagen*pflicht* des einzelnen Steuerpflichtigen ist nicht die Rede. Endet z. B. die Umlagenpflicht im Laufe des Steuerjahrs durch Abschreibung der Gewerbsteuer oder aus anderen Gründen, so ist selbstverständlich von dem gleichen Zeitpunkt ab auch für eine Umlagenberechtigung kein Raum mehr.

Art. 18.

I Die Steuerausscheidung (Art. 16) erfolgt mangels vorgängiger Vereinbarung des Umlagenpflichtigen und der beteiligten Gemeinden durch den Ausschuß oder die Behörde, der die Steuerveranlagung obliegt.

II Wird eine Steuerveranlagung im Rechtsmittelverfahren abgeändert, so ist zugleich die Steuerausscheidung zu berichtigen. Gegen den Berichtigungsbescheid sind die gleichen Rechtsmittel wie gegen den Steuerbescheid zulässig.

Art. 19.

I Auf die Beschlußfassung (Art. 18) und auf die Rechtsmittel finden die Vorschriften des Gewerbsteuergesetzes mit folgenden Maßgaben entsprechende Anwendung:

1. Der Beschluß soll dem Umlagenpflichtigen und den beteiligten Gemeinden schriftlich eröffnet werden.
2. Zur Einlegung von Rechtsmitteln sind der Umlagenpflichtige und die beteiligten Gemeinden berechtigt. Den beteiligten Gemeinden ist auf Wunsch der Einblick in die einschlägigen Verhandlungen zu gestatten.
3. Für die Gemeinden, die nicht zum Bezirke der die Gewerbsteuer veranlagenden Behörde gehören, beginnt die Rechtsmittelfrist am Tage der Eröffnung des Beschlusses.
4. Die Mitteilung der Rechtsmittel erfolgt an alle Gegenbeteiligten.
5. Die Abänderung der angefochtenen Steuerausscheidung durch die Stelle, die die Steuerausscheidung vorgenommen hat, setzt voraus, daß alle Beteiligten zustimmen.

II Ist die Ausscheidung einer veranlagten Steuer zu Unrecht unterblieben, so erfolgt deren Nachholung nur dann, wenn sie von dem Umlagenpflichtigen oder von einer beteiligten Gemeinde vor Ablauf von drei Jahren beantragt wird. Die Frist beginnt mit dem Schlusse des Steuerjahrs, in dem die Steuerveranlagung erfolgt ist.

Die Art. 18 und 19 regeln das Verfahren bei einer nach Art. 16 erforderlichen Steuerausscheidung. Die Vorschriften sind den Art. 22 und 23 des Umlagengesetzes von 1918/1919 nachgebildet. Nach dem Wegfall der früheren Einkommensteuer und Kapitalrentensteuer kommt das Verfahren heute nur noch für Gewerbsteuerausscheidungen in Frage.

Wenn sich der Umlagenpflichtige und die beteiligten Gemeinden über die Steuerausscheidung vereinbaren, ist eine instanzielle Beschlußfassung auch künftighin entbehrlich.

Im übrigen ist die Veranlagung und Ausscheidung der Gewerbsteuer in Umlagenstreitigkeiten der sachlichen Nachprüfung der Verwaltungsgerichte wie bisher entzogen. Wenn aber eine Steuerausscheidung überhaupt nicht in Frage kommt, haben die Verwaltungsgerichte gegebenenfalls auch über solche Fragen zu entscheiden, die sonst in Ausscheidungsfällen vor den Steuerinstanzen auszutragen sind. Dies gilt z. B. von der Frage, wo jemand seine Betriebsstätte im Sinn des Art. 15 Abs. II hat. Streiten zwei Gemeinden darüber, in welcher von beiden eine Betriebsstätte besteht, so entscheiden hierüber die Verwaltungsgerichte; streiten sich aber beide Gemeinden darüber, ob eine Betriebsstätte nur in einer von ihnen oder in beiden besteht, ob also mit anderen Worten die Steuerausscheidung mit Recht erfolgte oder mit Unrecht unterblieb, so entscheiden die Steuerinstanzen. Soweit aber die Zuständigkeit der Steuerinstanzen reicht, ist die Zuständigkeit der Verwaltungsgerichte ausgeschlossen. VGH. Bd. 37 S. 172.

Art. 20.

I Die Berechnung der Umlagenschuldigkeit des einzelnen Pflichtigen erfolgt durch die Gemeindeverwaltung.

II Die Gemeindeverwaltungen sind befugt, bei den Finanzämtern, in der Pfalz auch bei den Steuereinnehmereien die einschlägigen Steuerlisten und die sonstigen Behelfe einzusehen und Abschriften davon zu nehmen.

Vgl. Art. 28 des Umlagengesetzes von 1918/1919.

Die Art. 29 ff. des Umlagengesetzes hatten auch die Beschlußfassung über die Einführung oder Erhöhung von Gemeindeumlagen sowie über Unternehmungen und Einrichtungen, welche die Einführung oder Erhöhung von Gemeindeumlagen erfordern, näher geregelt und dabei auch eine Mitwirkung der Höchstbesteuerten in den Landgemeinden r. d. Rh. und in den pfälzischen Gemeinden vorgesehen. Nachdem das Selbstverwaltungsgesetz vom 22. Mai 1919, GVBl. S. 239, diese Bestimmungen aufgehoben und über die Bildung der Gemeinde- und Stadträte, ihre Zuständigkeit und ihre Beschlüsse neue Vorschriften getroffen hat und überdies eine Neufassung der Gemeindeordnung und des übrigen Gemeinderechts unmittelbar bevorsteht, schien es zweckmäßig, von der Aufnahme entsprechender Bestimmungen in das Vollzugsgesetz z. LStG. abzusehen. Art. 20 dieses Gesetzes regelt deshalb auch nur die Frage, welchen Behörden künftighin die Berechnung der Umlagenschuldigkeit des einzelnen Pflichtigen zustehen soll, nachdem die Höhe des zu erhebenden Umlagenhundertsatzes vom Gemeinderat bzw. Stadtrat gemäß Art. 6 d. SelbstverwG. rechtsgültig beschlossen worden ist.

Das Gesetz geht davon aus, daß die Verwaltung der Gemeindeumlagen auch in Zukunft grundsätzlich der Gemeinde selbst obliegen soll. Die Gemeinde kann jedoch auch beantragen, daß die Verwaltung dem Landesfinanzamt bzw. dem für sie zuständigen Finanzamt übertragen wird. Einem solchen Antrag muß der Reichsminister der Finanzen nach § 19 Abs. 2 der Reichsabgabenordnung entsprechen. Ob hiefür eine Vergütung vom Reiche beansprucht werden kann, ist zweifelhaft. Die Begründung des Entwurfs der Reichsabgabenordnung, Drucksache Nr. 759 NatVers. 1919, bemerkt hiezu: „§ 19 gibt den Landesregierungen und den landesrechtlichen öffentlichrechtlichen Körperschaften das Recht, ihre Abgaben durch die Reichsbehörden verwalten zu lassen. ... Eine Vergütung für die Inanspruchnahme der Reichsbehörden ist nicht vorgesehen." Über die Frage, ob für die Verwaltung der Landessteuern eine Entschädigung an das Reich zu leisten ist, wurde schon wiederholt zwischen den Ländern und dem Reichsminister der Finanzen verhandelt. Von den Ländern wurde stets, ohne einen begründeten Widerspruch zu erfahren, der Standpunkt vertreten, daß die Verwaltung der Landessteuern unentgeltlich zu führen sei. Sie konnten sich dabei auf die Begründung des Gesetzes und insbesondere auf eine Erklärung des Reichsfinanzministers berufen, die dieser auf eine Anfrage des Abgeordneten Koch in der Nationalversammlung abgab. Drucks. Nr. 1493 u. 1539, Nat.-Vers. 1919. Sofern gemäß § 12 des Gesetzes über die

Reichsfinanzverwaltung vom 10. September 1919 (RGBl. S. 1591) — nunmehr § 19 der Reichsabgabenordnung — auf Antrag der Landesregierungen die Verwaltung von Landesabgaben und Landesvermögen durch Behörden der Reichsfinanzverwaltung erfolgen würde, geschehe dies grundsätzlich ohne Vergütung. Was aber für die Verwaltung der Landessteuern nach § 19 der RAO. gilt, muß wohl auch für die Gemeindeumlagen gelten, nachdem in Abs. 2 des § 19 so wenig wie in Abs. 1 eine Vergütung an das Reich vorgesehen ist.

Art. 21.

I Die Gemeindeumlagen werden mit den Landessteuern, zu denen sie erhoben werden, fällig. Den Zeitpunkt der Entrichtung bestimmt die Gemeindeverwaltung. Von diesem Zeitpunkt an sind bei nicht rechtzeitiger Zahlung Zinsen zu fünf vom Hundert des geschuldeten Betrags zu entrichten, soweit durch die Vollzugsvorschriften nichts anderes bestimmt wird.

II Einwendungen gegen den Rechtsbestand der Umlagenforderung haben keine aufschiebende Wirkung.

III Die Gemeinden können im Bedarfsfalle schon vor der endgültigen Feststellung des Voranschlags und des Umlagenhundertsatzes die vorläufige Einhebung eines Teiles der Gemeindeumlagen von den Umlagenpflichtigen beschließen. Die vorläufige Umlageneinhebung darf jedoch die Hälfte der Vorjahrsumlagenschuldigkeit der einzelnen Umlagenpflichtigen nicht übersteigen. Ist die Ertragsteuerveranlagung bis zum Schlusse des Rechnungsjahres noch nicht durchgeführt, so sind die Gemeinden berechtigt, die zweite Hälfte der Vorjahrumlagenschuldigkeit vorläufig als Abschlagszahlung einzuheben. Der vorläufig eingehobene Betrag ist auf die endgültig festgesetzte Umlagenschuldigkeit anzurechnen. Der Gemeinde steht frei, Umlagenpflichtige auf deren Antrag von der vorläufigen Einzahlung ganz oder teilweise zu befreien.

Nach Art. 32 des Umlagengesetzes von 1918/1919 wurden die Gemeindeumlagen am 1. Januar, bei späterer Entstehung des Schuldverhältnisses am Tage der Entstehung fällig. Art. 21 dieses Gesetzes läßt dagegen die Gemeindeumlagen mit den Landessteuern, zu denen sie zu erheben sind, fällig werden. Nachdem die Umlagen künftighin nur noch reine Zuschläge zu den Ertragssteuern bilden werden, die in jeder Beziehung an diese Steuern anknüpfen, schien es nicht mehr zweckmäßig, einen besonderen Fälligkeitstermin für die Gemeindeumlagen festzusetzen, wie dies das Umlagengesetz von 1918/1919 getan hatte. Dies hat freilich zur Folge, daß mit den verschiedenen Fälligkeitsterminen der einzelnen Steuern auch die Umlagen hiezu nunmehr zu verschiedenen Zeiten fällig werden.

Die Fälligkeitstermine der Ertragsteuern sind folgende:

a) Grundsteuer: Die Grundsteuer wird mit je einem Vierteile der Jahresschuldigkeit am 1. Januar, 1. April, 1. Juli und 1. Oktober fällig. Der Zeitpunkt der Entrichtung wird von der Staatsregierung bestimmt. § 118 d. GrundStG.

b) Haussteuer: Wie die Grundsteuer wird auch die Haussteuer mit je einem Vierteile der Jahresschuldigkeit am 1. Januar, 1. April, 1. Juli und 1. Oktober fällig. § 36 d. HausStG. Den Zeitpunkt der Entrichtung bestimmt die Staatsregierung.

c) Gewerbsteuer: Das Gewerbsteuergesetz vom 27. Juli 1921 unterscheidet zwischen vorläufiger und endgültiger Steuerschuld. Die endgültige Steuerschuld wird durch die Veranlagung für das betreffende Rechnungsjahr festgestellt. Diese endgültige Steuerschuld gilt zugleich als vorläufige Steuerschuld für das folgende Rechnungsjahr. Den Zeitpunkt der Entrichtung der vorläufigen und der endgültigen Steuerschuld bestimmt nach Art. 62 GewStG. das Staatsministerium der Finanzen. Dieses kann insbesondere anordnen, daß für einzelne Gattungen von Gewerbebetrieben die volle Jahressteuer bei Beginn des Rechnungsjahrs oder im Falle der Betriebseröffnung während des Rechnungsjahrs der betreffende Teilbetrag der Jahressteuer bei Betriebsbeginn im Voraus sofort in einer Summe zu entrichten ist. Eine besondere Bestimmung über die Fälligkeit der vorläufigen oder endgültigen Steuerschuld erschien mit Rücksicht auf § 81 Abs. 3 Reichsabgabenordnung, Art. 63 GewStG. entbehrlich, wonach eine Steuerschuld in Ermangelung anderer Bestimmungen mit dem Ablauf der zur Zahlung bestimmten Frist fällig wird.

d) Hausiersteuer: Nach Art. 6 Abs. I des G. über die Best. d. Gew.-Betr. i. Umherziehen ist die Steuer jeweils bei dem Geschäftsbeginn in Bayern für das Kalenderjahr im Voraus mit dem ganzen Betrage zu entrichten.

Das Gesetz spricht nur davon, daß die Gemeindeumlagen mit den Landessteuern fällig werden, zu denen sie erhoben werden. Dabei ist vorausgesetzt, daß zu diesem Zeitpunkt die übrigen Bedingungen der Umlagenschuld — subjektive Verpflichtung zur Entrichtung von Gemeindeumlagen, Feststellung des Gemeindevoranschlags und Beschluß über die Umlagenerhebung — bereits erfüllt sind. Ist dies nicht der Fall, so werden die Gemeindeumlagen trotz der Fälligkeit der Landessteuer nicht fällig und werden dies erst mit der Erfüllung der noch fehlenden Bedingung der Umlagenschuld.

Den Zeitpunkt der Entrichtung der Gemeindeumlagen hat wie bisher die Gemeindeverwaltung selbst zu bestimmen. Es steht in ihrem Ermessen, welchen Zeitpunkt sie wählen will, sie kann insbesondere in den Fällen, in denen die Umlagen mit den Steuern vierteljährlich fällig werden, auch vorschreiben, daß die Umlagen nach Ablauf eines Halbjahrs oder nach Ablauf des vollen Rechnungsjahres in einer Summe zu entrichten sind. Es kann nur nicht mehr, als jeweils fällig ist, gefordert werden. Die Gemeinde kann auch gesonderte Termine zur Entrichtung der Umlagen zur Grundsteuer, Gewerbsteuer usw. bestimmen. Sie ist nicht gezwungen, die Umlagen zu den einzelnen Steuerarten zusammen zu erheben und etwa den Fälligkeitstermin der letzten Steuer abzuwarten. Dies ist zurzeit von besonderer Bedeutung, da die Grund- und Haussteuer mit den entsprechenden Umlagen lange vor der Gewerbsteuer fällig sein werden. In den Fällen, in denen die Erhebung der Umlagen einem Finanzamt übertragen ist, ist die mit dem Finanzamt getroffene Vereinbarung maßgebend, insbesondere kann die Bestimmung des Zeitpunkts der Umlagenentrichtung auch dem Finanzamt überlassen werden.

Neu ist die Bestimmung, daß bei nicht rechtzeitiger Zahlung 5% Zinsen zu entrichten sind. Die Vorschrift entspricht § 104 der Reichsabgabenordnung. Es schien jedoch nicht angängig, die Zinspflicht hier wie in § 104 RAO. schon mit der Fälligkeit der Umlagen beginnen zu lassen, nachdem die Gemeinden für die Entrichtung in der Regel einen späteren Zeitpunkt wählen werden. Nach Satz 3 des Art. 21 sind deshalb Zinsen erst von dem Zeitpunkt an zu entrichten, den die Gemeindeverwaltung für die Entrichtung bestimmt hat.

Zu Abs. II vgl. Art. 32 Abs. II des Umlagengesetzes von 1918/1919.

Abs. III ist aus dem Gesetze vom 10. Februar 1920 zur Abänderung der Art. 32 und 33 des Umlagengesetzes, GVBl. S. 54, übernommen. Satz 3 wurde vom Landtag neu eingefügt. Hiernach können nunmehr die Gemeinden, wenn die Ertragssteuerveranlagung bis zum Schlusse des Rechnungsjahres noch nicht durchgeführt ist, auch die zweite Hälfte der Vorjahrsumlagenschuldigkeit als vorläufige Abschlagszahlung erheben. Auf Grund dieser Bestimmungen kann also eine Gemeinde im Bedarfsfalle z. B. im Rechnungsjahr 1921, sofort die Einhebung der Hälfte der Vorjahrsschuldigkeit als vorläufige Umlage beschließen, ohne die Veranlagung der Steuern oder die Feststellung des Voranschlags abzuwarten. Ist aber z. B. die Gewerbsteuer für 1921 auch am Ende des Rechnungsjahrs 1921, d. i. der 31. März 1922, noch nicht veranlagt, so kann die Erhebung auch der zweiten Hälfte der Umlagenschuld für 1920 beschließen.

Diese Ermächtigung gilt zunächst nur für die Gemeinden, doch können von ihr auch die Ortschaften und Bezirke nach Art. 25 u. 29 des Gesetzes Gebrauch machen. Für die Kreise war eine solche Ermächtigung nicht nötig, nachdem der Staat selbst den Kreisen die erforderlichen Vorschüsse gewährt.

Abgesehen von diesem Weg des Abs. III, der für alle Ertragsteuern gilt, können sich die Ortschaften, Gemeinden, Bezirke und auch die Kreise bezüglich der Gewerbsteuer dadurch frühzeitig Einnahmen verschaffen, daß sie schon zur vorläufigen Steuerschuld entsprechende Umlagen erheben und nicht die endgültige Steuerfestsetzung abwarten. Hier sind die Gemeinden und Gemeindeverbände auch nicht auf den Umlagensatz des Vorjahrs beschränkt, sondern können einen ihrem Bedarf entsprechenden Umlagenhundertsatz innerhalb der Grenzen des Art. 9 d. G. neu beschließen. Der vorläufig eingehobene Umlagenbetrag ist selbstverständlich auch hier auf die endgültig festgesetzte Umlagenschuldigkeit anzurechnen.

Die Gemeinden werden jedoch gut daran tun, von diesen Befugnissen nur in den dringendsten Fällen Gebrauch zu machen, da den Erhebungsstellen aus der doppelten Berechnung und Erhebung eine sehr namhafte Mehrarbeit erwächst, die schließlich nur zu weiteren Verzögerungen in der Steuererhebung führt.

Art. 22.

I Die Gemeindeumlagen sind von dem Pflichtigen an den Gemeindeeinnehmer abzuliefern.

II Säumige Umlagenschuldner sind vom Gemeindeeinnehmer zu mahnen. Die Mahnung kann auch durch öffentliches Ausschreiben erfolgen. Für die Mahnung ist eine Mindestgebühr von 20 Pfennig zu erheben. Durch Satzung kann die Gebühr auf höchstens 1/2 vom Hundert der Umlagenschuldigkeit festgesetzt werden.

III Bleibt die Mahnung erfolglos, so ist vom Gemeindeeinnehmer ein Ausstandsverzeichnis anzufertigen. Die Gemeindeverwaltung hat das Ausstandsverzeichnis mit dem Vermerk zu versehen: „Vorstehendes Ausstandsverzeichnis wird hiermit für vollstreckbar erklärt."

IV Die Vollstreckung ist von der Gemeindeverwaltung nach Maßgabe der Art. 4 ff. des Ausführungsgesetzes zur Zivilprozeßordnung und Konkursordnung vom 23. Februar 1879 zu bewirken.

Art. 22 trifft die näheren Vorschriften über die Einhebung und Beitreibung der Gemeindeumlagen für den Fall, daß die Gemeinde ihre Umlagen *selbst* verwaltet. Abs. I entspricht dem bisherigen Recht. Vgl. Art. 33 des Umlagengesetzes von 1918/1919. Während aber säumige Umlagenschuldner bisher stets für ihre Person *gesondert* zu mahnen waren, kann nunmehr die Mahnung nach dem Ermessen der Gemeinde auch durch ein *allgemeines öffentliches Ausschreiben* erfolgen, das keineswegs in einer Tageszeitung zu erscheinen braucht, sondern in ortsüblicher Weise auch durch Anschlag an der Gemeindetafel veröffentlicht werden kann. Satz 4 des Abs. II ist aus dem Gesetz vom 10. Februar 1920 über Abänderung der Art. 32 und 33 des Umlagengesetzes, GVBl. S. 54, entnommen.

Bleibt die Mahnung erfolglos, so ist wie bisher (Art. 33 Abs. III des Umlagengesetzes von 1918/1919) ein *Ausstandsverzeichnis* anzufertigen und mit dem Vermerk „Vorstehendes Ausstandsverzeichnis wird hiermit für vollstreckbar erklärt" zu versehen.

Auch die Vollstreckung soll künftighin in den Landesteilen rechts des Rheins wie in der Pfalz grundsätzlich der Gemeindeverwaltung selbst obliegen, soweit sie ihre Umlagen selbst verwalten will.

Für die Vollstreckung sind hierbei die Art. 4 ff. des AusfG. zur ZPO. und KO. v. 23. Februar 1879, nicht die Bestimmungen der Reichsabgabenordnung maßgebend. Nach Art. 7 des AusfG. richtet sich die Zwangsvollstreckung grundsätzlich nach den Vorschriften der ZPO. Soweit die Zwangsvollstreckung nicht den Gerichten zugewiesen ist, kann sie die Gemeinde sowohl durch die ihr zu Gebote stehenden besonderen Vollzugsorgane als auch durch Gerichtsvollzieher bewirken lassen. Über Einwendungen gegen die Zwangsvollstreckung, welche den Rechtsbestand von Gemeindeumlagen oder die Frage betreffen, ob die beizutreibende

Umlagenschuld überhaupt oder in der angesprochenen Größe entstanden ist und über Einwendungen, welche die Zulässigkeit der Vollstreckungsklausel betreffen, haben die Verwaltungsbehörden zu entscheiden. Über alle sonstigen Einwendungen und Streitigkeiten entscheiden die Gerichte Art. 7 Abs. II AG. z. ZPO. u. KO.

Art. 23.

Die Vorschriften des Art. 22 gelten auch für andere öffenlich-rechtliche Gemeindegefälle.

Vgl. Art. 34 des Umlagengesetzes von 1918/1919.

Als solche öffentlichrechtliche Gemeindegefälle im Sinn des Art. 23 d. G. kommen insbesondere örtliche Abgaben (Art. 4), Zuwachssteuern, Grundwertabgaben (Art. 5, 6), Warenhaussteuern und Steuern von Filialgeschäften (Art. 7) und Vergnügungssteuern (Art. 8), aber auch gemeindliche Verbrauchssteuern, Hundeabgaben, Pflasterzölle, Brückengelder und sonstige Gebühren und öffentliche Abgaben für die Benützung gemeindlicher Anstalten in Betracht. Nicht unter Art. 23 fallen Leistungen an die Gemeinde, die nicht im öffentlichen, sondern im bürgerlichen Rechte wurzeln, z. B. Holzgelder, Darlehenszinsen, Darlehensrückzahlungen, Mietzinsen und Jagdpachtschillinge. Ansprüche auf solche Leistungen sind gegebenenfalls auf dem bürgerlichen Rechtswege zu verfolgen.

Art. 24.

I Die Gemeindeverwaltung kann in einzelnen Fällen die Gemeindeumlagen ganz oder teilweise niederschlagen, wenn feststeht, daß die Beitreibung keinen Erfolg haben wird, wenn die Kosten der Beitreibung außer Verhältnis zu dem Betrage stehen, oder wenn die Einhebung die Pflichtigen in ihrem wirtschaftlichen Fortkommen gefährden würde.

II Sind Umlagen zu Unrecht bezahlt und aus diesem Grunde zu erstatten, so sind sie, wenn sie den Betrag von 300 Mark übersteigen, von der Entrichtung an mit fünf vom Hundert zu verzinsen. Zinsbeträge unter 10 Mark werden nicht ausbezahlt.

III Abs. I findet auf andere öffentlich-rechtliche Leistungen an die Gemeinde entsprechende Anwendung.

Nach Art. 10 Abs. IV ist die Niederschlagung von Umlagen den Gemeinden selbst vorbehalten. Art. 24 regelt nun dieses Niederschlagungsrecht der Gemeinden in Anlehnung an Art. 35 des Umlagengesetzes von 1918/1919. Dabei soll die Gemeinde aber berechtigt sein, Umlagen nicht nur wie bisher ganz oder teilweise niederzuschlagen, wenn deren Einhebung die Pflichtigen in ihrem wirtschaftlichen Fortkommen gefährden würde, sondern entsprechend § 107 der Reichsabgabenordnung auch dann, wenn feststeht, daß die Beitreibung keinen Erfolg haben wird, oder wenn die Kosten der Beitreibung außer Verhältnis zu dem Betrage stehen.

Abs. II des Art. 24 sieht eine Zinsvergütung zugunsten des Pflichtigen vor, falls Umlagen zu Unrecht bezahlt wurden und aus diesem Grunde erstattet werden müssen. Werden Umlagen einem Pflichtigen von der Gemeinde lediglich aus Billigkeitsgründen zurückerstattet, weil z. B. die Voraussetzungen des Abs. I für die Niederschlagung der Umlagenschuld gegeben gewesen wären, so sind Zinsen nicht zu bezahlen. Die Verpflichtung tritt auch dann nicht ein, wenn der zu erstattende Umlagenbetrag 300 ℳ oder die Zinsen insgesamt 10 ℳ nicht übersteigen. Vgl. hiezu § 132 der Reichsabgabenordnung.

Abs. III des Art. 24 spricht im Gegensatz zu Art. 35 des Umlagengesetzes von 1918/1919 nur noch von anderen „öffentlichrechtlichen" Leistungen an die Gemeinde. Die Befugnis der Gemeinden, bürgerlichrechtliche Forderungen z. B. Holzgelder usw. aus Billigkeitsgründen zu erlassen, wurde als selbstverständlich erachtet.

Ortsumlagen.

Art. 25.

Auf die Ortsumlagen finden die Art. 10 bis 24 entsprechende Anwendung.

Art. 25 entspricht dem bisherigen Rechte (Art. 37 Abs. I des Umlagengesetzes von 1918/1919).

Unter Umständen kann eine Gewerbesteuerausscheidung auch zwischen Ortschaften notwendig werden. In solchen Fällen stehen die Ortschaften den Gemeinden auch bei Anwendung des Art. 19 gleich. Es muß ihnen der Ausscheidungsbeschluß eröffnet werden, wie sie auch gleich den Gemeinden zur Einlegung von Rechtsmitteln berechtigt sind. Im allgemeinen werden die Steuerinstanzen eine Steuerausscheidung in bezug auf Ortschaften nur dann vorzunehmen haben, wenn diese Ausscheidung von dem Pflichtigen oder von einer beteiligten Ortschaft ausdrücklich beantragt wird oder wenn sonst, etwa auf Grund einer vorangegangenen Ausscheidung, ein besonderer Anlaß dazu besteht.

Bezirksumlagen.

Art. 26.

I Bezirksumlagenpflichtig ist, wer mit einer der in Art. 9 bezeichneten Steuern veranlagt ist.

II Die Vorschriften des Art. 10 Abs. II, III finden entsprechende Anwendung.

III Die Niederschlagung von Gemeindeumlagen und Steuernachlässe bewirken die entsprechende Minderung oder Aufhebung der Bezirksumlagenpflicht.

Die nach Art. 26 ff. zu entrichtenden Bezirksumlagen unterscheiden sich wesentlich vom bisherigen Rechte. Während nach Art. 38 ff. des Umlagengesetzes von 1918/1919 die Bezirksumlagen steuerliche Beiträge der Gemeinden und der Eigentümer ausmärkischer Grundstücke bildeten und von den Gemeinden in gleicher Weise wie ihr sonstiger Bedarf aufzubringen waren, werden nunmehr die Bezirksumlagen unmittelbar von den Steuerpflichtigen wie die Gemeinde- und Kreisumlagen erhoben.

Art. 26 ist dem für die Gemeindeumlagen geltenden Art. 10 d. G. nachgebildet. Auch bezirksumlagenpflichtig ist nur der, der mit einer der in Art. 9 bezeichneten Steuern — Grund- und Haussteuer, Gewerbsteuer, Steuer vom Gewerbebetrieb im Umherziehen — veranlagt ist. Der Veranlagung steht die vormerkungsweise Veranlagung gleich. Wegen der vormerkungsweisen Veranlagung von Steuerpflichtigen und steuerfreien Personen vgl. die Anm. zu Art. 10. Auch Abs. III des Art. 10 findet entsprechende Anwendung.

Werden Gemeindeumlagen niedergeschlagen (Art. 10 Abs. IV, Art. 24 d. G.), so sollen insoweit auch Bezirksumlagen nicht geschuldet sein. Ebenso bewirken Steuernachlässe — vgl. Anm. zu Art. 10 d. G. — die entsprechende Minderung oder Aufhebung der Bezirksumlagenpflicht. Dagegen sind Steuerniederschlagungen auch auf die Bezirksumlagenpflicht an sich ohne Einfluß.

Art. 27.

I Bezirksumlagenfrei sind die in Art. 11 bezeichneten Erträge.

II Die Art. 12 und 13 finden entsprechende Anwendung.

Vgl. die Anm. zu Art. 11 bis 13.

Art. 28.

Bezirksumlagenberechtigt ist

1. **in Bezug auf die Erträge aus Grundbesitz, Hausbesitz und Gewerbebetrieb im Umherziehen vorbehaltlich des § 10 des Landessteuergesetzes die Bezirksgemeinde des Ortes der Steuerveranlagung,**
2. **im übrigen der Bezirk, zu dem die nach Art. 15 bis 19 umlagenberechtigten Gemeinden gehören, und zwar nach Maßgabe der Steuerbeträge, die auf diese Gemeinden treffen.**

Wie für die Umlagenberechtigung der Gemeinde (Art. 14) ist auch für die des Bezirks hinsichtlich der Erträge aus Grundbesitz, Hausbesitz und Gewerbebetrieb im Umherziehen der Ort der Steuerveranlagung vorbehaltlich des § 10 LStG. entscheidend. Bezüglich der Erträge aus stehendem Gewerbebetrieb bemißt sich die Umlagenberechtigung des Bezirks nach der der Gemeinde, die zum Bezirke gehören. Steuerausscheidungen nach Art. 16 ff. d. G. wirken daher in gleicher Weise wie für die Gemeinde auch zugunsten oder ungunsten des Bezirks. Bezirksumlagenpflichtig sind auch ausmärkische Grundstücke oder Gewerbebetriebe, während von ihnen Gemeindeumlagen, da sie nicht im Gemeindeverband stehen, wie bisher nicht zu entrichten sind. Wegen einer etwaigen Steuerausscheidung auf ausmärkische Bezirke vgl. Art. 16 Abs. III d. G.

Art. 29.

Die Bezirksumlagen werden von den Gemeinden auf Rechnung und auf Kosten des Bezirkes gleichmäßig mit den Gemeindeumlagen eingehoben. Die Art. 20 bis 22 und 24 Abs. I und II finden Anwendung.

Die Einhebung der Bezirksumlagen mußte im Interesse der möglichsten Vereinfachung den Gemeinden übertragen werden, zumal den Bezirken geeignete Organe hiefür nicht zur Verfügung stehen. Die Gemeinde hat hiebei dieselben Vollstreckungsbefugnisse wie zur Beitreibung ihrer eigenen Umlagen. Art. 29 S. 2, Art. 22 d. G.

Überträgt eine Gemeinde die Erhebung ihrer Umlagen nach § 19 Reichsabgabenordnung einem Finanzamt, so kann und wird sie diesem auch die Erhebung der Bezirksumlagen überlassen. Dagegen ist sie nach Art. 29 d. G. nicht befugt, die Gemeindeumlagen selbst zu erheben, die Verwaltung der Bezirksumlagen aber durch Behörden der Reichsfinanzverwaltung zu beantragen.

Die Einhebung der Bezirksumlagen durch die Gemeinden erfolgt auf Rechnung und auf Kosten des Bezirks. Ausfälle an Bezirksumlagen wegen Uneinbringlichkeit usw. hat hiernach nicht die Gemeinde, sondern der Bezirk selbst zu tragen. Als Verwaltungskostenvergütung ist ein fester Satz von 2% des Umlagensolls vorgesehen.

Kreisumlagen.

Art. 30.

I Kreisumlagenpflichtig ist, wer mit einer der in Art. 9 bezeichneten Steuern veranlagt ist.

II Die Vorschriften des Art. 10 Abs. II, III finden entsprechende Anwendung.

III Steuerniederschlagungen und Steuernachlässe bewirken die entsprechende Minderung oder Aufhebung der Kreisumlagenpflicht.

Die Regelung der Kreisumlagen entspricht dem bisherigen Rechte. Kreisumlagenpflichtig ist, wer mit einer der in Art. 9 bezeichneten Steuern — Grund- und Haussteuer, Gewerbsteuer und Steuer vom Gewerbebetrieb im Umherziehen — veranlagt ist. Die vormerkungsweise Veranlagung solcher Steuern steht der Veranlagung auch hier gleich. Auch die Festsetzung einer vorläufigen Steuerschuld ist als Veranlagung zu erachten.

Abweichend von Art. 10 Abs. IV bewirken nicht nur Steuernachlässe, sondern auch Steuerniederschlagungen aus Billigkeitsgründen oder wegen Uneinbringlichkeit usw. die entsprechende Minderung oder Aufhebung der Kreisumlagenpflicht. Vgl. Art. 43 Abs. III des Umlagengesetzes von 1918/1919.

Art. 31.

I Kreisumlagenfrei sind

1. die in Art. 11 bezeichneten Erträge,
2. die in Art. 11 Abs. II des Gewerbsteuergesetzes bezeichneten Personen.

II Im Falle des Abs. I Ziff. 1 findet der Art. 12 entsprechende Anwendung.

Vgl. Art. 44 des Umlagengesetzes von 1918/1919.

Der in Abs. I Ziff. 2 erwähnte Art. 11 des Gewerbsteuergesetzes ist Art. 11 des Gewerbsteuergesetzes vom 17. August 1918. Die Vorschrift ist nunmehr gegenstandslos geworden, weil in das Gewerbsteuergesetz vom 27. Juli 1921 eine entsprechende Bestimmung nicht mehr übernommen worden ist.

Art. 32.

Die Staatsregierung kann in Bezug auf Kreisumlagenpflichtige, die auch außerhalb Bayerns zur Bestreitung kreislastenähnlicher Ausgaben beizutragen haben, Vereinbarungen und Verfügungen treffen, die von den Vorschriften dieses Gesetzes abweichen.

Vgl. Art. 45 des Umlagengesetzes von 1918/1919.

Art. 33.

I Kreisumlagenberechtigt ist

1. in Bezug auf die Erträge aus Grundbesitz, Hausbesitz und Gewerbebetrieb im Umherziehen vorbehaltlich des § 10 des Landessteuergesetzes die Kreisgemeinde des Ortes der Steuerveranlagung,
2. im übrigen der Kreis, zu dem die nach Art. 15 bis 19 umlagenberechtigten Gemeinden gehören, und zwar nach Maßgabe der Steuerbeträge, die auf diese Gemeinden treffen.

II An die Stelle des nach Abs. I Ziff. 2 berechtigten Kreises tritt die Kreisgemeinde des Ortes der Steuerveranlagung, wenn die Steuern des Pflichtigen, die hiernach auf jenen Kreis treffen, weniger als 100 Mark betragen.

Die in Art. 33 aufgestellten Grundsätze über die Kreisumlagenberechtigung entsprechen dem bisherigen Rechte. Art. 46 Umlagengesetz von 1918/1919. Vgl. auch Art. 28 d. G.

Art. 34.

I Die Kreisumlagen werden mit den Landessteuern fällig, denen sie zugeschlagen werden.

II Die Kreisumlagen werden zugleich mit den Landessteuern erhoben und in derselben Weise wie diese beigetrieben. Bei nicht rechtzeitiger Zahlung sind Zinsen von fünf vom Hundert des geschuldeten Betrags zu entrichten, soweit durch die Vollzugsvorschriften nichts anderes bestimmt wird. Art. 24 Abs. II findet entsprechende Anwendung.

Art. 34 hat davon abgesehen, die Behörden besonders zu bezeichnen, denen die Erhebung der Kreisumlagen obliegen soll. Nach der Absicht des Gesetzes sind es dieselben Behörden, denen die Verwaltung der Landessteuern übertragen ist.

Die in Abs. II neu eingefügte Zinspflicht bei nicht rechtzeitiger Bezahlung der geschuldeten Kreisumlagen und bei etwaigen Rückvergütungen ist den §§ 104, 132 Reichsabgabenordnung nachgebildet.

Bezüglich des Rechtsmittelverfahrens bei Streitigkeiten über die Kreisumlagenpflicht und die Höhe der angeforderten Kreisumlagen vgl. die Anm. zu Art. 9 am Ende.

Grunderwerbsteuer.

Art. 35.

I Der Anteil des Landes an der Grunderwerbsteuer (§ 37 Landessteuergesetz) wird für die Staatskasse vereinnahmt.

II Die Gemeinden dürfen Zuschläge zur Grunderwerbsteuer bis zu zwei vom Hundert des steuerpflichtigen Wertes erheben (§ 40 Landessteuergesetz).

III Die Beschlüsse bedürfen keiner Genehmigung.

Nach § 37 LStG. erhalten die Länder von dem Steueraufkommen auf Grund des Grunderwerbsteuergesetzes vom 12. September 1919 (RGBl. S. 1617) 50%, mit Ausnahme der gemäß § 10 des Gesetzes erhobenen Steuern, an denen die Länder mit 25% beteiligt werden. Über die Verwendung dieser Anteile haben die Länder selbst Bestimmung zu treffen. Ferner können nach § 40 LStG. die Länder und mit deren Genehmigung die Gemeinden und Gemeindeverbände Zuschläge zur Grunderwerbsteuer bis zu 2% des steuerpflichtigen Wertes für ihre Rechnung erheben.

Art. 35 weist nun die Anteile des Landes an der Grunderwerbsteuer der Staatskasse zu, ohne hieran die Gemeinden zu beteiligen. Zur Entschädigung hiefür wird die Ausübung des Zuschlagsrechts den Gemeinden völlig überlassen. Berechtigt hiezu sind aber nach dem Gesetze nur die Gemeinden selbst, nicht auch die Ortschaften, Bezirke oder Kreise. Im übrigen sind für die Erhebung der Zuschläge die Vorschriften des § 40 LStG. maßgebend. Darnach können die Zuschläge nach sachlichen Merkmalen der Grundstücke abgestuft, insbesondere unbebaute Grundstücke vorausbelastet werden; sie dürfen nicht mehr als 2% des steuerpflichtigen Werts betragen, diese Höchstsätze dürfen auch in den Fällen der Abstufung der Sätze und der Vorausbelastung von Grundstücken nicht überschritten werden. Soweit das Grunderwerbsteuergesetz

Ermäßigungen vorsieht, sind die Zuschläge im gleichen Verhältnis zu ermäßigen.

Die Erhebung der Zuschläge und das Rechtsmittelverfahren richtet sich nach den für die Reichssteuer geltenden Vorschriften. Gemeindliche Beschlüsse über die Einführung solcher Zuschläge bedürfen keiner aufsichtlichen Genehmigung, sind aber gemäß § 5 LStG. von der Gemeinde dem zuständigen Landesfinanzamt zur Prüfung vorzulegen.

Die Überweisung der gemeindlichen Zuschläge zur Grunderwerbsteuer und der Anteile des Landes durch die Finanzämter ist in der Entschl. d. Reichsministers der Finanzen vom 11. November 1920 (abgedruckt im GVBl. 1921 S. 6) näher geregelt.

Gewährleistungspflicht des Landes gegenüber Kreisen und Gemeinden.

Art. 36.

I Das Land gewährleistet jeder Gemeinde und jedem Kreise für die Rechnungsjahre 1920 und 1921, daß ihnen derjenige Betrag zukommt, der auf sie bei Zugrundelegung der Vorschriften in den §§ 56, 57, 59 Abs. 6 des Landessteuergesetzes entfällt. Kommt eine neue gesetzliche Regelung vor dem 1. April 1922 nicht zustande, so bleibt die Gewährleistung bis zur gesetzlichen Neuregelung in Kraft.

II Anträge auf Ergänzung des Steueraufkommens bis zur Höhe des gewährleisteten Betrags sind spätestens bis zum Ablaufe des jeweils folgenden Rechnungsjahrs an das Staatsministerium der Finanzen zu richten.

III Überschreitet der dem Lande (§ 17 Landessteuergesetz und Art. 1 Abs. II Vollzugsgesetz zum Landessteuergesetz) zufließende Anteil am Aufkommen der Reichseinkommen- und Körperschaftsteuer auch nach Abzug der zur Ergänzung des Steueraufkommens von Gemeinden und Kreisen gewährten Zuschüsse noch den gewährleisteten Mindestbetrag (§ 56 Abs. 2 Landessteuergesetz), so fließen 30 vom Hundert des restlichen Mehraufkommens bis zum Höchstbetrage von 20 Millionen Mark in den Ausgleichsfonds (Art. 39 ff.). Entsprechendes gilt für die Gemeinden, deren Anteil an der Reichseinkommensteuer und Körperschaftsteuer (Art. 1 Abs. II) den gewährleisteten Mindestbetrag überschreitet.

Nach § 57 LStG. haben die in § 56 niedergelegten Grundsätze für die Gewährleistungspflicht des Reiches gegenüber den Ländern sinngemäß auch für die Landesgesetzgebung bei der Regelung des Verhältnisses zwischen Land und Gemeinden zu gelten. Diese Verpflichtung ist jedoch reichsgesetzlich auf das Rechnungsjahr 1920 beschränkt.

Art. 36 geht nun über diese gesetzliche Verpflichtung des Landes gegenüber den Gemeinden wesentlich hinaus. Zunächst dehnt Art. 36

die Gewährleistungspflicht auch auf die Kreise aus, während § 57 LStG. nur von Gemeinden, nicht von Gemeindenverbänden spricht, als welche die Kreise nach dem LStG. zu erachten sind. Auch die Bezirke in diese Gewährleistungspflicht des Landes einzubeziehen, war unmöglich, weil die Bezirksumlagen als Beiträge der bezirkszugehörigen Gemeinden keine Steuern im Sinn des § 56 LStG. bildeten und deshalb schon die Gewährleistungspflicht des Reichs gegenüber dem Lande nach dem LStG. das Aufkommen an Bezirksumlagen als solche nicht berücksichtigt. Während ferner § 57 LStG. eine entsprechende Gewährleistung des Landes gegenüber seinen Gemeinden nur für das Rechnungsjahr 1920 vorschreibt, verpflichtet Art. 36 das Land auch für das Rechnungsjahr 1921 und für die folgenden Jahre, bis eine neue gesetzliche Regelung zustande kommt.

Die zu gewährleistende Summe berechnet sich für einen Kreis oder eine Gemeinde wie folgt: Das bisherige Einkommen aus den zu den ersetzten Landessteuern (Einkommensteuer, Kapitalrentensteuer und Vermögenssteuer) beschlossenen Umlagen im Rechnungsjahre 1919 wird für jeden Kreis und jede Gemeinde zusammengerechnet den Anteilen an der auf sie treffenden Einkommensteuer und Körperschaftssteuer gegenübergestellt. Für die Berechnung des bisherigen Aufkommens sind für die Gemeinden und Kreise wie für das Land die im Reichsrat vereinbarten Grundsätze vom 21./22. Mai 1920 (abgedr. S. 24 ff) maßgebend. Den Anteilen an der Einkommensteuer und Körperschaftssteuer werden bei den Gemeinden die Überweisungen aus der Umsatzsteuer nach § 43 LStG. zugerechnet, soweit sie die Überweisungen im Steuerjahre 1919 übersteigen. Weiter werden jeder Gemeinde auf den zu gewährleistenden Betrag die vom Reiche nach § 59 Abs. 1 Ziff. 3 u. 4 LStG. übernommenen Jahreszinsen der Gemeinden angerechnet, die das Reich nach § 59 Abs. 6 LStG. dem Lande aufrechnet.

Anträge auf Ergänzung des Steueraufkommens sind spätestens bis zum Ablauf des jeweils folgenden Rechnungsjahrs, also z. B. für das Rechnungsjahr 1921 bis zum 31. März 1923 an das StM. der Finanzen zu richten. Wird die Frist versäumt, so kann die Gemeinde eine Berücksichtigung ihres Antrags nicht mehr verlangen.

Abs. III des Art. 36 wurde auf Antrag Schäffer vom Landtag dem Gesetze eingefügt, um für den zu bildenden Ausgleichsfonds Mittel zu gewinnen. Er beruht auf dem Gedanken, daß Land und Gemeinden, wenn sie mehr als ihre Gewährleistungsbeträge aus der Verteilung des Landesanteils an der Einkommensteuer und Körperschaftssteuer erhalten, einen Teil dieser Mehrbeträge zugunsten notleidender Gemeinden an den Ausgleichsfonds entrichten sollen. Bei der Feststellung des vom Lande zu leistenden Betrags bleiben Anrechnungen aus einem Mehraufkommen an Erbschaftssteuern oder Umsatzsteuern oder von Zinsvergütungen (§§ 56 Abs. 6 u. 59 Abs. 6 LStG.) außer Betracht; einzusetzen ist die reine nach § 56 Abs. 2 LStG. zu errechnende Gewährleistungssumme des Landes für den Entgang der Einkommen-, Kapitalrenten- und Vermögenssteuer. Von diesem Betrage sind sodann die Zuschüsse abzuziehen, die das Land nach Abs. I etwa in dem Rechnungsjahre zur Ergänzung des Steueraufkommens von Gemeinden und Kreisen zu gewähren hat. Verbleibt hiernach noch ein Mehraufkommen, so fließen 30% dieses Mehraufkommens bis zum Höchstbetrag von 20 Mill. Mark in den Ausgleichsfonds.

Entsprechendes gilt nach Satz 2 des Abs. III auch für die Gemeinden. Die Bezirke und Kreise sind zur Entrichtung ähnlicher Beiträge zum Ausgleichsfonds nicht verpflichtet.

Die Feststellung der vom Lande zu leistenden Beträge wird durch das Staatsministerium der Finanzen, die Berechnung der Zuschüsse der Gemeinden durch die Finanzämter erfolgen. Glaubt eine Gemeinde, nicht verpflichtet zu sein, die von ihr geforderten Beträge zu leisten, so dürfte ihr die Beschwerde an den VGH. nach Art. 10 Ziff. 2 VGG. offenstehen.

Gewährleistungspflicht der Gemeinden gegenüber den Bezirken

Art. 37.

Bezirkszugehörige Gemeinden sind verpflichtet, während der Geltungsdauer des Art. 36 ihrem Bezirke das Aufkommen des Jahres 1919 an Bezirksumlagen zuzüglich einer Steigerung von 25 vom Hundert nach Maßgabe ihrer Beitragspflicht in diesem Jahre zu gewährleisten. Die Gewährleistungspflicht kann nur in Anspruch genommen werden, wenn der Bezirk Umlagen in der nach Art. 9 zulässigen Höhe erhebt. Die Einnahmen des Bezirkes nach Art. 2 und 9 dieses Gesetzes sind auf den zu gewährleistenden Betrag jeweils anzurechnen. Verzugszinsen dürfen nicht berechnet werden.

Art. 37 hat eine dem Art. 36 entsprechende Gewährleistungspflicht der bezirkszugehörigen Gemeinden gegenüber ihrem Bezirke geschaffen. Dies entsprach der Billigkeit, weil die Bezirke aus den zu Art. 36 bereits angeführten Gründen in die Gewährleistungspflicht des Landes nach Art. 36 nicht einbezogen werden konnten, andererseits aber die Bezirksumlagen meistenteils in den Garantiesummen der Gemeinden berücksichtigt sind. Dies trifft namentlich da zu, wo die Bezirksumlage restlos mangels eines rentierenden Vermögens durch Erhebung von Gemeindeumlagen aufgebracht werden mußte.

Die Gewährleistungspflicht der Gemeinden nach Art. 37 beschränkt sich der Dauer nach auf die Geltungszeit des Art. 36, der Höhe nach auf den Betrag der von der Gemeinde für das Kalenderjahr 1919 geschuldeten Bezirksumlage zuzüglich 25%. Die Gewährleistungspflicht ist subsidiärer Natur, sie kann nur in Anspruch genommen werden, wenn der Bezirk Umlagen zu den Ertragsteuern des Landes in der nach Art. 9 zulässigen Höhe (50% bzw. 75%) erhebt und die Einnahmen aus diesen Umlagen samt den Überweisungen aus der Einkommensteuer und Körperschaftssteuer nach Art. 2 d. G. den zu gewährleistenden Betrag nicht erreichen.

Anträge von Bezirken auf Ergänzung ihres Aufkommens bis zur Höhe des gewährleisteten Betrags sind spätestens bis zum Ablauf des jeweils folgenden Rechnungsjahrs an die vorgesetzten Bezirksämter zu richten. Diese haben festzustellen, ob die Voraussetzungen des Art. 37 gegeben sind und sodann den sich ergebenden Fehlbetrag auf diejenigen Gemeinden des Bezirks nach ihrer Beitragspflicht im Kalenderjahre 1919 umzulegen, aus denen der Bezirk nicht bereits den ihm geschuldeten Mindestbetrag erhalten hat.

Art. 38.

Wenn der Staat den Gemeinden, Bezirken oder Kreisen neue Aufgaben zuweist, so soll die Beteiligung des Staates an den Kosten gesetzlich geregelt werden.

Art. 38 ist dem § 52 LStG. nachgebildet. Nach § 52 LStG. soll, wenn das Reich den Ländern oder den Gemeinden neue Aufgaben zuweist, die Beteiligung des Reichs an den Kosten gesetzlich geregelt werden. Art. 38 hat nun eine ähnliche Bestimmung für das Verhältnis des Landes zu seinen Gemeinden, Bezirken und Kreisen geschaffen. Wie § 52 LStG. gibt auch Art. 38 dieses Gesetzes den Gemeinden usw. keinen unmittelbar zu verfolgenden Rechtsanspruch, sondern stellt nur Richtlinien auf, deren Innehaltung Sache der Gesetzgebung sein wird. Unter neuen Aufgaben sind solche zu verstehen, die den Gemeinden usw. nicht schon vor dem Inkrafttreten des Vollzugsgesetzes, d. i. 1. April 1920, oblegen haben, sowie solche, die vom Lande erweitert worden sind und zwar im Umfange der durch das Landesgesetz verursachten Erweiterungen. Wie in § 52 LStG. werden aber auch hier Aufgaben, die den Gemeinden schon früher oblegen haben, wie z. B. die Besoldung ihrer Gemeindebeamten, nicht dadurch zu neuen Aufgaben, daß im Wege der Gesetzgebung eine Regelung solcher Rechtsgebiete erfolgt.

Ausgleichsfonds.

Art. 39.

I Zur Unterstützung überlasteter Gemeinden wird ein Ausgleichsfonds gebildet.

II In diesen fließen

1. **der dem Lande nach § 43 Abs. 2 des Landessteuergesetzes zugewiesene Anteil an der Umsatzsteuer,**
2. **die vom Lande und den Gemeinden nach Art. 36 Abs. III abzuführenden Beträge,**
3. **sonstige Beträge, die für eine Verteilung auf sämtliche Gemeinden unzureichend sind oder für deren schlüsselmäßige Verteilung ein unverhältnismäßiger Aufwand an Zeit und Arbeit erforderlich wäre,**
4. **die nach Art. 40 zu erhebenden Abgaben vermögender Gemeinden.**

Nach § 55 LStG. sind die Länder gehalten, bis zum 1. April 1921 für einen Lastenausgleich unter ihren Gemeinden und Gemeindeverbänden, insbesondere auf dem Gebiete der Armen-, Schul- und Polizeilasten, zu sorgen. Nach dem Wortlaute des § 55 kann kein Zweifel darüber bestehen, daß es sich hier nur um einen Lastenausgleich unter den Gemeinden und Gemeindeverbänden selbst handeln kann, nicht aber um einen Lastenausgleich zwischen Land und Gemeinden. Im übrigen hat das Land zur Entlastung der Gemeinden schon vor dem Inkrafttreten des Landessteuergesetzes getan, was in seinen Kräften stand. Nicht nur der gesamte persönliche Schuldbedarf, der für das Rechnungsjahr 1920 mit mindestens 300 Millionen Mark zu veranschlagen war und bisher zum großen Teile von den Gemeinden bezahlt werden mußte, wird seit 1. Januar 1920 vom Staate bestritten, es kommen hierzu noch die erheblichen Beträge für Armenhilfe und Polizei, die der Staat alljährlich den Gemeinden zuschießt.

Bei dieser Sachlage konnte es sich in Bayern nur noch darum handeln, einen Fonds zu bilden, um besonders arme Gemeinden durch Zuschüsse unterstützen zu können. Das Gesetz geht davon aus, daß die Mittel für diesen Fonds zunächst von den Gemeinden selbst aufzubringen sind und zwar vor allem durch Beiträge leistungsfähiger Gemeinden. Es ließe sich in der gegenwärtigen Zeit nimmermehr rechtfertigen, wenn schließlich Gemeinden Überschüsse an die Gemeindebürger verteilten, anstatt benachbarte ärmere Gemeinden, die nicht einmal ihren notwendigsten Bedarf aufbringen können, aus ihren reichen Mitteln zu unterstützen. In Zeiten schwerer finanzieller und wirtschaftlicher Not gilt der Grundsatz „Alle für Einen und Einer für Alle" mehr denn je; er muß auch im Verhältnis von Gemeinde zu Gemeinde zur Anwendung kommen.

Um aber den Gemeinden möglichst entgegenzukommen, wird auch das Land, obwohl eine gesetzliche Verpflichtung nach Reichsrecht hiezu nicht besteht, seinerseits bis zum Höchstbetrag von 20 Millionen Mark sich an dem Ausgleichsfonds beteiligen und zwar mit 30% der jeweiligen Überschüsse über seine eigene Gewährleistungssumme. Art. 36 Abs. III dieses Gesetzes. Nach Art. 39 Abs. I d. G. ist der Zweck des Ausgleichsfonds die Unterstützung überlasteter Gemeinden. Der Ausgleichsfonds soll nur den Gemeinden dienen, nicht auch den Bezirken und Kreisen, die ja auch keine Beiträge an den Ausgleichsfonds zu leisten haben. Als „überlastet" dürfte im Allgemeinen eine Gemeinde dann gelten können, wenn sie trotz Ausschöpfung aller ihr zu Gebote stehenden Einnahmequellen und trotz äußerster Sparsamkeit die notwendigsten Ausgaben nicht mehr bestreiten kann; vgl. Art. 42. Dabei wird man aber bei der Prüfung einer Ausgabe, ob sie notwendig ist oder nicht, einen ganz anderen Maßstab zugrunde legen müssen, als die Gemeinden bisher gewöhnt waren. Wir sind ein bettelarmes Volk und werden zufrieden sein müssen, wenn wir die dringendsten Kulturaufgaben eines Tages noch in der bescheidensten Form erfüllen können.

Abs. II führt die Mittel im Einzelnen auf, die dem Ausgleichsfonds zufließen sollen; in Ziff. 3 ist an Beträge gedacht, die sich wie z. B. die vom Reich an Land und Gemeinden gewährte Pauschvergütung für Zinsverluste infolge des verspäteten Eingangs der Einkommensteuern ohne unverhältnismäßigen Aufwand an Zeit und Arbeit nicht auf die einzelnen Gemeinden verteilen lassen. Welche Beträge hier in Frage kommen, bestimmt das StM. d. Innern im Einvernehmen mit dem Staatsministerium der Finanzen.

Art. 40.

Als Abgabe werden erhoben 50 vom Hundert der nach Art. 31/24 der beiden Gemeindeordnungen an Gemeindeangehörige gewährten Überschüsse des Gemeindevermögens oder des Wertes der Nutzungen an Bestandteilen des Gemeindevermögens.

Nach den Art. 31/24 der beiden Gemeindeordnungen ist der Ertrag des Gemeindevermögens grundsätzlich zur Bestreitung der Gemeindebedürfnisse zu verwenden. Die Verteilung von Überschüssen an Gemeindeangehörige ist nur dann zulässig, wenn alle Gemeindebedürfnisse ohne Erhebung von Gemeindeumlagen und örtlichen Verbrauchssteuern sowie von sonstigen örtlichen Abgaben gedeckt sind, und wenn größere Ausgaben für außerordentliche Bedürfnisse nicht in Aussicht stehen. Das Gleiche gilt nach der rechtsrh. GO. für die Gewährung von Nutzungen an Bestandteilen des Gemeindevermögens, bei welchen diese bisher nicht üblich war.

In all diesen Fällen steht dem Gemeindebürger kein Rechtsanspruch, weder nach öffentlichem oder nach privatem Recht gegenüber der Gemeinde auf die Verteilung solcher Überschüsse zu. Die Gemeinde ist auch künftighin durch das VollzG. z. LStG. nicht gehindert, Überschüsse zu verteilen, wenn die gesetzlichen Voraussetzungen hiefür vorliegen, sie ist aber verpflichtet, die Hälfte des auszuschüttenden Betrags, anstatt ihn zu verteilen, an den Ausgleichsfonds abzuführen.

Nutzungen am Gemeindevermögen, die auf privaten oder öffentlichrechtlichen Rechtstiteln beruhen, werden durch Art. 40 nicht berührt.

Die Erfüllung dieser Verpflichtung ist von den Behörden der inneren Verwaltung zu überwachen.

Glaubt eine Gemeinde zur Entrichtung der Abgabe nicht verpflichtet zu sein, weil z. B. die Verteilung der Nutzungen auf einem rechtlich begründeten Herkommen beruhe, so kann sie die Entscheidung des Verwaltungsgerichtshofs nach Art. 10 Ziff. 2 VGG. herbeiführen.

Art. 41.

I Der Ausgleichsfonds wird vom Staatsministerium des Innern verwaltet. Über die Verwendung seiner Mittel beschließt ein Ausschuß, der aus zwei Vertretern der Staatsregierung, drei Mitgliedern des Landtags und vier Vertretern der Gemeinden besteht. Die Mitglieder des Landtags werden von diesem für die Landtagsdauer gewählt. Die Vertreter der Gemeinden werden auf gemeinsamen Vorschlag der Verbände der Gemeinden vom Staatsministerium des Innern berufen.

II Der Ausschuß ist befugt, die nach Art. 36 Abs. III zu entrichtende Abgabe einzelnen Gemeinden ganz oder teilweise aus Billigkeitsgründen zu erlassen. Dies gilt insbesondere dann, wenn die Gemeinde in den letzten Jahren trotz Ausschöpfung aller Einnahmequellen und der gebotenen sparsamen Führung

des Haushalts nicht in der Lage war, ihren Haushalt abzugleichen.

Dem Staatsministerium des Innern obliegt lediglich die Verwaltung des Ausgleichsfonds, insbesondere die Rechnungsführung, während die Verteilung seiner Mittel ausschließlich dem Ausschusse zukommt.

Die in Abs. II dem Ausschusse erteilte Ermächtigung, die nach Art. 36 Abs. III zu entrichtende Abgabe einzelnen Gemeinden ganz oder teilweise aus Billigkeitsgründen zu erlassen, erstreckt sich nur auf diese Abgabe, nicht auch auf Abgaben der in Art. 40 bezeichneten Art.

Art. 42.

Zuschüsse aus dem Ausgleichsfonds dürfen regelmäßig nur dann gewährt werden, wenn

1. die Gemeinde Umlagen zu den Ertragstenern des Landes im höchstzulässigen Maße erhebt und auch die übrigen nach den Art. 4, 5, 6, 7, 8, 35 Abs. II zustehenden sowie die in Art. 39/30 der beiden Gemeindeordnungen genannten Einnahmequellen bestmöglich ausschöpft,
2. die Besoldungsordnung und die Lohntarife der Gemeinde die Gehaltsordnung und die Lohntarife des Landes nicht überschreiten.

Art. 42 enthält allgemeine Richtlinien für die Verteilung der Mittel des Ausgleichsfonds. Die Bestimmungen beruhen auf dem Grundsatz, daß nur überlastete Gemeinden (Art. 39 Abs. I) — vgl. die Anm. zu Art. 39 Abs. I — Zuschüsse aus dem Ausgleichsfonds erhalten sollen. Im übrigen sollte es dem Ausschusse überlassen bleiben, selbst weitere allgemeine Regeln aufzustellen, unter welchen Voraussetzungen Gesuche von Gemeinden um Unterstützung Berücksichtigung finden können.

Ortspolizeiliche Vorschriften zur Sicherung gemeindlicher Gefälle.

Art. 43.

I Die Gemeinden sind berechtigt, zur Sicherung der in den Art. 4 bis 7 bezeichneten Gefälle ortspolizeiliche Vorschriften zu erlassen und darin die Hinterziehung mit Geldstrafen bis zum zehnfachen, im Rückfalle bis zum zwanzigfachen Betrage der hinterzogenen Abgabe, andere Zuwiderhandlungen gegen die Steuersatzung mit Geldstrafen bis zu 500 ℳ oder mit Ordnungsstrafen bis zu 150 ℳ zu bedrohen. Die erkannten Geldstrafen fließen in die Gemeindekasse.

II Die Strafverfolgung von Steuerzuwiderhandlungen verjährt in fünf Jahren und, wenn es sich um Zuwiderhandlungen

handelt, die mit Ordnungsstrafen bedroht sind, in einem Jahre. Die Verjährung wird auch unterbrochen durch die Einleitung des Verwaltungsstrafverfahrens und den Erlaß eines Strafbescheids.

III Die Zuständigkeit und das Verfahren bei strafbaren Zuwiderhandlungen richten sich nach den Vorschriften des Reichsgerichtsverfassungsgesetzes und der Reichsstrafprozeßordnung.

IV Die Gemeindeverwaltungen sind berechtigt, Strafbescheide im Verwaltungswege zu erlassen; auf das Verfahren finden die Vorschriften der §§ 386 ff. der Reichsabgabenordnung sinngemäße Anwendung.

Art. 43 knüpft an das bisherige Recht an. Nach den Art. 41 Abs. III und 32 Abs. III der beiden Gemeindeordnungen waren die Gemeinden seither schon berechtigt, ortspolizeiliche Vorschriften zur Kontrolle und Sicherung örtlicher Gefälle zu erlassen und in diesen die Gefährdung der Gefälle durch Zuwiderhandlung gegen die erlassenen Vorschriften mit Strafe zu bedrohen. Dieses Recht mußte den Gemeinden auch für die Zukunft belassen werden.

Den von der Gemeinde zu erlassenden Strafbestimmungen soll auch künftighin wie bisher die Eigenschaft ortspolizeilicher Vorschriften zukommen. Sie sind in Städten vom Stadtrat, in den übrigen Gemeinden vom Gemeinderat zu beschließen und sind nach Art. 6 des Polizeistrafgesetzbuchs der vorgesetzten Kreisverwaltungsstelle vorzulegen; sie sind nach Ablauf von 30 Tagen nach ihrer Vorlage vollziehbar, soferne nicht die Kreisregierung sie früher als vollziehbar erklärt.

Die Gemeinden können zum Erlaß solcher Strafbestimmungen im Aufsichtswege nicht gezwungen werden, sie sind nicht genötigt, anzuordnen, was sie nicht anordnen wollen. Die Kreisregierung kann den Erlaß ortspolizeilicher Vorschriften überhaupt oder solcher bestimmten Inhalts nicht erzwingen, sie kann nur deren Erlaß hindern. Dies gilt, auch soweit die auf Grund der Art. 5 und 6 erlassenen ministeriellen Mustersatzungen für Zuwachssteuern und Grundwertabgaben Strafvorschriften enthalten. Zunächst ist darauf hinzuweisen, daß diese Mustersatzungen keineswegs den Einzelnen zur Entrichtung bestimmter Abgaben verpflichten, sondern nur die Gemeinde binden: wenn diese eine Zuwachssteuer oder Grundwertabgabe erheben will, so kann sie dies nur nach Maßgabe der Mustersatzung. Die rechtliche Grundlage der Verpflichtung des Einzelnen aber bildet stets der Beschluß der Gemeinde, nicht die ministerielle Mustersatzung. Auch die in den Mustersatzungen enthaltenen Strafvorschriften werden dementsprechend für den Steuerpflichtigen erst wirksam, wenn sie die Gemeinde rechtsgültig beschließt. Sie sind ortspolizeiliche Vorschriften, auch wenn ihre Fassung im einzelnen von den Staatsministerien bindend vorgeschrieben ist. Dies ist von besonderer Bedeutung für die Frage, ob die diesbezüglichen gemeindlichen Beschlüsse der Vollziehbarkeitserklärung nach Art. 6 PStG. bedürfen. Die Frage ist hiernach zu bejahen.

Die Vergnügungssteuer (Art. 8) ist im Art. 43 nicht erwähnt, weil die vom Reichsrat erlassene Vergnügungssteuerordnung selbst bereits die erforderlichen Strafbestimmungen enthält (§ 24 d. VStO.).

Der strafrechtliche Begriff der „Hinterziehung" ist dem § 359 der Reichsabgabenordnung entnommen. Darnach macht sich der Steuerhinterziehung schuldig, wer zum eigenen Vorteil oder zum Vorteil eines anderen nicht gerechtfertigte Steuervorteile erschleicht oder vorsätzlich bewirkt, daß Steuereinnahmen verkürzt werden. Im Rückfall macht sich der Hinterziehung schuldig, wer im Inland wegen Steuerhinterziehung bestraft worden ist, und vor Ablauf von 3 Jahren, nachdem die Strafe ganz oder zum Teil bezahlt, verbüßt oder erlassen worden ist, wieder eine dieser Handlungen begeht. (Vgl. § 369 Reichsabgabenordnung.) Dabei ist wohl vorausgesetzt, daß sich die strafbare Handlung gegen dieselbe Abgabenart richtet. Wer wegen Hinterziehung von Umsatzsteuern bestraft wurde, ist nicht „im Rückfall" strafbar, wenn er später Vergnügungssteuern oder Grundwertabgaben hinterzieht. Unter „anderen Zuwiderhandlungen gegen die Steuersatzung" sind nicht nur sonstige vorsätzliche Übertretungen der Steuerordnung zu verstehen, sondern auch fahrlässige Handlungen, wie sie die Reichsabgabenordnung als „Steuergefährdung", § 367, bezeichnet. An Stelle einer Geldstrafe bis zu 500 ℳ können solche Zuwiderhandlungen auch mit Ordnungsstrafe bis zu 150 ℳ bedroht werden.

Es ist Sache der ortspolizeilichen Vorschrift, den Tatbestand der strafbaren Handlung bestimmt zu bezeichnen. Es genügt z. B. nicht, daß die Gemeinde beschließt, „jede Zuwiderhandlung gegen die Steuerordnung" mit Geldstrafe bis zu 500 ℳ zu bedrohen, sie muß genau die Handlung beschreiben, die bestraft werden soll.

Abs. II—IV sind der Reichsabgabenordnung nachgebildet.

Einziehung staatlicher usw. Gefälle.

Art. 44.

Soweit die Einziehung von staatlichen, gemeindlichen oder sonstigen, nicht in die Reichskasse fließenden Abgaben und Gefällen gemäß § 19 der Reichsabgabenordnung Reichsbehörden übertragen ist, gelten für die Beitreibung an Stelle der Art. 6, 7 des Ausführungsgesetzes zur Zivilprozeßordnung und Konkursordnung vom 23. Februar 1879 und hinsichtlich der Kosten des Mahn- und Vollstreckungsverfahrens die reichsrechtlichen Vorschriften über die Beitreibung der Reichssteuern entsprechend.

Art. 44 trägt dem § 14 LStG. Rechnung, wonach die Länder darauf Bedacht nehmen sollen, die Bestimmungen über die Veranlagung und Erhebung der Landes- und Gemeindesteuern mit den Vorschriften der Reichsabgabenordnung in Einklang zu bringen. Es war unmöglich, die einschlägigen Bestimmungen der Reichsabgabenordnung ohne weiteres für Landessteuern und Gemeindeabgaben anwendbar zu erklären, die Verwirrung wäre ungeheuer gewesen, zudem hätten weder dem Lande, noch den Gemeinden die erforderlichen Organe zum Vollzug dieser Vorschriften zur Verfügung gestanden.

Art. 44 mußte sich deshalb darauf beschränken, zunächst nur die Bestimmungen der Reichsabgabenordnung über die Beitreibung, §§ 298ff., dementsprechend gelten zu lassen, wenn die Einziehung der Steuer oder Abgabe gemäß § 19 der Reichsabgabenordnung Reichsbehörden übertragen ist oder künftighin übertragen wird. Hiefür bestand in der Tat ein dringendes Bedürfnis, denn es kann einem Finanzamt nicht zugemutet werden, bei der Beitreibung von Gefällen verschiedene Vorschriften anzuwenden, je nachdem es sich um Reichssteuern oder um Landes- und Gemeindeabgaben handelt.

Art. 44 gilt auch für Umlagen der Religionsgesellschaften und Religionsgemeinden, soweit ihre Einziehung nach § 19 Abs. 2 Reichsabgabenordnung Reichsfinanzbehörden übertragen wird. Vgl. Art. 12 Abs. III des religionsgesellschaftl. Steuerges. v. 27. Juli 1921, GVBl. S. 459.

Änderungen früherer Gesetze.

Art. 45.

Das Schulbedarfgesetz vom 14. August 1919 wird geändert wie folgt:

1. **Im Art. 12 Abs. II werden die Worte „die sich im Schulsprengel für die Gemeindeumlagen der Beteiligten nach den Art. 24 und 25 des Umlagengesetzes ergeben" ersetzt durch die Worte: „mit denen die Beteiligten im Schulsprengel zur Einkommensteuer veranlagt sind".**
2. **Die Art. 25 und 34 werden gestrichen.**
3. **Im Art. 57 werden die Worte „gelten die Art. 33 und 34 entsprechend" ersetzt durch die Worte: „gilt Art. 33 entsprechend".**
4. **Im Art. 58 Abs. II Satz 2 werden die Worte „wenn sie im gegebenen Falle Umlagen für die Schule zu entrichten haben" ersetzt durch die Worte: „wenn sie bei fortdauernder Gültigkeit der bisherigeu Vorschriften im gegebenen Falle Umlagen für die Schule zu entrichten hätten".**

Das Schulbedarfgesetz vom 14. August 1919 (GVBl. S. 489) hatte in Art. 25 noch Sonderumlagen für öffentliche Volksschulen verschiedener Bekenntnisse vorgesehen, wenn sie beim Inkrafttreten des Gesetzes in der Gemeinde ordnungsmäßig eingeführt waren. Der Berechnung dieser Sonderumlagen waren nach Abs. II des Art. 25 die Steuerbeträge zugrunde zu legen, die nach den Art. 24 und 25 des Umlagengesetzes auch für die Gemeindeumlagen maßgebend waren. Nach dem Wegfall der Einkommensteuer und Kapitalrentensteuer konnten die dem Lande verbliebenen Ertragsteuern, zu denen allein diese Sonderumlagen in Zukunft hätten erhoben werden können, keine geeignete

Grundlage für diese Abgaben mehr bilden. Es blieb daher nichts anderes übrig, als sie völlig aufzuheben. Soweit daher der Bedarf einer öffentlichen Volksschule durch Sonderumlagen nach Art. 25 bestritten wurde, ist er künftighin aus allgemeinen Gemeindemitteln zu decken.

Aus den gleichen Gründen mußte auch Art. 34 des Schulbedarfsgesetzes gestrichen werden.

Art. 46.

In Art. 40 Abs. IV der rechtsrheinischen Gemeindeordnung vom 29. April 1869 und Art. 31 Abs. IV der pfälzischen Gemeindeordnung in der Fassung des Umlagengesetzes vom 10. August 1910 werden die Worte „und örtliche Abgaben, welche nicht unter die Bestimmungen des Abs. I fallen“ gestrichen.

Vgl. nunmehr Art. 4 dieses Gesetzes.

Art. 47.

Das Gesetz vom 8. August 1878 betreffend die Errichtung eines Verwaltungsgerichtshofes und das Verfahren in Verwaltungsrechtssachen wird geändert wie folgt:

In Art. 8 Ziff. 31 sind nach „Verpflichtung zur Entrichtung von gemeindlichen Verbrauchssteuern“ die Worte einzuschalten: „Zuwachssteuern, Grundwertabgaben, Filialsteuern“.

Die besondere Anführung der Zuwachssteuer, Grundwertangabe und Filialsteuer in Art. 8 Ziff. 31 VGG. soll allenfallsige Zweifel ausschließen, daß dem Pflichtigen auch gegen eine Anforderung solcher Abgaben, die, wie schon bemerkt, zu den örtlichen Abgaben im weiteren Sinn zu rechnen sind, der Verwaltungsrechtsweg offensteht. Nach den mehrfachen Änderungen, die Art. 8 Ziff. 31 seit dem Erlaß des VGG. erfahren hat, hat die Bestimmung nunmehr folgenden Wortlaut:

„Verpflichtung zur Entrichtung von gemeindlichen Verbrauchssteuern, Zuwachssteuern, Grundwertabgaben, Filialsteuern, Warenhaussteuern und sonstigen örtlichen Abgaben mit Einschluß der Hundeabgaben, Benützung der Gemeindeanstalten und Verbindlichkeit zur Entrichtung von besonderen Vergütungen hiefür; Ansprüche auf Rückvergütung des Lokalmalz- oder Bieraufschlages und sonstigen örtlichen Verbrauchssteuern, Warenhaussteuern und Abgaben.“

Übergangsbestimmungen.

Art. 48.

[1] Das Gesetz ist dringend im Sinne des § 77 Abs. I der Verfassungsurkunde; es tritt rückwirkend auf 1. April 1920 in Kraft.

II Das Umlagengesetz in der Fassung vom 17. August 1918 wird aufgehoben.

III Vom 1. Oktober 1921 ab werden Zuwachssteuern nach dem Zuwachssteuergesetze vom 14. Februar 1911 (RGBl. Seite 33) nicht mehr erhoben.

IV Der Art. 44 tritt am 1. Juli 1921 in Kraft. Zwangsvollstreckungsverfahren, die vor diesem Zeitpunkte begonnen haben, werden nach den landesrechtlichen Vorschriften durchgeführt.

V Soweit an Stelle der erhöhten Grund-, Haus- und Gewerbsteuer und der Steuer vom Gewerbebetrieb im Umherziehen die bisherigen Normalsteuern und Zuschläge hierzu erhoben werden, erstreckt sich das Recht der Gemeinden, Ortschaften, Bezirke und Kreise, Umlagen zu diesen Steuern zu erheben, bis zum Inkrafttreten der neuen Ertragsteuergesetze auch auf diese Zuschläge.

VI Die erforderlichen Vollzugsvorschriften werden von den Staatsministerien des Innern und der Finanzen erlassen.

VII Die Einführung dieses Gesetzes für die Gebietsteile des ehemaligen Freistaates Coburg erfolgt durch gemeinsame Entschließung der Staatsministerien des Innern und der Finanzen

Nachdem das LStG. seit 1. April 1920 gilt, mußte auch das Vollzugsgesetz rückwirkend auf diesen Tag in Kraft gesetzt werden.

Auch das Gewerbsteuergesetz vom 27. Juli 1921 ist rückwirkend auf den 1. April 1920 in Kraft getreten.

Dagegen wirken die Gesetze vom 27. Juli 1921 zur Abänderung des Grundsteuergesetzes und des Haussteuergesetzes erst vom 1. April 1921, zur Abänderung des Hausiersteuergesetzes erst vom Tag der Verkündigung an. Für das Rechnungsjahr 1920 und soweit die Hausiersteuer in Frage kommt, auch noch für eine spätere Zeit, ist es demnach hier bei den bisherigen Steuersätzen und der Erhebung von Zuschlägen hiezu verblieben. Da nun aber nach dem bisherigen Rechte Umlagen zu den Zuschlägen nicht erhoben werden durften, mußte, um die Gemeinden und Gemeindeverbände nicht zu kürzen, Abs. V eingefügt werden.

Das VollzG. z. LStG. ist nunmehr auch in den Gebietsteilen des ehemaligen Freistaates Coburg durch Entschl. vom 14. November 1921, GVBl. S. 549, soweit möglich, eingeführt worden. Die Einführung der Art. 1—3 und 37 mußte einer späteren Zeit vorbehalten bleiben. Dagegen treten die übrigen Bestimmungen in Coburg mit Wirkung vom 1. Januar 1922, und soweit sie sich auf die Erhebung von Umlagen zu den Ertragsteuern beziehen, mit Wirkung vom 1. April 1921 in Kraft. An Stelle der Zeitbestimmung in Art. 48 Abs. III und IV tritt der 1. Januar 1922.

Anhang.

Staatsministerien des Innern und der Finanzen.

Bekanntmachung über die Einführung des Vollzugsgesetzes zum Landessteuergesetze vom 30. Juni 1921 in den ehemals koburgischen Gebietsteilen.

(GVBl. S. 549.)

Die Vorschriften des Vollzugsgesetzes zum Landessteuergesetze vom 30. Juni 1921 (GVBl. S. 361) treten mit Ausnahme der Art. 1 und 3 und 37 in den Gebietsteilen des ehemaligen Freistaates Coburg, soweit sie sich auf die Erhebung von Umlagen zu den Ertragssteuern des Landes beziehen, mit Wirkung vom 1. April 1921, im übrigen mit Wirkung vom 1. Januar 1922, in Kraft.

An Stelle der Zeitbestimmung in Art. 48 Abs. III und IV tritt der 1. Januar 1922.

München, den 14. November 1921.

J. A.: **von Völk.** J. A.: **Dr. von Deybeck.**

Beherbergungssteuer.

Staatsministerium der Innern.

An die Bezirksämter und an die Gemeinden.

Betreff: **Gemeindliche Wohnsteuer bei vorübergehendem Aufenthalt.**

Die Gemeinden können nach Art. 40/31 der beiden Gemeindeordnungen[1]) die Erhebung einer gemeindlichen Wohnsteuer nach der folgenden Satzung beschließen. Die Satzung, wie die ortspolizeiliche Vorschrift kann den örtlichen Verhältnissen angepaßt werden. Die Abgabe darf 20 vom Hundert des Mietpreises (ohne Einrechnung des Verzehrs) nicht überschreiten. Es kann die Barzahlung, dann die Zahlung am

[1]) Nunmehr Art. 4 VollzG. z. LStG.

Schlusse des Aufenthalts bei der Abmeldung zugelassen und es können schließlich Bestimmungen über Rückersatz bei Überzahlungen (insbesondere durch Stempelmarken) getroffen werden. Die Überwachung und Sicherung der Steuer ist durch ortspolizeiliche Vorschrift zu regeln. Es empfiehlt sich, die Erhebung mit der polizeilichen An- und Abmeldung zu verbinden und die Bezahlung durch Verwendung gemeindlicher Stempelmarken zu ermöglichen (Art. 41/32 Abs. III der beiden Gemeindeordnungen.[2])

Die Einführung der Steuer bedarf der Genehmigung des Staatsministeriums des Innern.[3]) Die Steuer wird im allgemeinen für Gemeinden mit mehr als 10000 Einwohnern ohne weiteres genehmigt werden, in den übrigen Gemeinden nur, wenn dort ein besonderer Reise- oder Fremdenverkehr besteht. Die Beschlüsse und die Satzung sind von den unmittelbaren Gemeinden sofort hierher, von den übrigen Gemeinden zunächst an das Bezirksamt vorzulegen. Das Bezirksamt prüft die Beschlüsse auf ihre Gesetzmäßigkeit und fügt bei Gemeinden mit weniger als 10000 Einwohnern eine Bemerkung bei, ob in der Gemeinde ein besonderer Reise- oder Fremdenverkehr herrscht. Für die ortspolizeilichen Vorschriften ist die Vollziehbarkeitserklärung der Regierung, Kammer des Innern, einzuholen.

München, den 30. Januar 1919.

Auer.

Gemeindliche Wohnsteuer bei vorübergehendem Aufenthalt.

A. Satzung.

1. I. Wer gewerbsmäßig Zimmer oder Wohnungen in Hotels, Gasthöfen, Gasthäusern, Wirtschaften, Pensionen, Privathäusern an Personen zu vorübergehendem Aufenthalte vermietet, hat eine Abgabe an die Gemeinde zu entrichten.

II. Vorübergehend im Sinne dieser Satzung ist der Aufenthalt, wenn er ein Kalendervierteljahr nicht übersteigt. Die Abgabe ist für jeden Tag oder jede Übernachtung nach dem für das Zimmer oder die Wohnung festgesetzten oder zu be-

---

[2]) Vgl nunmehr Art. 43 VollzG. z LStG.

[3]) Nach Art. 4 Abs. II VollzG. z. LStG. ist nunmehr die Genehmigung der Regierung, Kammer des Innern, erforderlich.

rechnenden Tagespreise zu bemessen. Das Jahr wird mit 360, der Monat mit 30 Tagen berechnet. Der Verzehr darf durch die Abgabe nicht getroffen werden.

Die Abgabe beträgt bei einem täglichen Zimmer- oder Wohnungspreise bis einschließlich 10 ℳ = 10 v. H., von 11 bis 40 ℳ = 15 v. H., über 40 ℳ = 20 v. H. Die Sätze sind als Höchstsätze anzusehen und dürfen nicht überschritten werden.[4])

2. Die Abgabe ist vom Vermieter zu entrichten. Er ist berechtigt, den Betrag der Abgabe von der Mietpartei einzuziehen.

3. Die Gemeindeverwaltung kann für Arbeiter, Minderbemittelte oder in Berücksichtigung besonderer Umstände die Abgabe in einzelnen Fällen ganz oder teilweise nachlassen.

4. Der Zeitpunkt der Entrichtung wird durch ortspolizeiliche Vorschrift bestimmt.

5. Die Satzung tritt mit der Verkündung in Kraft.

B. Ortspolizeiliche Vorschrift.

Auf Grund des Art. 41 (31) Abs. III der Gemeindeordnung[5]) erläßt die Gemeinde . . . . . folgende ortspolizeiliche Vorschrift:

1. Werden Zimmer, Wohnungen in Hotels, Gasthöfen, Gasthäusern, Wirtschaften, Pensionen und Privathäusern gewerksmäßig an Personen zu vorübergehendem Aufenthalte vermietet, so hat der Vermieter binnen 24 Stunden der Gemeinde Anzeige zu erstatten. Die Anzeige hat die Angabe des Mieters und des täglichen Mietpreises zu enthalten. Ebenso ist die Beendigung des Mietverhältnisses binnen 24 Stunden anzuzeigen.

2. Die satzungsmäßige Abgabe ist im voraus für die mutmaßliche Dauer des Aufenthalts, höchstens aber für sieben Tage bei der polizeilichen Anzeige des Beginns, der Rest ist bei der Anzeige von der Beendigung des Mietverhältnisses zu entrichten. Die Bezahlung geschieht durch Verwendung gemeindlicher Stempelmarken zu der Anzeige.

3. Zuwiderhandlungen werden mit Geldstrafen bis zu 18 ℳ, die rechtswidrige Entziehung oder Verkürzung der Abgabe, sofern

[4]) Änderung durch die Bek. des StM. des Innern vom 28. September 1921, Bayer. StAnz. Nr. 227.

[5]) Vgl. nunmehr Art. 43 VollzG. z. LStG.

diese den Betrag von $4^1/_2$ ℳ nicht übersteigt, mit Geldstrafe bis zu 45 ℳ, bei höheren Beträgen mit Geldstrafe bis zum zehnfachen, im Rückfalle bis zum zwanzigfachen Betrage der entzogenen Abgabe bestraft.[6]) Die erkannten Geldstrafen fließen in die Gemeindekasse.

Mustersatzung für eine gemeindliche Steuer für das Halten von Hausangestellten (Dienstbotensteuer).

(Entschl. d. StM. d. Innern vom 18. Januar 1921 Nr. 3027 k 30 und 25. Juli 1921 Nr. 3027 k 84).

Auf Grund des Art. 4 VollzG. z. LStG. vom 30. Juni 1921 erhebt die Gemeinde ...... mit Genehmigung der .... nachstehende gemeindliche Steuer für das Halten von Hausangestellten.

A. Satzung.

§ 1.

Für das Halten von Hausangestellten werden Steuern nach folgenden Grundsätzen erhoben:

§ 2.

Zu den Hausangestellten gehören: Köchinnen, Stubenmädchen, Kindermädchen, Kinderfrauen, Erzieherinnen, Sprachlehrerinnen, Gesellschafterinnen, Stützen, Zofen, Haushälterinnen, Aushilfsmädchen, Köche, Diener, Kutscher, Kraftwagenführer, Gärtner, Erzieher, Sprachlehrer, Gesellschafter, sowie ähnliches Personal, soferne die Arbeitsleistung ganz oder hauptsächlich von dem betreffenden Haushalte beansprucht wird und eine Entlohnung stattfindet. Lediglich zur Pflege kranker oder gebrechlicher Personen angenommene Hausangestellte fallen nicht unter diese Steuerordnung.

§ 3.

Die Steuer beträgt für den ersten steuerpflichtigen Hausangestellten 100 ℳ, für den zweiten 150 ℳ, für jeden nächsten um 100 ℳ mehr.

Maßgebend für die Steuer ist die Höchstzahl der in einem Vierteljahr jeweils mindestens 8 Tage gleichzeitig verwendeten Hausangestellten.

---

[6]) Nach Art. 43 VollzG. z. LStG. können nunmehr wesentlich höhere Geldstrafen angedroht werden.

Bei einem Familienstande von mehr als 2 Personen bleibt das Halten des ersten Hausangestellten steuerfrei.

§ 4.

Steuerpflichtig ist der Arbeitgeber.

§ 5.

Der Zeitpunkt der Entrichtung der Steuer wird durch ortspolizeiliche Vorschrift bestimmt.

§ 6.

Rechtfertigen besonders zwingende Verhältnisse das Halten eines Hausangestellten, so bleibt auch bei einem Familienstande von 2 Personen das Halten des ersten Hausangestellten steuerfrei. Um die Befreiung von der Steuer ist in diesem Falle bei der Gemeinde schriftlich nachzusuchen.

§ 7.

Der Steuerpflichtige erhält einen Steuerbescheid, gegen den er binnen 14 Tagen Einspruch bei dem Stadtrat . . . . . erheben kann.

B. Ortspolizeiliche Vorschriften.

Auf Grund des Art. 43 Vollz.-G. z. LStG. erläßt die Gemeinde . . . . folgende ortspolizeiliche Vorschriften:

1. Jeder Steuerpflichtige hat die Zahl und Art seiner Hausangestellten binnen 4 Wochen nach Inkrafttreten dieser Vorschrift, sowie künftig binnen 8 Tagen nach dem jeweiligen Dienstantritt jede Änderung der Steuerpflicht bei dem städtischen Steueramt anzumelden.

2. Jeder Steuerpflichtige hat die für die Veranlagung der Steuer notwendige Auskunft zu erteilen.

3. Die Steuer ist vierteljährlich nachträglich zu entrichten.

4. Die Hinterziehung wird mit Geldstrafen bis zum zehnfachen, im Rückfall bis zum zwanzigfachen Betrage der hinterzogenen Abgaben, andere Zuwiderhandlungen gegen die Steuersatzung werden mit Geldstrafen bis zu 500 ℳ oder mit Ordnungsstrafen bis zu 150 ℳ bestraft.

Die erkannten Geldstrafen fließen in die Gemeindekasse.

Gemeindliche Abgabe für das Halten von Reit- und Zugtieren.

(Eingeführt in München seit 1. April 1921.)

Der Stadtrat erläßt hiermit auf Grund des Art. 40 Abs. 1 und 4 des Gesetzes vom 29. April 1869, die Gemeindeordnung für die Landesteile diesseits des Rheines betreffend,[1]) die nachstehende, ... genehmigte Satzung über die Erhebung einer Abgabe für das Halten von Reit- und Zugtieren.

Abgabenpflicht. § 1.

I. Das Halten von Reit- und Zugtieren im Stadtbezirke . . . . . unterliegt einer gemeindlichen Abgabe.

II. Die Abgabe ist auch für solche abgabenpflichtige Tiere geschuldet, die außerhalb des Stadtbezirkes verwahrt, aber regelmäßig im Stadtbezirk benützt werden.

Abgabenschuldner. § 2.

Abgabenpflichtig ist der Eigentümer des Tieres.

Überläßt der Eigentümer den Besitz dauernd einer anderen Person, so haften beide für die Abgabe als Gesamtschuldner.

Abgabenbefreiung. § 3.

I. Dienstreitpferde und Zugtiere, die nachweislich ausschließlich öffentlichen Zwecken dienen, sind von der Abgabe befreit.

II. Der Stadtrat kann in Berücksichtigung besonderer Verhältnisse auf Antrag weitere grundsätzliche Ausnahmen von der Abgabenpflicht zulassen und auftretende Härten beseitigen.

Höhe der Abgabe. § 4.

I. Die Abgabe beträgt für das Jahr:

1. für jedes Reittier . . . ℳ 1000.—,
2. für jedes Zugtier . . . ℳ 600.—.

II. Für Reit- und Zugtiere, die nachweislich ausschließlich in Ausübung eines Gewerbes oder Berufes, oder zu notwendigen Fahrten von und zu der Arbeitsstätte verwendet werden, werden die in Absatz 1 bezeichneten Sätze nur zu $1/4$ erhoben.

III. Liegen die Voraussetzungen des Abs. 2 nur teilweise vor, so wird die Abgabe nach Abs. 1 zur Hälfte erhoben.

[1]) Nunmehr Art. 4 VollzG. z. LStG.

IV. Gewerbsmäßige Pferdehändler haben die Hälfte, Tattersallbesitzer drei Viertel der in Abs. 1 bezeichneten Sätze zu entrichten.[2])

Verhältnis zum Pflasterzoll. § 5.

Die Vorschriften der Pflasterzollordnung bleiben unberührt.

Beginn und Ende der Abgabenpflicht. § 6.

Zu- und Abgänge im Bestande von abgabenpflichtigen Reit- und Zugtieren werden vom nächsten Kalendervierteljahr an berücksichtigt.

Das gleiche gilt von sonstigen Veränderungen, die die Abgabenfreiheit, eine Herabminderung oder Erhöhung der Abgabe begründen. Wird jedoch nachgewiesen, daß ein Reit- oder Zugtier während eines vollen abgelaufenen Kalendervierteljahres nicht benützt wurde, so wird die für dieses Kalendervierteljahr geschuldete Abgabe nicht erhoben.

Abgabenentrichtung. § 7.

Die Abgabe wird mit je einem Viertel der Jahresschuldigkeit am Anfange jeden Kalendervierteljahres fällig. Im übrigen werden Zeitpunkt und Art der Abgabenentrichtung durch ortspolizeiliche Vorschrift bestimmt.

---

[2]) Ausführungsbestimmungen der Stadtgemeinde München zu § 4 Abs. IV der Gemeindesatzung über die Erhebung einer gemeindlichen Abgabe für das Halten von Reit- und Zugtieren.

Der Stadtrat erläßt hiermit auf Grund § 9 Abs. II der Gemeindesatzung vom 28. Dezember 1920 folgende Ausführungsbestimmungen:

Ziffer 1:

Gewerbsmäßige Pferdehändler haben der städt. Steuerstelle mittels vorgeschriebenen Formblattes vierteljährliche Anzeige zu erstatten über die von ihnen im abgelaufenen Kalendervierteljahr an jedem einzelnen Kalendertag verwahrten Reit- und Zugtiere.

Ziffer 2:

Für jedes Reit- und Zugtier ist für jeden Tag der Verwahrung eine Abgabe von 1 Mark zu entrichten.

Ziffer 3:

Auf Grund der vierteljährlichen Anzeige setzt die städt. Steuerstelle die für das abgelaufene Kalendervierteljahr geschuldete Abgabe fest und fordert den Pflichtigen zur Zahlung innerhalb einer Woche auf.

Ziffer 4:

Tattersallbesitzer — soweit sie nicht gewerbsmäßigen Handel mit Pferden betreiben — genügen der An- und Abmeldepflicht gleich den anderen Reit- und Zugtierhaltern nach Maßgabe der Satzung.

Rechtsmittel. § 8.

I. Gegen die Heranziehung zur Abgabe steht dem Pflichtigen innerhalb einer Frist von 2 Wochen nach der Geltendmachung des gemeindlichen Anspruchs das Recht der Einsprache beim Stadtrat zu; die Einsprache ist schriftlich einzureichen oder zu Protokoll zu geben.

II. Die Einsprache hat keine aufschiebende Wirkung.

Ausführungsanordnungen und Sicherrungsvorschriften. § 9.

I. Die zur Ausführung dieser Satzungen erforderlichen Anordnungen erläßt der Stadtrat.

II. Zur Vereinfachung der Geschäftsbehandlung kann der Stadtrat mit einzelnen Pflichtigen besondere Vereinbarungen über das Einziehungsverfahren und die Überwachung und Sicherund der Abgabe treffen.

Inkrafttreten der Satzung. § 10.

Diese Satzung tritt mit der Veröffentlichung .... mit Wirkung vom .... ab in Kraft.

Mustersatzung für eine gemeindliche Personenaufzugssteuer.

(Eingeführt in Nürnberg seit 1921.)

§ 1.

Von den im Stadtbezirke ..... befindlichen Aufzügen, die ausschließlich oder vorzugsweise zur Beförderung von Personen bestimmt sind, wird eine Steuer nach Maßgabe der Bestimmungen dieser Satzungen erhoben. Es ist für die Besteuerung gleichgültig, ob es sich um elektrische, hydraulische oder mittels anderer Kraft betriebene Aufzüge handelt. Für die Steuer haftet der Eigentümer des Gebäudes, in welchem der Aufzug betrieben wird; sind mehrere Eigentümer vorhanden, so haften dieselben solidarisch.

§ 2.

Die Steuer beträgt:

für jeden Aufzug bis zu 250 kg Tragkraft jährl. 150 *M*

„ „ „ über 250 bis 450 kg Tragkraft jährl. 200 *M*

„ „ „ „ 450 kg Tragkraft jährl. 250 *M*.

Für Aufzüge, welche mehr als 2 Einsteigestellen haben, erhöht sich die Steuer für jede weitere Einsteigestelle um jährlich 25 *M*.

§ 3.

Die Steuer wird nicht erhoben für diejenige Zeit, während welcher ein Aufzug wegen Unbenützbarkeit dauernd außer Betrieb gesetzt und zur Verhinderung der Inbetriebnahme behördlich gesiegelt ist. Die Befreiung beginnt mit dem auf den Tag der amtlichen Siegelung folgenden Monat.

Aufzüge, die nur vorübergehend zur Instandsetzung, wegen Stromsperre, aus Sparsamkeits- oder aus anderen Gründen außer Betrieb gesetzt sind, unterliegen der Besteuerung.

§ 4.

Steuern werden nicht erhoben von Personenaufzügen, die in Reichs-, Staats- und städtischen Gebäuden sich befinden.

§ 5.

Bei Inkrafttreten dieser Satzung haben die Eigentümer von Gebäuden, die mit Personenaufzügen ausgestattet sind, dem städtischen Steueramt binnen einer vom Stadtrat zu bestimmenden 14 tägigen Frist Anzeige zu erstatten und hiebei die Tragkraft der Aufzüge und die Zahl der Einsteigestellen anzugeben.

Werden neue Aufzüge errichtet oder außer Betrieb gesetzte wieder dem Betrieb übergeben (§ 3), so hat der Eigentümer binnen 14 Tagen nach Fertigstellung der Bauarbeit dem Steueramt Anzeige zu erstatten, welche die in Abs. I erforderlichen Angaben zu enthalten hat.

Die Steuerpflicht beginnt mit dem Ersten des Monats, in welchem die amtliche Abnahmeprüfung des Aufzugs erfolgt ist.

In allen Fällen sind die Eigentümer der Aufzüge auf Verlangen des Steueramts verpflichtet, das amtliche Revisionsbuch über den Aufzug zur Einsicht vorzulegen.

§ 6.

Die Steuer ist in zwei halbjährigen Teilbeträgen an den von Stadtrat zu bestimmenden Zeitpunkten an die Kasse des städtischen Steueramts zu entrichten.

Rückstände werden wie die Gemeindeabgaben beigetrieben; bleibt die Steuer länger als 3 Monate im Rückstande, so ist diese bis zum Zahltage mit Beginn vom Fälligkeitstage an mit 4% zu verzinsen.

§ 7.

Einsprüche wegen Heranziehung zur Steuer oder wegen der Höhe der zu entrichtenden Steuer werden unbeschadet der sofortigen Einhebung und Beitreibung und unbeschadet des ordentlichen Verwaltungs- bzw. verwaltungsrechtlichen Verfahrens vom Stadtrat beschlußmäßig verbeschieden.

§ 8.

Diese Satzung tritt mit dem Tage ihrer Veröffentlichung in Kraft.

. . . . ., den . . . 1921.

Mustersatzung für eine gemeindliche Reklamesteuer.

(Genehmigt mit Entschl. des StM. des Innern vom 24. August 1921 Nr. 3027 K 36.)

Der Stadtrat . . . . . erläßt auf Grund des Art. 4 Vollzugsgesetzes zum Landessteuergesetz vom 30. Juni 1921 (GVBl. S. 361), ferner des Art. 37 des PStGB. und des § 366 Ziffer 10 des RStGB. mit Genehmigung der Regierung von . . . . . ., Kammer des Innern, nachstehende Satzung nebst ortspolizeilicher Vorschrift betreffend die gemeindliche Reklamesteuer:

Satzung:

§ 1.

Die Reklame aller Art am Äußeren von Gebäuden und auf Grundstücken, durch Bemalung von Häusern, durch Anbringung von Schildern und Tafeln aus Email, Blech, Holz, und sonstigem Material unterliegt einer gemeindlichen Besteuerung nach dem in § 5 festgesetzten Jahresbetrage.

§ 2.

Von der Besteuerung sind ausgenommen:

1. Die Anbringung der Firmenbezeichnung des Geschäftsinhabers unter Angabe der im Geschäft vorkommenden Waren, vorausgesetzt, daß sich die Firmenbezeichnung am Gebäude oder Grundstück befindet, in dem das Geschäft ausgeübt wird.
2. Die Schilder des Rabatt- und Sparvereins.
3. Die Versicherungsschilder.

§ 3.

Reklameschilder auswärtiger Firmen (z. B. Maggisuppenwürfel, Kathreinermalzkaffee, Zubanzigaretten usw.) unterliegen in jedem Falle der Besteuerung, wenn sie die Größe von 0,5 qm überschreiten. Überschreiten sie diese Größe nicht, so sind nur dann von der Steuer im Sinne der Ziff. 1 des vorstehenden § 2 ausgenommen, wenn sie am Gebäude oder Grundstück dessen, der die Ware vertreibt, angebracht sind.

§ 4.

Der Anschlag von Plakaten erfolgt durch die Stadt an städt. Plakattafeln; der Anschlag von Plakaten durch andere Personen und an anderen Stellen ist verboten. Soweit Lichtspieltheater auf ihrem Grundstück mit Genehmigung des Stadtrats Bildplakate ständig zum Anschlag bringen und die Ausnahme des § 5 nicht vorliegt, unterliegen sie der in § 5 Ziff. 3 bezeichneten Steuer.

§ 5.

Die Bildplakate der Lichtspieltheater sind von der Besteuerung nur frei, wenn sie unmittelbar am oder im Gebäude des Lichtspieltheaters selbst angebracht sind und ihre Größe 0,5 qm nicht überschreitet.

§ 6.

Die Reklamesteuer beträgt im Jahr:

1. für Schilder oder Tafeln auswärtiger Firmen (vgl. § 3)

für jedes Stück bis zu 1/3 qm	10 ℳ
über 1/2 qm bis 1/2 qm	20 ℳ
über 1/3 qm bis 1 qm	50 ℳ
über 1 qm	100 ℳ

2. für Bemalung von Häuserseiten sowie für Schilder und Tafeln hiesiger Firmen, die nicht unter die Befreiungsbestimmung des § 2 fallen:

für jedes Stück bis zu 1/2 qm Größe	10 ℳ
über 1/2 qm bis 1 qm	25 ℳ
über 1 qm für jeden weiteren qm	50 ℳ.

3. für Bildplakate der Lichtspieltheater ohne Rücksicht auf die Größe, soweit nicht die Ausnahme des § 5 zutrifft, für jedes Stück 100 ℳ.

§ 7.

Die Steuer ist alljährlich am 2. April des betreffenden Rechnungsjahres im voraus zu entrichten. Für Reklameschriften, die im Laufe des Jahres angebracht werden, ist die Steuer innerhalb 8 Tagen nach Anbringung zu entrichten; sie ist für das ganze Rechnungsjahr zu bezahlen, auch wenn die Reklame nur während eines Teiles des Jahres besteht.

Zahlungspflichtig ist in erster Linie der Eigentümer der hiesigen Geschäftsbetriebe, in zweiter Linie der Hausbesitzer und der Grundeigentümer. Alle Pflichtigen haften für die Steuersumme gesamtverbindlich.

§ 8.

In Berücksichtigung besonderer Umstände kann die Abgabe durch Beschluß des Verwaltungsausschusses ganz oder teilweise nachgelassen werden.

§ 9.

Die Steuer fließt in die Stadthauptkasse.

§ 10.

Diese Satzung tritt am 1. . . . . . . 1921 in Kraft.

Ortspolizeiliche Vorschrift.

§ 1.

Firmeninhaber sowie Grund- und Hausbesitzer haben die der Reklamesteuer unterliegenden Schilder, Tafeln, Bemalungen usw. nach vorheriger ortsüblicher Bekanntmachung zu dem festgesetzten Termin beim Stadtrat (Stadtbauamt) schriftlich oder mündlich anzuzeigen.

Zugänge im Laufe des Jahres sind innerhalb 8 Tagen nach Anbringung ebenfalls im städt. Bauamt zur Anzeige zu bringen.

§ 2.

Die gemeldeten Schilder, Tafeln usw. werden, soweit möglich, nach der Bezahlung der Steuer mit einem entsprechenden Stempel versehen.

Soweit dies nicht möglich, erhält der Steuerpflichtige eine Bescheinigung über die Bezahlung der Steuer ausgehändigt.

§ 3.

Zuwiderhandlungen gegen § 4 Satz 1 der Satzung unterliegen einer Geldstrafe bis zu 60 ℳ oder einer Haftstrafe bis zu 14 Tagen.

Die Hinterziehung der gemeindlichen Reklamesteuer wird mit Geldstrafe bis zum zehnfachen, im Rückfall bis zum zwanzigfachen Betrag der hinterzogenen Abgabe, andere Zuwiderhandlungen gegen die Steuersatzung werden mit Geldstrafe bis zu 500 ℳ oder mit Ordnungsstrafe bis zu 150 Tagen bestraft.

Die nach Abs. 2 erkannten Geldstrafen fließen in die Gemeindekasse.

§ 4.

Diese Vorschriften treten am 1. . . . . . 1921 in Kraft.

. . . . den . . . .

Stadt-(Gemeinde-)rat:

Zuwachssteuerordnung und Satzung für gemeindliche Grundwertabgaben.

(Art. 5 und 6 VollzG. z. LStG.)

Bekanntmachung, betreffend Zuwachssteuer und Grundwertabgabe.

Staatsministerien der Justiz, des Innern und der Finanzen.

Nachstehend werden die gemäß Art. 5 und 6 Abs. 4 des Vollzugsgesetzes zum Landessteuergesetz im Einvernehmen mit den Staatsministerien der Justiz und der Finanzen mit bindender Kraft erlassenen Mustersatzungen für die Zuwachssteuer und die Grundwertabgabe bekanntgegeben. Die Mustersatzungen sind dem Landtage vorgelegt worden.

Die Gemeinden sind berechtigt, aber nicht verpflichtet, Steuerordnungen nach den Mustersatzungen einzuführen.

1. Da vom 1. Oktober an Zuwachssteuern nach dem Zuwachssteuergesetz vom 14. Februar 1911 gemäß Art. 48 III des Vollzugsgesetzes nicht mehr erhoben werden dürfen, so müssen die Gemeinden rechtzeitig die entsprechenden Beschlüsse fassen. Soweit die Mustersatzung für die Zuwachssteuerverordnung genau nach dem Wortlaut der Satzung beschlossen wird, wird die gemäß Art. 4 II des Vollzugsgesetzes erforderliche Genehmigung der Regierung, Kammer des Innern, hiermit allgemein erteilt. Die Gemeinden haben in diesem Falle nur dem

Bezirksamt und der Regierung zu berichten, daß sie die Mustersatzung ohne Änderung angenommen haben. Außerdem sind das Landesfinanzamt und das Finanzamt von dem Erlaß der Zuwachssteuerordnung zu verständigen.

Beschließen die Gemeinden zulässige Abweichungen von der Mustersatzung (siehe die Anmerkungen zu §§ 1, 7, 15, 25, 27), so ist hierzu die Genehmigung der Regierung einzuholen. Die Zuwachssteuern nach den Mustersatzungen können erst vom 1. Oktober 1921 an erhoben werden, den Gemeindebeschlüssen kann im übrigen keine rückwirkende Kraft beigelegt werden.

2. Die Grundwertabgabe kann ebenfalls erst mit Wirkung vom 1. Oktober 1921 an eingeführt werden und wird daher für das laufende Rechnungsjahr nur für $1/2$ Jahr veranlagt. Im übrigen gelten die Ausführungen unter Ziff. 1 entsprechend.

München, den 17. September 1921.

J. A. **Dr. Meyer.** J. V. **Dr. Schweyer.** J. V. **Dr. v. Seybeck.**

Bekanntmachung, betreffend die Erhebung der Zuwachssteuer.

Staatsministerien der Justiz, des Innern und der Finanzen.

Auf Grund des Art. 5 Abs. IV des Gesetzes vom 30. Juni 1921 zum Vollzuge des Landessteuergesetzes (GVBl. S. 361) erläßt das Staatsministerium des Innern im Einvernehmen mit den Staatsministerien der Justiz und der Finanzen für die Erhebung der Zuwachssteuer durch die Gemeinden folgende

Mustersatzung:

§ 1. I Beim Übergange des Eigentums eines zum Gemeindebezirke gehörigen Grundstücks wird von dem Wertzuwachse, der ohne Zutun des Eigentümers entstanden ist, gemäß den Vorschriften dieser Satzung einer Abgabe (Zuwachssteuer) erhoben.

II Der Eigentumsübergang bleibt von der Steuer frei: wenn der Veräußerungspreis bei bebauten Grundstücken 40000 ℳ, bei unbebauten Grundstücken 10000 ℳ nicht übersteigt. Als unbebaut gelten auch solche Grundstücke, auf denen sich Gartenhäuser, Schuppen, Lagerstätten und ähnliche zu vorübergehenden Zwecken dienende Baulichkeiten befinden.

III Die Steuerfreiheit nach Abs. 2 tritt nicht ein, wenn der Veräußerer oder sein Ehegatte den Grundstückshandel gewerbsmäßig betreibt. Erfolgt die Veräußerung für Rechnung eines

Dritten, so ist die Steuerfreiheit dadurch bedingt, daß die Voraussetzungen für die Befreiung auch in der Person des Dritten vorliegen.

Anmerkung: Die Gemeinden können in der Satzung eine Erhöhung oder Herabsetzung der Beträge in Abs. 2 beschließen.

§ 2. Den Grundstücken stehen Berechtigungen gleich, auf welche die Vorschriften des bürgerlichen Rechtes über Grundstücke Anwendung finden; ausgenommen sind unbewegliche Bergwerksanteile.

§ 3. Dem Übergange des Eigentums an Grundstücken steht gleich der Übergang von Rechten an dem Vermögen einer Gesellschaft mit beschränkter Haftung, einer Kommanditgesellschaft, Gewerkschaft, eingetragenen Genossenschaft, eines eingetragenen Vereins oder einer offenen Handelsgesellschaft, soweit das Vermögen der Vereinigung aus Grundstücken besteht, wenn entweder zum Gegenstande des Unternehmens die Verwertung von Grundstücken gehört oder wenn die Vereinigung geschaffen ist, die Zuwachssteuer zu ersparen.

§ 4. Die Steuerpflicht wird begründet durch die Eintragung der Rechtsänderung in das Grundbuch oder, wenn es einer solchen zum Übergange des Eigentums nicht bedarf, durch den Vorgang, der die Rechtsänderung bewirkt.

§ 5. I Ein zur Übertragung des Eigentums verpflichtendes Veräußerungsgeschäft wird steuerpflichtig, wenn der Übergang des Eigentums nach Ablauf eines Jahres nach Abschluß dieses Veräußerungsgeschäftes nicht erfolgt ist.

II Ist die Steuerpflicht nach Abs. 1 eingetreten, und erfolgt sodann der Eigentumsübergang (§ 4), so wird die Steuer für diesen nur insoweit erhoben, als sie die Steuer des Abs. 1 übersteigt.

III Liegen mehrere Veräußerungsgeschäfte innerhalb eines Jahres vor und führt eines von ihnen vor Ablauf des Jahres zum Eigentumsübergange (§ 4) so tritt gleichzeitig mit der Steuerpflicht des Eigentumsüberganges die Steuerpflicht derjenigen Veräußerungsgeschäfte ein, die dem zur Ausführung kommenden Veräußerungsgeschäfte vorangehen und ihrerseits nicht zum Eigentumsübergange geführt haben.

IV Als Veräußerungsgeschäfte im Sinne des Abs. 1 sind auch anzusehen:

1. die Übertragung der Rechte der Erwerber aus Veräußerungsgeschäften;

2. die Übertragung von Rechten aus Anträgen zur Schließung eines Veräußerungsgeschäfts, die den Veräußerer binden, sowie aus Verträgen, durch die nur der Veräußerer zur Schließung eines Veräußerungsgeschäfts verpflichtet wird;

3. nachträgliche Erklärungen des aus einem Veräußerungsgeschäfte berechtigten Erwerbers, die Rechte für einen Dritten erworben oder die Pflichten für einen Dritten übernommen zu haben;

4. die Abtretung der Rechte aus dem Meistgebot und die Erklärung des Meistbietenden, daß er für einen anderen geboten habe;

5. Rechtsgeschäfte, durch die jemand ermächtigt wird, ein Grundstück ganz oder teilweise auf eigene Rechnung zu veräußern.

§ 6. Steuerpflichtig ist auch ein Rechtsvorgang, der es ohne Übertragung des Eigentums einem anderen ermöglicht, über das Grundstück wirtschaftlich wie ein Eigentümer zu verfügen.

§ 7. [1] Die Zuwachssteuer wird nicht erhoben:

1. beim Erwerbe von Todes wegen im Sinne der §§ 1 und 20 des Erbschaftssteuergesetzes sowie beim Erwerb auf Grund einer Schenkung unter Lebenden im Sinne des § 40 des Erbschaftssteuergesetzes, sofern nicht die Form der Schenkung lediglich gewählt ist, um die Zuwachssteuer zu ersparen;

2. bei der Begründung, Änderung, Fortsetzung und Aufhebung der ehelichen Gütergemeinschaft;

3. beim Erwerb auf Grund von Verträgen, die zwischen Miterben oder Teilnehmern an einer ehelichen oder fortgesetzten Gütergemeinschaft zum Zwecke der Teilung der zum Nachlaß oder zum Gesamtgut gehörenden Gegenstände abgeschlossen werden, sowie beim Erwerb auf Grund eines Zuschlags, der in den vorgenannten Fällen bei Teilung im Wege der Versteigerung einem Miterben oder Teilnehmer erteilt wird;

4. beim Erwerbe der Abkömmlinge von den Eltern, Großeltern und entfernteren Voreltern, sowie beim Erwerbe der Eltern von den Kindern; den Eltern stehen die Stiefeltern gleich, ebenso die Adoptiveltern, wenn kein Verdacht besteht, daß die Annahme an Kindes Statt zum Zwecke der Steuerhinterziehung vorgenommen ist;

5. beim Einbringen in eine ausschließlich aus dem Veräußerer und dessen Abkömmlingen oder aus diesen allein bestehende Vereinigung. Die Steuerpflicht tritt ein, wenn nach-

träglich ein Gesellschafter aufgenommen wird, der nicht zu den Abkömmlingen des Veräußerers gehört;

6. beim Einbringen von Nachlaßgegenständen in eine ausschließlich von Miterben gebildete Vereinigung. Die Vorschrift der Ziffer 5 Satz 2 findet entsprechende Anwendung;

7. beim Austausch von Grundstücken zum Zwecke der Zusammenlegung (Flurbereinigung), der Grenzregelung, oder der besseren Gestaltung von Bauflächen (Umlegung) sowie bei Ablösung von Rechten an Forsten, wenn diese Maßnahmen auf der Anordnung einer Behörde beruhen oder von einer durch die Landeszentralbehörde als zuständig erklärten Behörde als zweckdienlich anerkannt werden;

8. beim Austausch von Feldesteilen zwischen angrenzenden Bergwerken und bei der Vereinigung zweier oder mehrerer Bergwerke zum Zwecke der besseren bergbaulichen Ausnutzung, sofern sie nicht zum Zwecke der Steuerersparung erfolgen;

9. bei Grundstücksübertragungen, die der Besiedlung des platten Landes oder der Schaffung gesunder Kleinwohnungen für Minderbemittelte zu dienen bestimmt sind, wenn als Erwerber oder Veräußerer Körperschaften des öffentlichen Rechtes oder solche Personenvereinigungen, die sich mit den genannten Zwecken befassen, beteiligt sind. Die Befreiung der Personenvereinigungen tritt nur ein, wenn der Reingewinn satzungsgemäß auf eine Verzinsung von höchstens 5 Prozent der Kapitaleinlagen beschränkt, bei Auslosungen, Ausscheiden eines Mitglieds und für den Fall der Auflösung der Vereinigung den Mitgliedern nicht mehr als der Nennwert ihrer Anteile zugesichert und bei der Auflösung der etwaige Rest des Vermögens für gemeinnützige Zwecke bestimmt ist;

10. beim Erwerb von Grundstücken zwecks Schaffung öffentlicher Erholungs-, Wald- und sonstiger Grünanlagen sowie für Zwecke öffentlicher Straßen und Plätze. Falls und insoweit das Grundstück innerhalb einer Frist, die bis zum Ende des fünfzehnten Jahres nach Abschluß des Veräußerungsgeschäftes läuft, für andere Zwecke verwendet wird, erfolgt Nachveranlagung.

II Zu den Miterben im Sinne der Ziff. 3, 6 wird der überlebende Ehegatte gerechnet, der mit den Erben des verstorbenen Ehegatten gütergemeinschaftliches Vermögen zu teilen hat. Die Steuerbefreiungen nach Nr. 3 und 4 kommen auch Ehegatten von Miterben oder Teilnehmern an einer fortgesetzten Gütergemeinschaft, sowie Ehegatten von Abkömmlingen zu, wenn sie auf Grund des bestehenden Güterstandes ohne rechtsgeschäftliche Übertragung Miteigentum erwerben.

Anmerkung: Die Gemeinden sind befugt, in ihrer Satzung auch in anderen als den angeführten Fällen Befreiung von der Zuwachssteuer zu gewähren.

§ 8. I Als steuerpflichtiger Wertzuwachs gilt der Unterschied zwischen dem Erwerbspreis und dem Veräußerungspreise.

II Der Preis bestimmt sich nach dem Gesamtbetrage der Gegenleistung einschließlich der vom Erwerber übernommenen oder ihm sonst infolge der Veräußerung obliegenden Leistungen und der vorbehaltenen oder auf dem Grundstück lastenden Nutzungen und bei Verträgen über Leistung an Erfüllungs Statt nach dem Werte, zu dem die Gegenstände an Erfüllungs Statt angenommen werden.

III Der Wert wiederkehrender Leistungen und Nutzungen bestimmt sich nach den Vorschriften der Reichsabgabenordnung.

IV Ist einem der Vertragschließenden ein Wahlrecht oder die Befugnis eingeräumt, innerhalb gewisser Grenzen den Umfang der Gegenleistung zu bestimmen, so ist für die Bemessung der Abgabe der höchste mögliche Betrag der Gegenleistung maßgebend.

§ 9. Beim Übergang im Wege der Zwangsversteigerung gilt als Preis der Betrag des Meistgebots, zu dem der Zuschlag erteilt wird, unter Hinzurechnung der vom Ersteher übernommenen Leistungen. Im Falle der Abtretung der Rechte aus dem Meistgebot und der Erklärung des Meistbietenden, daß er für einen anderen geboten habe, tritt an die Stelle des Meistgebots der Wert der Gegenleistung, wenn sie höher ist als das Meistgebot.

§ 10. Von dem Preise kommt in Abzug der Wert der vom Veräußerer übernommenen Lasten, des beweglichen Inventars, sowie der Wert von Maschinen und sonstigen Vorrichtungen aller Art, die zu einer Betriebsanlage des Grundstücks verwandt sind, auch wenn es sich um wesentliche Bestandteile handelt.

§ 11. I Ist ein Preis nicht vereinbart oder nicht zu ermitteln, so tritt an dessen Stelle der Wert des Grundstücks.

II Das Gleiche gilt, wenn auf dem Grundstück eine der im § 2 bezeichneten Berechtigungen oder ein Nießbrauchsrecht lastet, zu deren Beseitigung der Veräußerer nicht verpflichtet ist, und der Wert des Grundstücks den Betrag der Gegenleistung übersteigt. Wenn die Beteiligten zum Zwecke der Steuerersparung einen Teil des Entgelts in die Form einer Vermittlungsgebühr, einer den üblichen Zinssatz erheblich übersteigenden Verzinsung des gestundeten Preises oder einer sonstigen Nebenleistung kleiden, so ist der als Teil des Entgelts anzusetzende Betrag durch Schätzung zu ermitteln.

§ 12. I Die Wertermittlung ist in den Fällen, in denen für die Berechnung der Abgabe ein Wert in Betracht zu kommen hat, auf den gemeinen Wert des Grundstücks zu richten.

II Der Wert wiederkehrender Leistungen oder Nutzungen bestimmt sich nach den Vorschriften der Reichsabgabenordnung.

§ 13. I Betrifft der steuerpflichtige Rechtsvorgang steuerpflichtige und steuerfreie Gegenstände, ohne daß Einzelpreise oder -werte angegeben werden, so bestimmt die Steuerbehörde den auf die steuerpflichtigen Gegenstände entfallenden Teil der Gesamtsumme, wenn nicht der Steuerpflichtige auf Erfordern innerhalb der ihm bestimmten Frist die Trennung der Preise oder Werte nachholt. Sind zum Zwecke der Steuerersparung unrichtige Angaben gemacht worden, so ist der Betrag durch Schätzung zu ermitteln.

II Das Gleiche gilt für die Verteilung des Gesamtbetrags auf mehrere steuerpflichtige Gegenstände.

§ 14. I Dem Erwerbspreise sind hinzuzurechnen:

1. als Kosten des Erwerbes, sofern nicht an Stelle des Erwerbspreises der Wert maßgebend ist, vier vom Hundert des Erwerbspreises und, falls der Veräußerer nachweislich einschließlich der ortsüblichen Vermittlungsgebühr einen höheren Betrag aufgewendet hat, dieser;

2. falls der Erwerb im Wege der Zwangsversteigerung erfolgt ist und der Veräußerer zur Zeit der Einleitung der Zwangsversteigerung Hypotheken- oder Grundschuldgläubiger war, der nachweisliche Betrag seiner ausgefallenen Forderungen, bis zu dem Werte, den das Grundstück zur Zeit der Zwangsversteigerung oder, wenn der Wert zur Zeit der Eintragung der Forderung höher war, zu diesem Zeitpunkt hatte. Die Forderungen kommen, wenn sie durch entgeltliches Rechtsgeschäft erworben sind, nur in Höhe des geleisteten Entgelts in Anrechnung. Beruht ihr Erwerb auf einer Schenkung, oder ist ihre Eintragung innerhalb kürzerer Zeit als drei Monate vor der Einleitung der Zwangsversteigerung erfolgt, so werden die

Forderungen nur berücksichtigt, wenn nach den Umständen Schenkung oder Eintragung keine Steuerersparung bezwecken;

3. die Aufwendungen für Bauten, Umbauten und für sonstige dauernde besondere Verbesserungen, auch solche land- oder forstwirtschaftlicher Art, sowie für bergmännische Versuchs- und Ausrichtungsarbeiten, die innerhalb des für die Steuerberechnung maßgebenden Zeitraums gemacht sind und weder die nach § 10 abzugsfähigen Gegenstände betreffen, noch der laufenden Unterhaltung von Baulichkeiten oder der laufenden Bewirtschaftung von Grundstücken dienen. Außerdem sind fünf vom Hundert, oder wenn der Veräußerer Baugewerbetreibender oder Bauhandwerker und selbst der Bauunternehmer ist, fünfzehn vom Hundert des anrechnungsfähigen Wertes den Aufwendungen hinzuzurechnen. Diese Bestimmung findet jedoch keine Anwendung, wenn der Unternehmer eine Gesellschaft im Sinne des Handelsgesetzbuches oder eine Genossenschaft ist, die nicht ausschließlich aus Baugewerbetreibenden oder Bauhandwerkern bestehen. Als Aufwendungen im Sinne dieser Vorschrift gelten Beträge, die aus Versicherungen gedeckt sind, nicht, wenn sie zur Wiederherstellung von Baulichkeiten verwendet sind, die vor dem für die Steuerberechnung maßgebenden Zeitraum errichtet waren;

4. bei Verbesserungen der in Ziff. 3 erwähnten Art ein angemessener Anschlag für die geleistete eigene Arbeit, soweit nicht Aufwendungen nach Ziff. 3 zugerechnet werden;

5. die Aufwendungen, Leistungen und Beiträge für Straßenbauten, andere Verkehrsanlagen einschließlich der Kanalisierung, sowie ohne entsprechende Gegenleistung und Verzinsung geleistete Beiträge für sonstige öffentliche Einrichtungen, soweit die Aufwendungen, Leistungen und Beiträge innerhalb des für die Steuerberechnung maßgebenden Zeitraums gemacht sind.

II Die Hinzurechnung nach Abs. 1 Ziff. 2 findet auch statt, wenn der Ehegatte des Veräußerers oder ein Verwandter in gerader Linie der Hypotheken- oder Grundschuldgläubiger war oder soweit der Veräußerer zur Zeit der Einleitung der Zwangsversteigerung Bürge oder persönlicher Schuldner der ausgefallenen Hypothek oder Grundschuld gewesen ist und den ausgefallenen Betrag ersetzt hat.

§ 15. I Dem Erwerbspreis werden für jedes Jahr des für die Steuerberechnung maßgebenden Zeitraums fünf vom Hundert von dem Betrage des Erwerbspreises und der Anrechnungen nach § 14 hinzugerechnet.

II Die Hinzurechnung erfolgt für jedes volle Kalenderjahr nach Schluß des Jahres, in dem der für die Steuerberechnung maßgebende Zeitraum beginnt, oder die Aufwendung gemacht, oder in dem bei Bauten und Umbauten die gebrauchsfertige Herstellung erfolgt ist.

Anmerkung: Die Gemeinden sind befugt, in ihrer Satzung den Hundertsatz der Hinzurechnung (Abs. 1) zu erhöhen.

§ 16. I Beruht der Erwerb des Grundstücks auf einem Rechtsvorgange, der nach § 7 des Zuwachssteuergesetzes vom 14. Februar 1911 oder nach § 7 dieser Satzung steuerfrei war, so ist für die Bemessung des Wertzuwachses von dem Preise zur Zeit des letzten steuerpflichtigen Rechtsvorganges auszugehen.

II Ob im Sinne dieser Vorschrift Rechtsvorgänge steuerfrei oder steuerpflichtig sind, ist für die Zeit vor dem 1. April 1911 nach dieser Satzung zu bestimmen. Rechtsgeschäfte der im § 5 bezeichneten Art stehen einem steuerfreien Erwerbsvorgange gleich, sofern sie vor dem 1. Januar 1911 abgeschlossen worden sind.

III Liegt der für die Bemessung des Wertzuwachses maßgebende Erwerbsvorgang vor dem 1. Januar 1885, so tritt an die Stelle des Preises der Wert, den das Grundstück an diesem Tage gehabt hat, wenn der Steuerpflichtige nicht nachweist, daß er oder sein Rechtsvorgänger vor jener Zeit bei einem steuerfreien oder steuerpflichtigen Erwerb einen höheren Erwerbspreis gezahlt hat. Als für die Steuerberechnung maßgebender Zeitraum gilt die Zeit seit dem 1. Januar 1885.

§ 17. Bei Grundstücken in Festungsrayons, die vor dem Erlasse des Rayongesetzes vom 21. Dezember 1871 erworben sind und für die eine Rayonentschädigung nicht gewährt worden ist, ist dem für den 1. Januar 1885 ermittelten Werte der Betrag hinzuzurechnen, um den das Grundstück durch Einführung der Rayonbeschränkung an Wert gemindert worden ist.

§ 18. I Bei einem aus Anlaß einer Flurbereinigung, Grenzregelung oder Umlegung (§ 7 Ziff. 7) empfangenen Grundstück ist als Erwerbspreis das Entgelt anzusehen, das der Eigentümer oder sein Rechtsvorgänger für das in die Flurbereinigung, Grenzregelung oder Umlegung gegebene Grundstück gezahlt hat. Ausgleichszahlungen, die bei der Flurbereinigung, Grenzregelung oder Umlegung stattgefunden haben, sind entsprechend anzurechnen.

II Hat der Eigentümer oder sein Rechtsvorgänger bei der Flurbereinigung, Grenzregelung oder Umlegung mehrere Grundstücke empfangen, so werden deren Erwerbspreise aus dem im Abs. 1 bezeichneten Entgelt nach dem Verhältnis berechnet, in welchem die Werte der empfangenen Grundstücke im Zeitpunkt der Flurbereinigung, Grenzregelung oder Umlegung zueinander gestanden haben.

§ 19. I Beschränkt sich der steuerpflichtige Rechtsvorgang auf einen Teil eines Grundstücks oder auf einzelne von mehreren zu einem Gesamtpreis erworbenen Grundstücken, so wird der Erwerbspreis dieses Teiles oder der einzelnen Grundstücke nach dem Verhältnis des Wertes zum Werte des ganzen Grundstücks oder der gesamten Grundstücke berechnet.

II Unentgeltliche dauernde Überlassung von Grundstücken für Verkehrszwecke, für öffentliche oder gemeinnützige Zwecke wird in der Weise berücksichtigt, daß der Gesamterwerbspreis nicht auf die ursprüngliche, sondern auf die nach der Abtretung verbleibende Fläche verteilt wird. Hierzu ist nicht erforderlich, daß eine Eigentumsübertragung erfolgt ist.

III Werden Teile eines wirtschaftlich zusammenhängenden Grundbesitzes durch verschiedene Rechtsvorgänge von demselben Veräußerer oder von dessen Erben innerhalb sechs Jahren übertragen, so ist der Steuerpflichtige berechtigt, von dem Wertzuwachs des einen Teiles des Grundstücks einen bei der Veräußerung anderer Teile eingetretenen Verlust abzuziehen. Die Zuwachssteuer wird bei den einzelnen Rechtsvorgängen fällig; etwa zuviel gezahlte Steuer wird auf Antrag erstattet.

§ 20. Bei Teilveräußerungen sind nur diejenigen Aufwendungen (§ 14 Ziff. 3 bis 5) anzurechnen, welche diesen Teil ausschließlich oder gemeinschaftlich mit anderen Teilen betreffen. Im letzteren Falle erfolgt die Anrechnung nach dem Verhältnis des Wertes, den die Grundstücksteile zur Zeit der Veräußerung haben.

§ 21. Von dem Veräußerungspreise sind die dem bisherigen Eigentümer nachweislich zur Last fallenden Kosten der Veräußerung und Übertragung einschließlich der für die Vermittlung gezahlten ortsüblichen Gebühr, sofern nicht an Stelle des Veräußerungspreises der Wert maßgebend ist, in Abzug zu bringen.

§ 22. Dem Veräußerungspreise sind hinzuzurechnen Entschädigungen für eine Wertminderung des Grundstücks, soweit der Anspruch während des für die Steuerberechnung maßgebenden Zeitraums nach dem 1. Januar 1911 entstanden und der Betrag nicht nachweislich zur Beseitigung des Schadens verwendet worden ist.

§ 23. I Bei der steuerpflichtigen Überlassung eines gemeinschaftlichen Grundstücks an einen Mitberechtigten bleibt die Steuerpflicht auf den veräußerten Anteil beschränkt. Bei dem nächsten Steuerfall ist der Wertzuwachs für den eigenen und für den hinzuerworbenen Anteil gesondert zu berechnen und zu versteuern.

II Eine gleiche gesonderte Steuerberechnung hat auch in anderen Fällen dann stattzufinden, wenn der Veräußerer Anteile des Grundstücks zu verschiedenen Zeiten erworben hatte. § 19 Abs. 3 findet entsprechende Anwendung.

§ 24. Beim Tausch von Grundstücken ist die Steuer für jedes Grundstück gesondert zu berechnen und zu erheben.

§ 25. I Die Steuer beträgt:

bei einer Wertsteigerung von nicht mehr als 10 v. H. des Betrags, der sich aus dem Erwerbspreis und den Zu- und Abrechnungen (§§ 14, 15, 20) zusammensetzt, . . .		10 v. H.
bei einer Wertsteigerung von mehr als	10 bis 30 v. H.	11 v. H.
" " " " " "	30 bis 50 v. H.	12 v. H.
" " " " " "	50 bis 70 v. H.	13 v. H.
" " " " " "	70 bis 90 v. H.	14 v. H.
" " " " " "	90 bis 110 v. H.	15 v. H.
" " " " " "	110 bis 130 v. H.	16 v. H.
" " " " " "	130 bis 150 v. H.	17 v. H.
" " " " " "	150 bis 170 v. H.	18 v. H.
" " " " " "	170 bis 190 v. H.	19 v. H.
" " " " " "	190 bis 210 v. H.	20 v. H.
" " " " " "	210 bis 220 v. H.	21 v. H.
" " " " " "	220 bis 230 v. H.	22 v. H.
" " " " " "	230 bis 240 v. H.	23 v. H.
" " " " " "	240 bis 250 v. H.	24 v. H.
" " " " " "	250 bis 260 v. H.	25 v. H.
" " " " " "	260 bis 270 v. H.	26 v. H.
" " " " " "	270 bis 280 v. H.	27 v. H.
" " " " " "	280 bis 290 v. H.	28 v. H.
" " " " " "	290 bis 300 v. H.	29 v. H.
" " " " " "	300 bis 310 v. H.	30 v. H.
" " " " " "	310 bis 320 v. H.	31 v. H.

bei einer Wertsteigerung von mehr als	320 bis 330 v. H.	32 v. H.
" " " " " "	330 bis 340 v. H.	33 v. H.
" " " " " "	340 bis 350 v. H.	34 v. H.
" " " " " "	350 bis 360 v. H.	35 v. H.
" " " " " "	360 bis 370 v. H.	36 v. H.
" " " " " "	370 bis 380 v. H.	37 v. H.
" " " " " "	380 bis 390 v. H.	38 v. H.
" " " " " "	390 bis 400 v. H.	39 v. H.
" " " " " "	400 bis 410 v. H.	40 v. H.
" " " " " "	410 bis 420 v. H.	41 v. H.
" " " " " "	420 bis 430 v. H.	42 v. H.
" " " " " "	430 bis 440 v. H.	43 v. H.
" " " " " "	440 bis 450 v. H.	44 v. H.
" " " " " "	450 bis 460 v. H.	45 v. H.
" " " " " "	460 bis 470 v. H.	46 v. H.
" " " " " "	470 bis 480 v. H.	47 v. H.
" " " " " "	480 bis 490 v. H.	48 v. H.
" " " " " "	490 bis 500 v. H.	49 v. H.
" " " " " "	500	50 v. H.

II Die sich nach Abs. 1 ergebende Steuer wird auf **volle Mark** aufgerundet. Steuerbeträge, die im ganzen unter 20 ℳ bleiben, werden nicht erhoben.

Anmerkung: Die Gemeinden können in der Satzung beschließen, die nach Abs. 1 berechnete Steuer nur zu einem Bruchteil zu erheben.

§ 26. I Die Entrichtung der Zuwachssteuer liegt demjenigen ob, dem das Eigentum an dem Grundstück vor dem die Steuerpflicht begründenden Rechtsvorgange zustand. Mehrere Steuerpflichtige haften als Gesamtschuldner.

II Kann die Steuer von dem Veräußerer nicht beigetrieben werden, so haftet der Erwerber für die Steuer bis zum Betrage von zwei vom Hundert des Veräußerungspreises. Diese Bestimmung findet keine Anwendung beim Erwerb im Wege der Zwangsversteigerung.

III Die Haftung fällt fort, sobald der Veräußerer einen entsprechenden Betrag bezahlt oder sichergestellt hat.

§ 27. Von der Steuerpflicht sind das Reich, das Land, die Gemeinden, Bezirke und Kreise, in denen das Grundstück liegt, befreit. Ferner sind befreit Vereinigungen, die, ohne Erwerbszwecken zu dienen, satzungsgemäß sich mit innerer Kolonisation, Arbeiteransiedlung, Grundentschuldung oder Errichtung von Wohnungen für die minderbemittelte Bevölkerung befassen, falls sie den zur Verteilung gelangenden Reingewinn auf eine höchstens 5prozentige Verzinsung der Kapitaleinlagen beschränken, den Mitgliedern, Geschäftsführern oder sonstigen Beteiligten auch nicht in anderer Form besondere Vorteile gewähren, bei Auslosung, Austritt eines Mitglieds oder für den Fall der Auflösung nicht mehr als den Nennwert ihrer Anteile zusichern und bei der Auflösung den Rest ihres Vermögens für die vorbezeichneten Zwecke bestimmen. Ob diese Voraussetzungen zutreffen, entscheidet das Staatsministerium des Innern im Einvernehmen mit dem Staatsministerium der Finanzen.

Anmerkung: Die Gemeinden können in der Satzung weitere Befreiungen beschließen.

§ 28. Die Grundlage für die Veranlagung der Zuwachssteuer bilden die Spalten 1 bis 6 der Grunderwerbssteuerliste des Finanzamts, die von diesem, soweit ihm nicht selbst nach § 19 der Reichsabgabenordnung die Verwaltung der Steuer übertragen ist, monatlich in Abschrift zu erholen sind.

§ 29. I Die Steuerpflichtigen haben binnen zwei Wochen nach Aufforderung der Steuerbehörde eine Steuererklärung abzugeben, insbesondere über bestimmte, für die Veranlagung maßgebende Tatsachen Auskunft zu erteilen und alle die Steuerpflicht und das Veräußerungsgeschäft betreffenden Urkunden vorzulegen.

II Wird die erteilte Auskunft beanstandet, so sind dem Steuerpflichtigen die Gründe der Beanstandung mitzuteilen mit dem Anheimstellen, innerhalb einer angemessenen Frist weitere Erklärungen abzugeben.

III Die gleiche Auskunftspflicht obliegt auch anderen Personen, die als Veräußerer oder Erwerber oder als Vertreter eines von diesen an dem steuerpflichtigen Rechtsvorgange teilhaben, sowie den an früheren steuerpflichtigen Vorgängen beteiligten Personen.

§ 30. Der Steuerpflichtige erhält einen schriftlichen Steuerbescheid, aus dem die Berechnungsgrundlagen ersichtlich sind und in dem eine Frist von mindestens einem Monat für die Zahlung der Steuerschuld bestimmt wird. Wird die Steuer nicht rechtzeitig entrichtet, so sind vom Ablauf der Frist an Zinsen zu fünf vom Hundert zu zahlen.

§ 31. Streitigkeiten über die Verpflichtung zur Entrichtung der im Steuerbescheid festgestellten Zuwachssteuer sind Verwaltungsrechtssachen im Sinne des Art. 8 Ziff. 31 des Verwaltungsgerichtsgesetzes.

§ 32. I Die Zuwachssteuer wird auf Antrag erlassen, erstattet oder ermäßigt:

1. bei Nichtigkeit der Auflassung oder des sonstigen den Eigentumserwerb begründenden Rechtsvorganges;
2. bei Rückerwerb des Eigentums infolge Nichterfüllung der Vertragsbedingungen des Veräußerungsgeschäfts;
3. bei Rückerwerb des Eigentums innerhalb 2 Jahren seit der Veräußerung zu einem Preise der den letzten Veräußerungspreis zuzüglich der vom Erwerber gemachten Aufwendungen nach § 14 nicht übersteigt;
4. bei Preisminderung nach den §§ 459, 460 BGB., soweit sie eine Ermäßigung der Steuer zur Folge haben würde.

II Der Antrag muß innerhalb eines Jahres nach Eintritt des Ereignisses gestellt werden, auf welches sich der Antrag gründet.

III Wird die Steuer erlassen, so gilt die Veräußerung und der Rückerwerb im Sinne der Zuwachssteuerordnung als nicht erfolgt.

§ 33. Die Gemeinde ist ermächtigt, auch in anderen als den in Art. 24 des Vollzugsgesetzes zum LStG. bezeichneten Fällen die Steuer ganz oder teilweise niederzuschlagen, wenn besondere Billigkeitsgründe vorliegen.

Ortspolizeiliche Vorschriften zum Vollzuge der Satzung über die Erhebung der Zuwachssteuer.

§ 1. I Wer für sich oder zugunsten eines anderen nicht gerechtfertigte Steuervorteile erschleicht oder vorsätzlich bewirkt, daß die Zuwachssteuer verkürzt wird, wird wegen Steuerhinterziehung mit einer Geldstrafe bis zum zehnfachen, im Rückfalle bis zum zwanzigfachen Betrage der hinterzogenen Abgabe bestraft.

II Der Steuerhinterziehung macht sich auch schuldig, wer Grundstücke, bei deren Erwerb ihm Steuerbefreiung oder Steuervorteile gewährt sind, zu einem Zweck verwendet, der dem Steuervorteil oder der Steuerbefreiung, die er erlangt hat, nicht entspricht, und es zum eigenen Vorteil oder zugunsten eines anderen vorsätzlich unterläßt, dies vorher rechtzeitig anzuzeigen.

[III]Die Nichterfüllung der Pflicht zur Einreichung der Zuwachssteuererklärung oder zur Erteilung einer Auskunft nach § 29 der Satzung unterliegt, soferne nicht eine Hinterziehung nach Abs. 1 gegeben ist, einer Geldstrafe bis zu 500 ℳ.

[IV]Ist nach den obwaltenden Umständen anzunehmen, daß die rechtzeitige Erfüllung der Verpflichtung nicht in der Absicht unterlassen worden ist, die Zuwachssteuer zu hinterziehen, oder daß die unrichtigen Angaben nicht in dieser Absicht gemacht worden sind, so tritt an die Stelle der in Abs. III vorgesehenen Strafe eine Ordnungsstrafe bis zu 150 ℳ.

§ 2. Die Einziehung der Zuwachssteuer erfolgt unabhängig von der Bestrafung

Bekanntmachung, betr. die Erhebung einer Grundwertabgabe.

Staatsministerien des Innern und der Finanzen.

Auf Grund des Art. 6 Abs. IV des Gesetzes vom 30. Juni 1921 zum Vollzuge des Landessteuergesetzes (GVBl. S. 361) erläßt das Staatsministerium des Innern im Einvernehmen mit dem Staatsministerium der Finanzen für die Erhebung einer Grundwertabgabe durch die Gemeinden folgende

Mustersatzung:

§ 1. [I]Der Grundwertabgabe unterliegen die unbebauten Grundflächen des Gemeindebezirkes, die nicht dauernd land- oder forstwirtschaftlichen oder gärtnerischen Zwecken zu dienen bestimmt sind.

[II]Zu den Grundflächen, die dauernd land- oder forstwirtschaftlichen oder gärtnerischen Zwecken zu dienen bestimmt sind, sind Parkanlagen nicht, ferner solche land- oder forstwirtschaftlich oder gärtnerisch benützte Grundflächen nicht mehr zu rechnen, deren gemeiner Wert schon zur Zeit des Erwerbs durch ihre Lage als Bauland oder als Land zu Verkehrszwecken bestimmt wird, oder bei denen nach den sonstigen Umständen, z. B. nach ihrer Lage und Beschaffenheit, ihrem Erwerbspreis oder ihrer Belastung, anzunehmen ist, daß sie in absehbarer Zeit anderen als land- oder forstwirtschaftlichen oder gärtnerischen Zwecken dienen werden.

[III]Bebaute Grundflächen gelten als unbebaute Grundflächen, wenn die auf ihnen errichteten Bauten der ortsüblichen Bebauung nicht entsprechen und nach der Art ihrer Benützung und der Höhe der Aufwendungen hierfür erkennen lassen, daß die Bauten nicht bestimmt sind, dauernd Wohn- oder gewerblichen Zwecken zu dienen.

§ 2. Der Grundwertabgabe unterliegen nicht

1. unbebaute Grundflächen, die mit bebauten Grundflächen in einem der ortsüblichen Benützungsweise entsprechenden Zusammenhange stehen (Hofräume, Hausgärten, Ziergärten usw.) oder nach Art der Benützung, des Bauaufwandes und der Beschaffenheit dauernd gewerblichen Zwecken dienen,

2. Grundflächen, die im Eigentume des Reichs, des Landes, der Kreise, der Bezirke, der Gemeinden, der Ortschaften oder von Körperschaften, Stiftungen oder Anstalten des öffentlichen Rechts stehen,

3. Grundflächen, die bestimmt sind, öffentlichen und gemeinnützigen Zwecken oder unter Ausschluß von Erwerbs- oder Sportszwecken, der Wissenschaft, der Kunst, dem Unterricht, der Erziehung, der Wohltätigkeit oder der öffentlichen Gesundheitspflege dauernd und unmittelbar zu dienen,

4. Grundflächen, deren gemeiner Wert 5000 ℳ nicht übersteigt, wobei die Werte der sämtlichen im Eigentum einer Person stehenden steuerbaren Grundflächen einer Gemeinde zusammenzurechnen sind.[1])

§ 3. Befreit sind auch solche an sich abgabepflichtige Grundstücke, für die bereits Pläne zum Bau von Klein- oder Werkwohnungen vorgelegt oder entsprechende Verhandlungen eingeleitet sind. Sind solche Wohnungen bis zum Ablaufe der von der Gemeinde zu bestimmenden angemessenen Frist nicht errichtet, so ist die geschuldete Abgabe samt 5 Prozent Zinsen für den ganzen Zeitraum nachzuentrichten.

§ 4. Die Grundwertabgabe beträgt . . . vom Tausend[2]) des auf 1000 ℳ nach unten abgerundeten gemeinen Wertes der unbebauten Grundfläche im Zeitpunkte der Veranlagung. Dabei werden die sämtlichen im Eigentum eines Steuerpflichtigen stehenden steuerbaren Grundflächen einer Gemeinde zusammengerechnet.

[1]) Die Gemeinde kann bestimmen, daß die Befreiung nach Ziff. 1 nur dann eintritt, wenn die Grundfläche eine bestimmte Größe nicht überschreitet. Sie ist ferner befugt, eine Befreiung auch in anderen als in Abs. I Ziff. 1—4 aufgeführten Fällen zu beschließen.

[2]) Nach Art. 6 Abs. I des Vollzugsgesetzes zum Landessteuergesetze darf die Grundwertabgabe 6 vom Tausend des gemeinen Wertes der Grundfläche nicht übersteigen.

II Ein Schuldenabzug findet nicht statt.

§ 5. Die Gemeinde ist berechtigt, von jedem Eigentümer einer unbebauten Grundfläche binnen einer von ihr festzusetzenden Frist, die mindestens zwei Wochen betragen muß, die Abgabe einer Steuererklärung zu verlangen. Die Form der Steuererklärung bestimmt die Gemeinde.

II Die Eigentümer unbebauter Grundflächen sind verpflichtet, diese Grundstücke von Beauftragten der Gemeinde betreten und besichtigen zu lassen.

§ 6. I Die Feststellung der Veranlagungsgrundlagen für die Abgabe erfolgt durch einen oder mehrere vom Stadtrat (Gemeinderat) zu wählende Ausschüsse (Art. 106/67 GO.).

II Die Mitglieder des Ausschusses leisten vorbehaltlich des Art. 136 Abs. 4 der R.Verf. folgenden Eid:

„Ich schwöre bei Gott dem Allmächtigen und Allwissenden, daß ich bei den Ausschußverhandlungen ohne Ansehen der Person nach bestem Wissen und Gewissen verfahren und die Verhandlungen sowie die hierbei zu meiner Kenntnis gelangenden Verhältnisse der Steuerpflichtigen strengstens geheim halten werde, so wahr mir Gott helfe."

§ 7. I Nach Feststellung der Veranlagungsgrundlagen wird die Steuer jedes Pflichtigen von der Gemeinde berechnet.

II Schuldner der Abgabe ist der Eigentümer des Grundstücks; mehrere Eigentümer haften als Gesamtschuldner.

III Die Abgabe ist eine auf dem Grundstück ruhende öffentliche Last.

IV Streitigkeiten über die Verpflichtung zur Entrichtung der im Steuerbescheid festgestellten Grundwertabgabe sind Verwaltungsrechtssachen im Sinne des Art. 8 Ziff. 31 des VGG.

§ 8. I Die abgabepflichtigen Grundstücke sind in einem Verzeichnisse vorzutragen, in dem neben dem Steuerpflichtigen auch das Ergebnis der Veranlagung zu vermerken ist.

II Das Verzeichnis bildet die Grundlage der Steuererhebung, bis die Gemeinde eine Neuveranlagung beschließt. Die Neuveranlagung kann auch für einzelne Bezirke erfolgen, wenn besondere Gründe dies rechtfertigen.

III Die Grundwertabgabe wird am 1. April eines jeden Jahres fällig. Den Zeitpunkt der Entrichtung bestimmt die Gemeinde. Nicht rechtzeitig bezahlte Beträge sind mit fünf vom Hundert zu verzinsen.

IV Zu- und Abgänge wirken vom Beginne des nächstfolgenden Rechnungsjahres und sind in dem Verzeichnis entsprechend vorzumerken.

§ 9. Wird die Verwaltung der Grundwertabgabe gemäß § 19 der Reichsabgabenordnung einem Finanzamte übertragen, so finden die vorstehenden Vorschriften entsprechende Anwendung.

Ortspolizeiliche Vorschriften zum Vollzuge der Satzung über die Erhebung einer Grundwertabgabe.

I Wer für sich oder zugunsten eines anderen nicht gerechtfertigte Steuervorteile erschleicht, oder vorsätzlich bewirkt, daß die Grundwertabgabe verkürzt wird, wird wegen Hinterziehung mit einer Geldstrafe bis zum zehnfachen, im Rückfalle bis zum zwanzigfachen Betrage der hinterzogenen Abgabe bestraft.

II Sonstige Zuwiderhandlungen gegen die Steuerordnung unterliegen einer Geldstrafe bis zu 500 *M*.

III Die Einziehung der Grundwertabgabe erfolgt unabhängig von der Bestrafung.

Bestimmungen des Reichsrats über die Vergnügungssteuer.

Vom 9. Juni 1921.
(RGBl. S. 856.)

Artikel I.

Soweit die Gemeinden nicht mit Genehmigung der Landesregierung oder der von ihr beauftragten Behörden besondere Steuerordnungen nach Maßgabe des Artikels III dieser Bestimmungen erlassen, gilt in allen Gemeinden die im Artikel II enthaltene Steuerordnung.

Artikel II.

Steuerordnung

I. Allgemeine Bestimmungen.

Steuerpflichtige Veranstaltungen. § 1.

(1) Alle im Gemeindebezirke veranstalteten Vergnügungen unterliegen einer Steuer nach den Bestimmungen dieser Steuerordnung.

(2) Als steuerpflichtige Vergnügungen im Sinne des Abs. 1 gelten insbesondere folgende Veranstaltungen:

1. Tanzbelustigungen, Kostümfeste, Maskenbälle;
2. Volksbelustigungen, wie Karussells, Schaukeln, Hippodrome, Schieß- und Würfelbuden, Krafthämmer und ähnliche Apparate, Vorrichtungen zur mechanischen Wiedergabe musikalischer Stücke oder deklamatorischer Vorträge, Geschicklichkeitsspiele, Glücksräder, Veranstaltungen zum Ausspielen von Geld oder Gegenständen, Rutsch- und ähnliche Bahnen, Velodrome und dergleichen;
3. Zirkus-, Spezialitäten-, Varieté-, Tingeltangelvorstellungen, Kabarette, Schaustellungen jeglicher Art sowie Ausstellungen und Museen mit Ausnahme derjenigen Ausstellungen und Museen, die nicht Erwerbszwecken dienen, Figurenkabinette, Panoramen, Panoptiken, Vorführungen abgerichteter Tiere, Menagerien und dergleichen;
4. sportliche Veranstaltungen;
5. Vorführungen von Licht- und Schattenbildern, Puppen- und Marionettentheater;
6. Theatervorstellungen, Ballette;
7. Konzerte und sonstige musikalische und gesangliche Aufführungen, Vorträge, Vorlesungen, Deklamationen, Rezitationen, Vorführungen der Tanzkunst.

(3) Die Annahme einer Vergnügung im Sinne dieser Steuerordnung wird nicht dadurch ausgeschlossen, daß die Veranstaltung gleichzeitig auch noch erbauenden, belehrenden oder anderen nicht als Vergnügungen anzusehenden Zwecken dient, oder daß der Unternehmer nicht die Absicht hat, eine Vergnügung zu veranstalten.

Steuerfreie Veranstaltungen. § 2.

Der Steuer unterliegen nicht:

1. Veranstaltungen, die lediglich dem Unterricht an öffentlichen oder erlaubten privaten Unterrichtsanstalten dienen oder mit Genehmigung der Schulbehörde ausschließlich für Schüler solcher Anstalten und deren Angehörige dargeboten werden, sowie Volkshochschulkurse;
2. Veranstaltungen, deren Ertrag ausschließlich und unmittelbar zu vorher anzugebenden mildtätigen Zwecken verwendet wird, sofern keine Tanzbelustigungen damit verbunden sind;
3. Veranstaltungen, die ausschließlich der Jugendpflege oder der Leibesübung dienen. Die Befreiung tritt nicht ein

bei gewerbsmäßigen Veranstaltungen dieser Art und solchen, die mit Totalisator, Wettbetrieb oder Tanz verbunden sind;

4. Veranstaltungen von einzelnen Personen in privaten Wohnräumen, wenn weder ein Entgelt dafür zu entrichten ist, noch Speisen oder Getränke gegen Bezahlung verabreicht werden. Vereinsräume gelten nicht als private Wohnräume;

5. Veranstaltungen der im § 1 Abs. 2 Nr. 5 bis 7 bezeichneten Art, die von den Ländern im öffentlichen Interesse unternommen, unterhalten oder wesentlich unterstützt werden, sowie Veranstaltungen, die ohne die Absicht auf Gewinnerzielung ausschließlich zum Zwecke der Kunstpflege oder der Volksbildung unternommen werden und von den Landesregierungen[1]) als gemeinnützig ausdrücklich anerkannt sind.

Steuerform.

§ 3.

(1) Die Steuer wird in der Form der Kartensteuer erhoben, sofern und soweit die Teilnahme an der Veranstaltung von der Lösung von Eintrittskarten oder sonstigen Ausweisen abhängig gemacht ist. Ist die Veranstaltung ohne irgendeinen Ausweis zugänglich, so werden feste Steuersätze erhoben (Pauschsteuer).

(2) Die Pauschsteuer wird an Stelle der Kartensteuer erhoben, sofern dadurch ein höherer Steuerbetrag erzielt wird. Auf Veranstaltungen im Freien findet diese Bestimmung keine Anwendung.

(3) Als Teilnehmer gelten alle Anwesenden mit Ausnahme der in Ausübung ihres Berufs oder Gewerbes beschäftigten Personen. Bei sportlichen Veranstaltungen gilt als Teilnehmer nicht, wer sich selber sportlich betätigt.

(4) Die vorstehenden Bestimmungen über Karten- und Pauschsteuer gelten nicht für künstlerisch hochstehende Veranstaltungen. Vielmehr gelten für diese die besonderen Bestimmungen unter IV.

Anmeldung.

§ 4.

(1) Jede steuerpflichtige Veranstaltung ist spätestens einen Werktag und, falls sie der Kartensteuer unterliegt, spätestens zwei Werktage vorher bei der Steuerstelle anzumelden. Hat

---

[1]) In Bayern StM. für Unterricht und Kultus, Bek. vom 7. Sept. 1921, Bayer. Staatsanz. Nr 209.

die Anmeldung nicht rechtzeitig erfolgen können, weil die Veranstaltung noch nicht feststand, so ist sie spätestens bis zum zweiten Werktag nach der Veranstaltung nachzuholen.

(²) Über die Anmeldung wird eine Bescheinigung erteilt.

(³) Zur Anmeldung verpflichtet ist sowohl der Unternehmer der Veranstaltung wie der Inhaber der dazu benutzten Räume oder Grundstücke. Letzterer darf die Abhaltung einer steuerpflichtigen Veranstaltung erst zulassen, wenn ihm die Anmeldebescheinigung vorgelegt ist, es sei denn, daß es sich um eine unvorbereitete und nicht vorherzusehende Veranstaltung handelt.

(⁴) Bei Veranstaltungen einzelner Unternehmer kann die Steuerstelle eine einmalige Anmeldung für eine Reihe von Veranstaltungen für ausreichend erklären.

II. Kartensteuer.

Steuermaßstab. § 5.

Die Kartensteuer wird nach Preis und Zahl der ausgegebenen Eintrittskarten berechnet. Unentgeltlich ausgegebene Karten bleiben auf Antrag unberücksichtigt, wenn sie als solche kenntlich gemacht sind und der Nachweis ihrer unentgeltlichen Ausgabe nach näherer Bestimmung der Steuerstelle erbracht wird.

Preis und Entgelt. § 6.

(¹) Die Steuer ist nach dem auf der Karte angegebenen Preise zu berechnen, auch wenn die Karte tatsächlich billiger abgegeben worden ist. Sie ist nach dem Entgelte zu berechnen, wenn dieses höher ist als der auf der Karte angegebene Preis.

(²) Als Entgelt gilt die gesamte Vergütung, die für die Zulassung zu der Veranstaltung gefordert wird. Hierzu gehört auch die Gebühr für Kleideraufbewahrung sowie für Kataloge oder Programme, wenn die Teilnehmer ohne die Abgabe von Kleidungsstücken oder die Entnahme eines Katalogs oder Programms zu der Veranstaltung nicht zugelassen werden. Wird neben diesem Entgelt unter bestimmten Voraussetzungen oder zu bestimmten Zwecken noch eine Sonderzahlung verlangt, so wird dem Entgelt der Betrag der Sonderzahlung oder, falls dieser nicht zu ermitteln ist, ein Betrag von 1 ℳ hinzugerechnet, es sei denn, daß die Sonderzahlung einem Dritten zu einem von der Landesregierung als gemeinnützig anerkannten Zwecke zufließt.

Karten für mehrere Veranstaltungen oder mehrere Personen. § 7.

(1) Für einzeln oder zusammenhängend ausgegebene Karten, die zur Teilnahme an einer bestimmten Zahl von zeitlich auseinanderliegenden Veranstaltungen berechtigten (Abonnements-, Dauer-, Zeit-, Dutzendkarten u. ä.) ist die Steuer unter Zugrundelegung des Preises der entsprechenden Einzelkarten nach der Zahl der zugesicherten Veranstaltungen zu berechnen. Ist diese Zahl unbestimmt, so ist die Steuer nach dem Preise der Gesamtkarte zu berechnen.

(2) Für Karten, die mehrere Personen zum Eintritt berechtigen, ist die Steuer nach deren Zahl zu berechnen. Ist diese Zahl unbestimmt (Familien-, Wagenkarten u. ä.), so ist sie auf fünf anzunehmen. Zugrunde zu legen ist der Preis der entsprechenden Einzelkarte.

(3) Für Zuschlagskarten ist die Steuer besonders zu berechnen.

Steuersätze. § 8.

(1) Die Steuer beträgt für jede ausgegebene Einzelkarte bei einem Preise oder Entgelt (§ 6).

	bis einschließlich	3 Mark	10 vom Hundert
von mehr als 3 Mark	" "	5 "	15 " "
" " " 5 "	" "	10 "	20 " "
" " " 10 "	. . . .		25 " "

(2) Die Steuer wird für die einzelne Karte auf volle 10 Pfennig nach oben abgerundet.

(3) Für Veranstaltungen der im § 1 Abs. 2 Nr. 5 bis 7 bezeichneten Art, bei denen der künstlerische oder volksbildende Charakter überwiegt, kann die Steuerstelle eine Ermäßigung bis zur Hälfte der Steuer gewähren, es sei denn, daß während der Veranstaltung Speisen oder Getränke gegen Bezahlung verabfolgt werden oder geraucht wird.

Eintrittskarten. § 9.

(1) Bei der Anmeldung (§ 4) der Veranstaltung hat der Unternehmer die Karten, die dazu ausgegeben werden sollen, der Steuerstelle vorzulegen. Die Karten müssen mit fortlaufender Nummer versehen sein und den Unternehmer, Zeit, Ort und Art der Veranstaltung sowie das Entgelt oder die Unentgeltlichkeit angeben. Die Karten werden von der Steuerstelle abgestempelt.

(2) Die Steuerstelle kann bei der Anmeldung die Leistung einer Sicherheit in der voraussichtlichen Höhe der Steuerschuld verlangen; ebenso kann sie Ausnahmen von den Erfordernissen für den Inhalt der Karten gestatten und von der Abstempelung absehen.

Entwertung und Vorzeigung. § 10.

Der Unternehmer darf die Teilnahme an der Veranstaltung nur gegen Vorzeigung und Entwertung der abgestempelten Karten gestatten. Die entwerteten Karten sind den Teilnehmern zu belassen und von diesen den Beauftragten der Steuerstelle auf Verlangen vorzuzeigen.

Nachweisung. § 11.

Über die ausgegebenen Karten hat der Unternehmer für jede Veranstaltung eine fortlaufende Nachweisung zu führen, die mit den nicht ausgegebenen Karten drei Monate lang aufzubewahren und der Steuerstelle auf Verlangen vorzulegen ist.

Entstehung, Festsetzung und Fälligkeit der Steuerschuld. § 12.

(1) Die Steuerschuld entsteht mit der Ausgabe der Karten. Die Ausgabe ist vollendet mit der Übertragung des Eigentums an der Karte. Die Steuerschuld mindert sich nach Zahl und Preis derjenigen Karten, die gegen Erstattung des vollen Preises zurückgenommen worden sind.

(2) Nach Abschluß ihrer Ermittlungen setzt die Steuerstelle die Steuer fest und teilt sie dem Steuerpflichtigen mit. Der Erteilung eines förmlichen Steuerbescheids bedarf es nicht.

(3) Soweit die Steuerstelle nichts anderes vorschreibt, wird die Steuerschuld mit Ablauf von zwei Werktagen nach der Mitteilung an den Steuerpflichtigen fällig.

Festsetzung in besonderen Fällen. § 13.

Verstößt der Unternehmer gegen die Bestimmungen der §§ 4, 9 bis 11 in einer Weise, daß die für die Berechnung der Steuer maßgebenden Verhältnisse nicht mit Sicherheit festzustellen sind, so kann die Steuerstelle die Steuer so festsetzen, als ob sämtliche verfügbaren Plätze für die gewöhnlichen oder im Einzelfall ermittelten oder geschätzten höheren Kassenpreise verkauft worden wären. Über die Festsetzung ist ein förmlicher Steuerbescheid zu erteilen.

Steuerzuschlag. § 14.

Wenn der Verpflichtete die Fristen für die Anmeldung der Veranstaltung (§ 4), die Vorlegung der Karten (§ 9) und die Entrichtung der Steuer (§ 12) nicht wahrt, kann die Steuerstelle ihm einen Zuschlag bis zu fünfundzwanzig vom Hundert der endgültig festgesetzten Steuer auferlegen. Die Steuerstelle hat den Zuschlag zu unterlassen oder zurückzunehmen, wenn die Versäumnis entschuldbar erscheint.

III. Pauschsteuer.

Nach der Roheinnahme. § 15.

(1) Haben die Teilnehmer an einer Veranstaltung ein Entgelt zu zahlen, sind aber Eintrittskarten nicht ausgegeben oder ist das Entgelt nicht höher als 25 Pfennig, so kann die Steuerstelle die Steuer mit fünfzehn vom Hundert der gesamten Roheinnahmen festsetzen. Die Bestimmung des § 9 Abs. 2 findet Anwendung.

(2) Die Steuerstelle kann den Unternehmer von dem Einzelnachweise der Höhe der Roheinnahme befreien und den Steuerbetrag mit ihm vereinbaren.

Nach dem Werte. § 16.

(1) Für das Halten

a) eines Schau-, Scherz-, Spiel- oder Geschicklichkeitsapparats oder

b) einer Vorrichtung zur mechanischen Wiedergabe musikalischer Stücke oder deklamatorischer Vorträge (Klavierspielapparat, Sprechapparat, Phonograph, Orchestrion u. ä.) an öffentlichen Orten, in Gast- und Schankwirtschaften sowie in sonstigen jedermann zugänglichen Räumen ist eine Steuer nach dem Werte des Apparats oder der Vorrichtung zu entrichten.

(2) Die Steuer beträgt für jeden angefangenen Betriebsmonat

a) für die zu a bezeichneten Apparate bei einem Werte

bis einschließlich	50	Mark . .	1	Mark
„ „	200	„	2	„
„ „	500	„	3	„
„ „	1000	„	5	„

und für jede angefangenen weiteren 1000 Mark je 5 Mark;

b) für die zu b bezeichneten Vorrichtungen bei einem Werte

bis einschließlich	500 Mark	. .	1 Mark
" "	3 000 "	. .	3 "
" "	5 000 "	. .	10 "
" "	10 000 "	. .	20 "

und für jede angefangenen weiteren 10 000 Mark je 20 Mark.

(3) Die Steuer ist innerhalb der ersten Woche jedes Monats zu entrichten.

(4) Der Eigentümer oder derjenige, dem der Apparat oder die Vorrichtung von dem Eigentümer zur Ausnutzung überlassen ist, hat die Aufstellung des Apparats oder der Vorrichtung spätestens innerhalb einer Woche der Steuerstelle anzuzeigen. Die Bestimmung des § 4 Abs. 3 bleibt unberührt.

(5) Auf Leierkasten und Spieldosen von geringem Umfang, die lediglich bestimmte Stücke spielen, finden die Bestimmungen der Abs. 1 bis 4 keine Anwendung.

Nach der Zahl der Mitwirkenden.

§ 17.

(1) Für Musikvorträge von nicht mehr als drei Mitwirkenden in Gast- und Schankwirtschaften, öffentlichen Vergnügungslokalen, Buden oder Zelten ist eine Steuer von 3 ℳ für den Tag und jeden Mitwirkenden zu entrichten.

(2) Für gewerbsmäßige Gesang- und Musikvorträge, die im Umherziehen auf öffentlichen Wegen, Straßen, Plätzen oder an anderen öffentlichen Orten, in Gast- und Schankwirtschaften, öffentlichen Vergnügungslokalen, Buden oder Zelten sowie auf Höfen von Wohnhäusern dargeboten werden, ist eine Steuer zu entrichten, die

bei einem oder zwei Mitwirkenden	3 Mark
bei drei Mitwirkenden	6 "
bei vier oder fünf Mitwirkenden	9 "

und bei jedem weiteren Mitwirkenden je 3 Mark für den Tag beträgt.

(3) Steuerpflichtige Vorträge der zu 2 bezeichenten Art sind von den Unternehmern vor Beginn bei der Steuerstelle anzumelden. Haben die Unternehmer solcher Vorträge an einem Tage bereits in einer anderen Gemeinde Steuer entrichtet, so sind sie von der weiteren Steuer befreit. Über die Entrichtung der Steuer haben sie sich auszuweisen.

(4) Gelegentliche Gesang- und Musikvorträge auf öffentlichen Wegen, Straßen und Plätzen sowie auf Höfen von Wohnhäusern sind steuerfrei.

Nach der Größe des benutzten Raumes.

§ 18.

(1) Soweit die Pauschsteuer nicht nach den Bestimmungen der §§ 15 bis 17 zu berechnen ist, wird sie nach der Größe des Raumes berechnet, der für die steuerpflichtige Veranstaltung benutzt wird. Die Größe des Raumes wird festgestellt nach dem Flächeninhalte der für die Vorführung und die Zuschauer bestimmten Räume einschließlich der Ränge, Logen und Galerien, Wandelgänge und Erfrischungsräume, aber ausschließlich der Bühnen- und Kassenräume, der Kleiderablagen und Aborte. Findet die Veranstaltung ganz oder teilweise im Freien statt, so sind von den im Freien gelegenen Flächen nur die für die Vorführung und die Zuschauer bestimmten Flächen einschließlich der dazwischen befindlichen Wege und der angrenzenden Veranden, Zelte und ähnlichen Einrichtungen anzurechnen.

(2) Die Pauschsteuer beträgt:

Bei einem Flächenraume von nicht mehr als	1	2	3
	Für Veranstaltungen im Freien. Zirkusvorstellungen, Volksbelustigungen aller Art (Karusselle, Schiffsschaukeln, Schießbuden, Vorführung von Tieren usw.)	Für Vorführung von Lichtbildern, Theatervorstellungen, Konzerte, Vorträge und alle sonstigen Veranstaltungen, die nicht unter 1 und 3 fallen	Für Tanzbelustigungen, Tingeltangel, Varietés, Kabarette und ähnliche Veranstaltungen, die im wesentlichen der Gewinnerzielung aus der Verabreichung von Speisen und Getränken dienen
Quadratmeter	Mark	Mark	Mark
50 . . .	—	8	20
100 . . .	—	16	30
200 . . .	—	30	50
300 . . .	—	45	60
400 . . .	—	60	75
und für jede weiteren 200 . . .	—	20	25
1 000 . . .	10	—	—
2 000 . . .	20	—	—
3 000 . . .	30	—	—
und für jede weiteren 1000 . .	10	—	—

(3) Die Steuer wird für jede Veranstaltung besonders erhoben, auch wenn in dem Raume an einem Tage mehrere Veranstaltungen stattfinden. Bei fortlaufender Aufeinanderfolge

der Veranstaltungen gilt jeder angefangene Zeitraum von drei Stunden als eine Veranstaltung. Bei Veranstaltungen, die mehrere Tage dauern, wird die Steuer für jeden angefangenen Tag besonders erhoben.

(4) Ist die Berechnung der Steuer nach Abs. 1 bis 3 schwer durchführbar, so kann die Steuerstelle den Steuerbetrag mit dem Unternehmer vereinbaren.

Entrichtung. § 19.

(1) Die Pauschsteuer (§§ 15 bis 18) ist bei der Anmeldung (§§ 4, 16 Abs. 4, § 17 Abs. 3) zu entrichten und wird erstattet, wenn die Veranstaltung nicht stattfindet. Der Erteilung eines förmlichen Steuerbescheids bedarf es nicht.

(2) Die Bestimmungen des § 8 Abs. 3 und des § 14 finden sinngemäß Anwendung.

IV. Besondere Bestimmungen für künstlerisch hochstehende Veranstaltungen.

Steuer vom Bruttoertrage. § 20.

(1) Künstlerisch hochstehende Veranstaltungen, deren Geschäfts- und Kassenführung den Anforderungen entspricht, die an kaufmännisch geleitete Unternehmen üblicherweise gestellt werden, werden zu einer Steuer von 10. v. H. des Bruttoertrags herangezogen.

(2) Darüber, ob es sich um künstlerisch hochstehende Veranstaltungen handelt, und ob die Voraussetzungen ordnungsmäßiger Geschäfts- und Kassenführung erfüllt sind, entscheidet die Landesregierung oder die von ihr beauftragte Behörde.[1])

V. Gemeinsame Bestimmungen.

Steuerpflicht und Haftung. § 21.

Steuerpflichtig ist der Unternehmer der Veranstaltung. Wer zur Anmeldung verpflichtet ist, ohne selbst Unternehmer zu sein, haftet neben dem Unternehmer als Gesamtschuldner.

Steueraufsicht. § 22.

Auf die im § 21 bezeichneten Personen und auf die Teilnehmer an einer steuerpflichtigen Veranstaltung finden die Vor-

1) In Bayern Reg. K. d. Innern, Bek. vom 7. Sept. 1921, Bayer. Staatsanz. Nr. 209.

schriften der §§ 193 bis 201 der Reichsabgabenordnung sinngemäß Anwendung.

Erlaß und Erstattung der Steuer. § 23.

Zur Vermeidung außergewöhnlicher Härten kann die Gemeinde in besonders gearteten Einzelfällen die Steuer ganz oder teilweise erlassen oder erstatten.

Strafen. § 24.

Die Hinterziehung der Steuer (§ 359 der Reichsabgabenordnung) wird mit einer Geldstrafe bis zum zwanzigfachen Betrage der hinterzogenen Steuer bestraft. Soweit der Betrag der hinterzogenen Steuer nicht festgestellt werden kann, ist auf eine Geldstrafe von zwanzig bis zwanzigtausend Mark zu erkennen.

Geltung des Landesrechts oder der Reichsabgabenordnung. § 25.

Soweit diese Steuerordnung nichts anderes bestimmt, finden die Vorschriften des Landesrechts über Gemeindeabgaben Anwendung. Soweit und solange eine landesrechtliche Regelung nicht besteht, finden die Vorschriften der Reichsabgabenordnung sinngemäß Anwendung.

Artikel III.

§ 1.

Mit Genehmigung der Landesregierung oder der von ihr beauftragten Behörden[1]) können die Gemeinden besondere Steuerordnungen erlassen. Dabei darf von der Steuerordnung des Artikels II nur im Rahmen der nachfolgenden Bestimmungen abgewichen werden. Unter den gleichen Beschränkungen können zu der gemäß Artikel II geltenden Steuerordnung einzelne Abweichungen von den Gemeinden beschlossen werden.

§ 2.

Zu Artikel II § 1 Abs. 2 können die steuerpflichtigen Veranstaltungen im einzelnen noch näher bezeichnet werden.

§ 3.

Zu Artikel II § 2 kann der Kreis der steuerfreien Veranstaltungen anders abgegrenzt werden. Dabei müssen die zu 1, 3 bis 5 bezeichneten Veranstaltungen steuerfrei bleiben.

[1]) In Bayern Reg. K. d. Innern, Bek. v. 7. September 1921, Bayer. Staatsanz. Nr. 209.

§ 4.

Zu Artikel II § 3 Abs. 1 bis 3 können abweichende Bestimmungen erlassen werden.

§ 5.

(1) Zu Artikel II § 5 kann der Unternehmer zur Ausgabe von Eintrittskarten verpflichtet werden, wenn die Teilnahme an der Veranstaltung von der Zahlung eines Entgelts abhängig gemacht wird.

(2) Zu § 5 Satz 2 können abweichende Bestimmungen erlassen werden.

§ 6.

Zu Artikel II §§ 6 und 7 können abweichende Bestimmungen erlassen werden.

§ 7.

Zu Artikel II § 8 können die Steuersätze erhöht werden. Dabei können die steuerpflichtigen Veranstaltungen zu Gruppen zusammengefaßt und verschieden besteuert werden.

§ 8.

Zu Artikel II § 9 können abweichende Bestimmungen über die Beschaffenheit der Karten erlassen werden. Auch kann die ausschließliche Verwendung von amtlich hergestellten Karten vorgeschrieben werden, die der Unternehmer gegen Erstattung der Unkosten zu entnehmen hat.

§ 9.

Zu Artikel II § 11 können besondere Bestimmungen über die von dem Unternehmer zu führende Nachweisung sowie über die Behandlung und weitere Verwendung nicht ausgegebener Karten erlassen werden.

§ 10.

Zu Artikel II §§ 15 bis 17 können abweichende Bestimmungen erlassen werden. Dabei dürfen die Steuersätze nicht unterschritten werden.

§ 11.

Zu Artikel II § 18.

(1) Zu Abs. 1 kann die Berechnung der Raumflächen anders vorgeschrieben, auch kann der Steuerberechnung für bestimmte Veranstaltungen die Zahl der zugelassenen Plätze oder ein anderer Maßstab zugrunde gelegt werden.

(²) Zu Abs. 2 können die steuerpflichtigen Veranstaltungen zu anderen Gruppen zusammengefaßt, die Flächengrößen anders bestimmt und die Steuersätze erhöht werden.

(³) Zu Abs. 3 können abweichende Bestimmungen erlassen werden.

§ 12.

Beschließt eine Gemeinde Abweichungen von der Steuerordnung des Artikels II, die in den vorstehenden §§ 2 bis 11 nicht vorgesehen sind, so bedarf der Beschluß zu seiner Gültigkeit außer der Genehmigung der Landesregierung[1]) der Zustimmung des Reichsministers der Finanzen oder der von ihm beauftragten Reichsbehörde.

Artikel IV.

Diese Bestimmungen treten zwei Monate nach ihrer Veröffentlichung im Reichs-Gesetzblatt in Kraft.

Wohnungsluxussteuer.

Allgemeine Grundsätze für die von den Gemeinden zu erhebende Wohnungsluxussteuer (§ 6 Abs. 2 des RG. v. 26. Juni 1921, RGBl. S. 773).[2])

Beschl. d. Reichsrats vom 15. Dez. 1921.

1. Die aus der Wohnungsluxussteuer aufkommenden Mittel dürfen lediglich zur Förderung der Wohnungsbeschaffung und der Siedlung verwendet werden.

2. Die Steuer ist nach der Zahl der steuerpflichtigen Wohnräume allein oder in Verbindung mit der Größe der Wohnfläche, nicht aber nach der Größe der Wohnfläche allein zu bemessen. Dabei sind Räume unter 10 qm Wohnfläche steuerfrei zu lassen.

3. Steuerfrei bleiben bei einer Einzelperson mit eigenem Haushalt wenigstens 3, für 2 Personen mit gemeinschaftlichem Haushalt wenigstens 4, im übrigen mindestens so viel Wohnräume, als die um 1 vermehrte Zahl der zum Hausstand des Wohnungsinhabers gehörigen Personen beträgt.

Räume, welche ausschließlich oder vorwiegend zu dienstlichen, beruflichen oder gewerblichen Zwecken benutzt werden, sind bei der Berechnung der Steuer nicht zu zählen.

---

¹) In Bayern StM. d. Innern, Bek. vom 7. September 1921, Bayer. Staatsanz. Nr. 209.

²) Abgedruckt GVBl. 1922 S. 195.

4. Dienstwohnungen der Reichsbeamten, die sich innerhalb der von der Reichsregierung bestimmten Grenzen halten, sind von der Steuer frei.

Das gleiche gilt für sonstige Räume, die für einen Beamten nach den Grundsätzen der Reichsregierung zur Erfüllung seiner dienstlichen Aufgaben erforderlich sind.

Die Vorschriften des Abs. 1 und 2 gelten sinngemäß für den Reichspräsidenten, die Beamten der Reichsbank und die unter das Besoldungsgesetz vom $\frac{\text{30. April 1920}}{\text{17. Dezember 1920}}$ fallenden Soldaten der Wehrmacht.

Sie gelten ferner für die Staatspräsidenten und die Beamten der Länder, Gemeinden und Gemeindeverbände, einschließlich der Angehörigen der Schutzpolizei sowie für die Beamten der sonstigen Körperschaften, Stiftungen und Anstalten des öffentlichen Rechtes, mit der Maßgabe, daß an die Stelle der Reichsregierung die Landesregierungen treten.

5. Mehrere Wohnungen an einem Orte sind bei der Berechnung der Steuer zusammenzuzählen.

6. Als Wohnungsräume gelten insbesondere nicht: Flur, Gang, Vorsaal, Veranda, Küche, Anrichte, Bad, Abort, Diele, soweit letztere nur als Durchgangsraum in Betracht kommt, sowie die Räume, die nach gesetzlichen oder polizeilichen Vorschriften nicht bewohnt werden dürfen.

7. Die Steuer darf in ihrer Gesamthöhe den Betrag nicht überschreiten, der bei gleichmäßiger Verteilung der Miete auf alle Wohnräume dem Verhältnis des Mietbetrags der besteuerten Wohnräume zur Gesamtmiete der Wohnung entspricht.

8. Auf Antrag tritt eine Befreiung von der Steuer ein, wenn sich bei Anwendung der Bestimmungen besondere Härten für die Steuerpflichtigen ergeben.

9. Wohnungen, welche nach dem 1. Juli 1918 fertiggestellt sind und nicht mehr als sechs Wohnräume enthalten, bleiben von der Abgabe befreit.

10. Auf Grund anderweitig genehmigter Steuerordnungen, die von diesen Grundsätzen abweichen, dürfen Wohnungsluxussteuern nur bis zum 1. Oktober 1922 erhoben werden.

Ausführungsanweisung
der Staatsministerien des Innern und der Finanzen zum Gesetz vom 30. Juni 1921 zum Vollz. des LStG.

Bek. vom 5. April 1922.
(GVBl. S. 225).

§ 1.

I. Das Vollzugsgesetz (VG.) zum Landessteuergesetz (LStG.) setzt in Art. 1—3 fest, was Land, Gemeinden, Bezirke und Kreise von dem Anteil an Einkommen- und Körperschaftssteuer erhalten, der nach § 17 des Landessteuergesetzes den Ländern und Gemeinden mit $^2/_3$ des Aufkommens zufließt.

Die Art. 4—8 enthalten die Bestimmungen über die örtlichen Abgaben, die Zuwachssteuer, die Grundwertabgabe, die Warenhaus- und Filialsteuer und die Vergnügungssteuer. Diese Abgaben und Steuern fließen nur den Gemeinden zu; Bezirke und Kreise haben keinen Anteil daran.

Die Art. 9—34 enthalten die Bestimmungen über die Umlagen zur Grundsteuer, Haussteuer und zu den beiden Gewerbsteuern und zwar regeln

Art. 9	das Umlagenrecht der Gemeinden, Ortschaften, Bezirke und Kreise und die Umlagenhöhe;
„ 10—24	die Umlagen der Gemeinden,
„ 25	„ „ „ Ortschaften,
„ 26—29	„ „ „ Bezirke,
„ 30—34	„ „ „ Kreise.

Art. 35 regelt das Recht der Gemeinden zur Erhebung von Zuschlägen zur Grunderwerbsteuer.

Die Art. 36—37 enthalten die Bestimmungen über die Gewährleistungspflicht des Landes gegenüber den Kreisen und Gemeinden und der Gemeinden gegenüber den Bezirken.

Art. 38 trifft Bestimmungen über die Beteiligung des Staates an den Kosten für neue Aufgaben, die er den Gemeinden, Bezirken und Kreisen zuweist.

Die Art. 39—42 enthalten die Vorschriften über den Ausgleichsfonds der Gemeinden.

Die Art. 43—44 beziehen sich auf die ortspolizeilichen Vorschriften zur Sicherung gemeindlicher Gefälle und auf die Einziehung staatlicher usw. Gefälle.

Die Art. 45—47 regeln die Änderungen, die durch das Vollzugsgesetz in früheren Gesetzen erforderlich werden.

Art. 48 enthält die Übergangsbestimmungen.

II.

Anteile der Gemeinden und Kreise an der Einkommen- und Körperschaftssteuer Art. 1—3 des Vollzugsgesetzes.

1. Die Anteile, welche sich nach Art. 1 des Vollzugsgesetzes für die Gemeinden und Kreise ergeben, sind durch das Statistische Landesamt

berechnet und bereits durch Ministerialbekanntmachung vom 10. und 28. Juli 1921, Staatsanzeiger Nr. 168 (Oberbayern), 169 (Niederbayern), 171 (Pfalz), 181 (Oberfranken), 184 (Oberpfalz), 186 (Unterfranken), 190 (Mittelfranken) und 192 (Schwaben) und Ministerialbekanntmachung vom 16. Februar 1922 (Staatsanzeiger Nr. 44 — Coburg) veröffentlicht worden.

Hienach erhalten von dem Ertrag der beiden Steuern in den einzelnen Gemeinden Land, Kreis und Gemeinde die in der Übersicht festgesetzten Hundertteile an den $^2/_3$ des örtlichen Aufkommens der Reichseinkommen- und Körperschaftssteuer, die den Ländern und Gemeinden nach § 17 des Landessteuergesetzes überwiesen werden. Die Überweisung wird durch besondere Bekanntmachung geregelt werden.

2. Im Gegensatz zu der Regelung der meisten übrigen deutschen Länder, die den Gemeinden und den Gemeindeverbänden gleichmäßig einen bestimmten Anteil überwiesen haben, hat Bayern den Anteil an der Reichseinkommen- und Körperschaftssteuer zwischen Land, Gemeinden und Gemeindeverbänden nach dem Soll-Anfall an den durch diese Reichssteuern ersetzten Landessteuern und den Umlagen hiezu in den Jahren 1912—1919 geteilt, um möglichst gerecht und gleichmäßig alle Beteiligten zu behandeln. In Betracht kommen hienach die bayerische Einkommensteuer, die Kapitalrentensteuer und die Vermögensteuer einschließlich der erhobenen Zuschläge einerseits und die von den Kreisen und Gemeinden zu diesen Steuern erhobenen Umlagen andererseits. Nach dem Verhältnis, in dem die Einnahmen von Land, Kreisen und Gemeinden aus den genannten Steuern und Umlagen in den einzelnen Gemeinden in den Jahren 1912—1919 zu einander standen, wird wiederum der Anteil von Land, Kreis und Gemeinde an dem örtlichen Aufkommen an Reichseinkommen- und Körperschaftssteuer berechnet. Eine Bevorzugung oder Benachteiligung irgend eines Beteiligten, ist hierdurch ausgeschlossen. Aus dieser Berechnung ergibt sich, daß Gemeinden, die in den genannten Jahren überhaupt keine Umlagen erhoben haben, auch keinen Anteil an dem Ertrag der Einkommen- und Körperschaftssteuer erhalten können.

3. Für die Feststellung des örtlichen Aufkommens an den Reichssteuern gelten die Vorschriften des Landessteuergesetzes.

4. Erreichen die Anteile an der Einkommen- und Körperschaftssteuer nicht die Höhe der gemäß §§ 56 und 57 LStG. den Gemeinden gewährleisteten Mindestbeträge, so müssen in dem betreffenden Jahre das Land gegenüber Kreis und Gemeinden und die Gemeinden gegenüber ihrem Bezirke nach Art. 36, 37 des Vollzugsgesetzes die Fehlbeträge ergänzen.

§ 2.

Die bezirkszugehörigen Gemeinden haben an den Anteilen, die sie nach Art. 1 des Gesetzes erhalten, ihre Bezirke zum Ersatz der weggefallenen Distriktsumlagen zur Einkommen-, Kapitalrenten- und Vermögenssteuer nach dem auf die gleiche Art wie in Art. 1 VG. errechneten Hundertsatze zu beteiligen. Diese Hundertsätze sind ebenfalls durch die unter § 1 Abschn. II Ziff. 1 erwähnten Ministerialbekanntmachung vom 10. und 28. Juli 1921 und 16. Februar 1922 bekanntgegeben worden. Die Anteile werden den Bezirken zur Geschäftsvereinfachung durch die Finanzämter überwiesen, die die Anteile der Bezirke an den Gemeindeanteilen zurückbehalten und den Bezirken unmittelbar zuführen. Während aber die Anteile der Gemeinden und Kreise nach Art. 1 Abs. II VG. auf ganze Zahlen aufgerundet werden, gilt dies nicht für die Bezirke, deren Anteile auf eine Dezimalstelle ausgerechnet worden sind.

§ 3.

Nach § 29 LStG. können die Gemeinden und Gemeindeverbände den ihnen zugewiesenen Anteil an der Einkommensteuer ganz oder teilweise unerhoben lassen. Durch Landesgesetz kann diese Erlaubnis ausgeschlossen werden. Dies ist durch Art. 3 VG. geschehen, um nicht die sogenannten Steueroasen wieder aufleben zu lassen. Abgesehen hievon ist aber infolge der individuellen Verteilung des Anfalls an der Einkommen- und Körperschaftssteuer nicht anzunehmen, daß die Gemeinden oder Gemeindeverbände in die Lage kommen werden, auf einen ihnen zukommenden Anteil an der Einkommensteuer zu verzichten.

§ 4.

Örtliche Abgaben.

1. Art. 4 des Vollzugsgesetzes regelt das Recht der Gemeinden, örtliche Abgaben, d. h. Gemeindesteuern zu erheben. Er ersetzt die bisherige entsprechende Bestimmung in Art. 40 IV/31 IV der beiden Gemeindeordnungen, die durch Art. 46 VG. demgemäß gestrichen worden ist. Das Recht zur Erhebung örtlicher Abgaben, das den Gemeinden auch durch § 1 LStG. nach Maßgabe des Landesrechts zugesprochen ist, ist wesentlich durch die §§ 1—3 LStG. eingeschränkt. Hienach können die Gemeinden keine Steuern erheben, die mit Reichssteuern gleichartig oder geeignet sind, die Steuereinnahmen des Reichs zu schädigen. Zuschläge zu Reichssteuern sind nur auf Grund reichsgesetzlicher Ermächtigung gestattet.

Als örtliche Abgaben dieser Art kommen hauptsächlich in Betracht:

a) Wohnsteuer bei vorübergehendem Aufenthalt Ministerialbekanntmachung vom 30. Januar 1919 Staatsanzeiger 31, 23. Januar 1920 Ministerialblatt S. 13, 28. September 1921, Staatsanz. 227.[1])
b) Wohnungsluxussteuer.
c) Reklamesteuer.
d) Steuer für das Halten von Hausangestellten.
e) Gemeindliche Zuschläge zu den staatlichen Stempeln der Tarifstelle 19 des Stempelgesetzes siehe aut. Ministerialerlaß vom 2. Mai 1921 (3027 h 50).
f) Personenaufzugssteuer.
g) Gemeindliche Abgabe für das Halten von Reit- und Zugpferden.
h) Zuschläge zur Abgabe für Tanzmusikbewilligung.

2. Die Erhebung örtlicher Abgaben kann nur mit Genehmigung der zuständigen Regierung, Kammer des Innern, erfolgen. Die Genehmigung muß vorbehaltlich des rechtsgültigen Zustandekommens des Beschlusses der Gemeinde erteilt werden, wenn die beschlossenen Steuern nicht den Vorschriften des Reichs (siehe insbesondere LStG. §§ 1—3) oder des Landes widersprechen und insoweit nicht allgemeine Landesinteressen

---

[1]) Vergl. hiezu Bek. v. 12. April 1922, Staatsanz. Nr. 87, durch die die Höchstsätze der Abgabe wesentlich erhöht wurden.

entgegenstehen. Allgemeine, insbesondere volkswirtschaftliche und steuerliche Interessen des Landes können geschädigt werden, wenn z. B. die Erhebung der örtlichen Abgaben den Eingang staatlicher Steuern beeinträchtigen, wenn die Steuer eine ungerechte Belastung einzelner Bevölkerungsklassen darstellt oder wenn die Erhebungskosten unverhältnismäßig hoch sind. Die Genehmigung ist beim Vorliegen der Voraussetzungen in unwiderruflicher Weise zu erteilen. Ein späterer Widerruf ist nur dann möglich, wenn die Voraussetzungen der Genehmigung nach Art. 4 Abs. 2 Satz II BG. weggefallen wären.

Die Beschlüsse der Regierungen nach Abs. II des Art. 4 BG. sind nach Möglichkeit zu beschleunigen. Vor der Genehmigung neuer Arten von Abgaben ist regelmäßig den beteiligten anerkannten Berufsvertretungen Gelegenheit zur Äußerung zu geben.

3. Um die Einheitlichkeit der örtlichen Abgaben soweit nötig zu sichern, haben die Regierungen gemäß aut. Ministerialerlaß vom 25. Juli 1921 Nr. 3027 k 84 vor der Genehmigung neuer Arten von Steuerordnungen und bei wesentlichen Abweichungen von den bisher genehmigten Steuersatzungen dem Staatsministerium des Innern Bericht zu erstatten.

4. Die Gemeinden haben dem zuständigen Landesfinanzamt von der Einführung neuer örtlicher Abgaben nach ihrer Genehmigung durch die Regierung gemäß § 5 LStG. Mitteilung zu machen (siehe Ministerialbekanntmachung vom 23. April 1921, GVBl. S. 297).

5. Neben diesen örtlichen Abgaben können die Gemeinden wie bisher Gebühren für die Benützung ihres Eigentums ihrer Anstalten und Unternehmungen erheben (Art. 40 I GO.), die aber nicht nach der Höhe des Einkommens der Steuerschulden gestaffelt sein dürfen; sie bedürfen im übrigen nicht der Genehmigung der Aufsichtsbehörde. Verbrauchssteuern und Pflaster-, Weg- und Brückenzölle können dagegen nach Art. 40 IV und 31 IV der beiden Gemeindeordnungen nur mit Genehmigung des Staatsministeriums des Innern eingeführt oder erhöht werden.

6. Die Verwaltung der örtlichen Abgaben erfolgt regelmäßig durch die Gemeindeverwaltungen; sie könnte an sich nach § 19 RAO. auch den Finanzämtern übertragen werden; die Gemeinden werden jedoch in ihrem eigenen Interesse wegen der Überlastung der Finanzämter hiervon tunlichst Umgang nehmen. Kleine Gemeinden werden zweckmäßig mit benachbarten Gemeinden ihres Bezirkes eine gemeinsame Erhebung solcher örtlicher Abgaben vereinbaren. Insoweit die Gemeinde die Abgaben nach Art. 4—7 BG. selbst verwaltet, müssen die erforderlichen Verhandlungen der Stadt- oder Gemeinderäte oder von Senaten oder Ausschüssen im Hinblick auf die berechtigten Ansprüche der Steuerpflichtigen in geheimer Sitzung erfolgen, deren Teilnehmer das Amtsgeheimnis über die Verhandlungen zu wahren haben (AG. zur Reichsstrafprozeßordnung vom 18. August 1879, GVBl. S. 781 Art. 106, 112.

§ 5.

Zuwachssteuer.

1. Art. 5 BG. ermächtigt die Gemeinden eine Zuwachssteuer zu erheben. Von dieser Ermächtigung werden vor allem die größeren sowie

diejenigen Gemeinden, in welchen ein regerer Grundstücksverkehr stattfindet, Gebrauch machen. Zuwachssteuern nach dem Zuwachssteuergesetz vom 14. Februar 1911 (RGBl. S. 33) können vom 1. Oktober 1921 an gemäß Art. 48 III VG. nicht mehr erhoben werden. Die Mustersatzung, die das Staatsministerium des Innern nach Art. 5 Abs. IV VG. zu erlassen ermächtigt ist, ist mit Bekanntmachung vom 17. September 1921 im GVBl. S. 468 veröffentlicht und dem Landtag vorgelegt worden. Die Erhebung der Zuwachssteuer, die sich als örtliche Abgabe des Art. 4 VG. darstellt, bedarf an sich ebenfalls der Genehmigung der Regierung nach Art. 4 Abs. 2 VG. Soweit die Gemeinden die Mustersatzung ohne die zulässigen Änderungen annehmen, ist die Genehmigung mit Ministerialbekanntmachung vom 17. September 1921 GVBl. S. 468 erteilt worden und die Gemeinden haben in diesem Falle dem zuständigen Bezirksamt und der Regierung nur zu berichten, daß sie die Mustersatzung ohne Änderung angenommen haben; insoweit die Gemeinden aber zulässige Änderungen an der Mustersatzung vornehmen, bedürfen sie hiezu der Genehmigung der Kreisregierung. Den Beschlüssen der Gemeinden über die Erhebung der Zuwachssteuer kann keine rückwirkende Kraft beigelegt werden. Die Mustersatzung hat bindende Kraft; ein Abgehen von der Mustersatzung ist nur in den Fällen zulässig, in welchen die Mustersatzung dies selbst zuläßt.

2. Zur Erfüllung des § 5 LStG. haben die Gemeinden weiter das Landesfinanzamt und das Finanzamt zu verständigen, daß sie die Zuwachssteuer nach der Mustersatzung eingeführt haben.

3. Die Verwaltung der Steuer obliegt den Gemeinden, die sie auf dem Vertragsweg auch einem Notar übertragen können. Die Höhe der Vergütung ist von Fall zu Fall besonders zu vereinbaren. Von der Verwaltung der Steuer durch die Finanzämter wird schon mit Rücksicht auf deren Geschäftsüberlastung abgesehen werden müssen. Die Gemeinden können aber gemäß § 19 Reichsabgabenordnung beantragen, daß die Finanzämter die neue Zuwachssteuer weiter erheben. Im übrigen siehe wegen der Verwaltung § 4 Ziff. 6. Insoweit die Zuwachssteuern, die nach dem bisherigen Gesetz vom 14. Februar 1911 (RGBl. S. 33) zugunsten der Gemeinden angefallen sind, noch nicht von den Finanzämtern erhoben wurden, können die Gemeinden nach Ministerialentschließung vom 27. Oktober 1921 (StA. Nr. 252) beantragen, diese Steuern selbst einzuheben. Das Weitere hiezu wird vom Staatsministerium der Finanzen im Benehmen mit den Landesfinanzämtern veranlaßt werden. Soweit eine Gemeinde die Veranlagung und Erhebung dieser rückständigen Zuwachssteuern übernimmt, kommt ihr auch die im § 58 Zuwachssteuergesetz vorgesehene Verwaltungskostenvergütung von 10% zu.

§ 6.

Die Grundwertabgabe ist eine besondere Steuer auf Bauplätze und sonstige in der Hauptsache Spekulationszwecken dienende unbebaute Grundstücke, die nicht dauernd land- oder forstwirtschaftlichen oder gärtnerischen Zwecken zu dienen bestimmt sind. Sie ist eine örtliche Abgabe, deren Erhebung im Ermessen der Gemeinden liegt. Wegen ihrer Genehmigung durch die Regierung, Kammer des Innern, nach Art. 4 des VG. gelten die gleichen Bestimmungen wie für die Zuwachssteuerordnung — siehe daher die Ausführungen zu § 5. Die Mustersatzung ist mit Ministerialbekanntmachung vom 17. September 1921 im GVBl. S. 468, 477 veröffentlicht und dem Landtag vorgelegt worden; sie ist für die Gemeinden bindend und kann nur abgeändert werden, soweit die Mustersatzung dies ausdrücklich zuläßt.

Die Verwaltung der Abgaben obliegt den Gemeinden; sie können jedoch auch hier nach § 19 Reichsabgabenordnung beantragen, daß das Finanzamt die Verwaltung der Steuer übernimmt; siehe im übrigen § 4 Ziff. 6.

§ 7.

Das Warenhaussteuergesetz vom 14. August 1910, GVBl. S. 597, ist, da es den Umsatz der Warenhäuser besteuerte, im Hinblick auf § 44 des Reichsumsatzsteuergesetzes vom 24. Dezember 1919 mit Wirkung vom 1. Januar 1920 außer Kraft getreten. Da jedoch die Gründe zur Sonderbesteuerung der Warenhäuser und ähnlicher Betriebe, wie sie in Bayern seit dem Jahre 1900 erfolgt, fortbestehen, wurde durch Art. 7 VG. den Gemeinden das Recht eingeräumt, auch weiterhin eine Warenhaussteuer zu erheben, die sich jedoch nicht nach dem Umsatze berechnet, sondern in Zuschlägen zu der Gewerbsteuer besteht. Von diesen Zuschlägen können Umlagen nicht erhoben werden. Die Einführung der Steuer liegt im freien Ermessen der Gemeinden; die Beschlüsse über die Erhebung bedürfen der Genehmigung des Staatsministeriums des Innern im Einvernehmen mit dem Staatsministerium der Finanzen. Von der Aufstellung einer Mustersatzung wurde mit Rücksicht auf die Verschiedenartigkeit der Verhältnisse abgesehen. Die Anträge auf Genehmigung solcher Steuer sind auf dem Dienstwege vorzulegen; die Aufsichtsbehörden haben sich zu den Anträgen gutachtlich zu äußern.

I. Warenhaussteuer.

1. Abs. I—II des Art. 7 bezeichnet die warenhaussteuerpflichtigen Unternehmungen genau nach dem Wortlaute des Warenhaussteuergesetzes vom 14. August 1910.

Als Kennzeichen eines Geschäftsverfahrens, das von den Grundsätzen und Formen der üblichen Gewerbeausübung wesentlich abweicht (Art. 7 Abs. I), kommen insbesondere in Betracht: eine ungewöhnliche Reklame, die Ankündigung von Serienverkäufen oder von sogenannten Spezialtagen oder Spezialwochen mit niedrigen Preisen, die Anpreisung von Lockartikeln, die ohne Gewinn abgegeben werden, die Zusicherung von Geschenken oder dergl. bei Einkäufen.

Die Aufzählung der Unternehmungen in Art. 7 Abs. II Ziff. 1 und 2 bringt nur Beispiele. Der Warenhaussteuer unterliegen daher auch Unternehmungen, die keine der Bezeichnungen des Abs. II führen, wenn die Voraussetzungen des Abs. I auf sie zutreffen. Anderseits unterliegen Unternehmungen mit einer Bezeichnung nach Abs. II der Warenhaussteuer dann nicht, wenn die Voraussetzungen des Abs. I nicht erfüllt sind. Entscheidend ist nicht der Name, sondern das Wesen der Unternehmung.

2. Nach Art. 7 Abs. IV sind gewerbliche Unternehmungen, die an sich warenhaussteuerpflichtig wären, von dieser Pflicht dann befreit, wenn sie von inländischen Personenvereinigungen und Zweckvermögen betrieben

werden, die nach der Satzung, Stiftung oder sonstigen Verfassung ausschließlich gemeinnützigen oder mildtätigen Zwecken dienen.

3. Warenhaussteuerpflichtig ist derjenige, auf dessen Rechnung das Gewerbe betrieben wird, im übrigen fällt die Steuerpflicht, da sie in Zuschlägen zur Gewerbsteuer besteht, mit der Gewerbsteuerpflicht für das Warenhausunternehmen zusammen. Maßgebend ist daher vor allem Art. 2 des Gewerbsteuergesetzes vom 27. Juli 1921, GVBl. S. 413. Die Steuer darf höchstens 200 vom Hundert der für das fragliche Unternehmen auf die Gemeinde treffenden Gewerbsteuer betragen. Daraus folgt, daß eine Unternehmung nur dann in einer Gemeinde mit der Warenhaussteuer belastet werden kann, wenn auf die Gemeinde überhaupt eine staatliche Gewerbsteuer für dieses Unternehmen trifft. Für die Berechnung der Warenhaussteuer ist die Höhe der Gewerbsteuer maßgebend.

4. Die Veranlagung der Steuer obliegt der Gemeindeverwaltung. Die Gemeindeverwaltungen können jedoch auch nach § 19 RAO. die Verwaltung der Steuer durch die Finanzämter beantragen. Dies wird sich aber nur für die Fälle empfehlen, wo die Gemeinde die Verwaltung der Umlagen den Finanzämtern übertragen hat. Die Gemeinden sind berechtigt, die Unternehmer warenhaussteuerpflichtiger Betriebe, sei es durch öffentliche Bekanntmachung oder durch besondere Zuschrift aufzufordern, eine Warenhaussteuererklärung abzugeben; die Abgabe der Erklärung kann nach Art. 43 VG. durch ortspolizeiliche Vorschriften erzwungen werden.

5. Auf Grund der Steuererklärung und der etwaigen Ergänzungsverhandlungen setzt die Gemeindeverwaltung die Steuer innerhalb des nach Art. 7 Abs. V VG. zulässigen Rahmens bis zu 200% fest; die Prüfung und Festsetzung kann in Städten von 10000 Einwohnern und darüber auch einem Senate nach Art. 102 IV rechtsrh. GO. übertragen werden; die Beratungen und Verhandlungen sind in geheimer Sitzung zu führen (siehe § 4 Ziff. 6). Wird die Verpflichtung zur Entrichtung der Warenhaussteuer bestritten, so liegt eine Verwaltungsrechtssache nach Art. 8 31 VGHG. vor. Im übrigen gelten für die Zahlung und Beitreibung der Warenhaussteuer die Vorschriften der Art. 22 und 23 VG.

6. Die Veranlagung der Warenhaussteuer erfolgt mit der Gewerbesteuer alljährlich neu. Auf Zu- und Abgänge im Laufe des Steuerjahres finden die Bestimmungen des Art. 46 GStGes. sinngemäß Anwendung.

Der Wechsel in der Person des Betriebsunternehmers hat keine Neuveranlagung, sondern nur eine Namensumschreibung in der Steuerliste zur Folge. Die Warenhaussteuer wird fällig mit der Gewerbsteuer, zu der sie als Zuschlag erhoben wird. Der Zeitpunkt der Entrichtung wird von der Gemeinde bestimmt. Steuernachholungen erfolgen, insoweit die Gewerbsteuer nachgeholt oder neuveranlagt wird.

7. Die Warenhaussteuer kann bis auf das Doppelte der für den Betrieb auf die Gemeinde treffenden Gewerbsteuer festgesetzt und kann nach der Höhe der Gewerbsteuer verschieden abgestuft werden.

II. Filialsteuer.

Die Gemeinden können ferner nach Art. 7 Abs. III VG. die Filialsteuer bis zu 50% der für den Gewerbebetrieb auf die Gemeinde trefsenden Gewerbsteuer von solchen Gewerbetreibenden erheben, die im Gemeindebezirk weder ihren Wohnsitz noch ihren Hauptbetriebssitz haben, aber Verkaufsstellen oder Lager unterhalten, von denen aus Waren zum Verkauf abgegeben werden. Weitere Voraussetzungen, insbesondere die des Art. 7 Abs. I VG. sind nicht erforderlich. Fallen diese Gewerbetreibende an sich schon in der betreffenden Gemeinde unter die Warenhaussteuer, so kann die Filialsteuer nicht neben dieser Steuer erhoben werden. Selbstverständliche weitere Voraussetzung ist die Veranlagung oder Ausscheidung eines Gewerbsteuerbetrages für die betreffende Gemeinde, da die Steuer nur in Zuschlägen bis zur Hälfte der Gewerbsteuer besteht. Die Ausnahmebestimmung des Abs. IV des Art. 7 gilt auch für die Filialsteuer. Im übrigen wird auf die Ausführungen unter I verwiesen, die sinngemäß gelten.

§ 8.

1. Die Vergnügungssteuer, für welche der Reichsrat die am 15. September 1921 in Kraft getretenen Bestimmungen vom 9. Juni 1921 erlassen hat — siehe RGBl. 1921 S. 856 —, muß in allen Gemeinden erhoben werden. Sie ist eine örtliche Abgabe, bedarf aber keiner Genehmigung, soferne sie der Steuerordnung in Art. II der Reichsratsbestimmungen entspricht. Abweichungen von diesen Bestimmungen sind im Rahmen des Art. III §§ 1—11 der Reichsratsbestimmungen mit Genehmigung der Regierung, Kammer des Innern, zulässig. Weitergehende Abweichungen bedürfen der Genehmigung des Ministeriums des Innern und der Zustimmung des Reichsfinanzministers. Art. III § 12 der Reichsratsbestimmungen. Etwaige zur Sicherung und Überwachung der Steuer zu erlassenden ortspolizeilichen Vorschriften sind getrennt von der Steuerordnung selbst aufzustellen.

2. Die nach den landesrechtlichen Bestimmungen eingeführten Vergnügungssteuern der Gemeinden treten gemäß § 13 LStG. und Bekanntmachung vom 3. Dezember 1921 (RGBl. 1532) bis 31. März 1922 außer Kraft, soferne sie nicht nach neuer Beschlußfassung durch die Gemeinden im Rahmen des Art. III der Bestimmungen des Reichsrats als besondere Steuerordnungen genehmigt werden.

3. Zur Entscheidung über künstlerisch hochstehende Veranstaltungen nach Art. II Abs. 2 des § 20 sind die Regierungen, Kammern des Innern, zur Anerkennung der Gemeinnützigkeit nach Maßgabe des Art. II § 2 Ziff. 5 der Reichsratsbestimmungen ist das Staatsministerium für Unterricht und Kultus zuständig. Anträge von Theater- und Konzertunternehmungen, die die Anerkennung ihrer Darbietungen als künstlerisch hochstehender Veranstaltung im Sinne des Art. II § 20 anstreben, sind von den Regierungen dann, wenn die steuerliche Vorzugsbehandlung nicht für einzelne Veranstaltungen, sondern für alle Darbietungen eines ständigen künstlerischen Unternehmens beansprucht wird, bis auf weiteres vor der Verbescheidung dem Staatsministerium für Unterricht und Kultus mit gutachtlicher Äußerung vorzulegen. Die Regierungen haben ferner über die nach der angezogenen Bestimmung ausgesprochenen Anerkennungen Verzeichnisse zu führen, die jeweils am Jahresschlusse dem Staatsministerium für Unterricht und Kultus im Abdruck mitzuteilen sind. Beschlüsse der Gemeinden über Abweichungen

von der Steuerordnung des Art. II im Sinne des Art. III § 12 der Reichsratsbestimmungen sind mit gutachtlicher Äußerung auf dem Dienstwege dem Staatsministerium des Innern vorzulegen.

Die Erhebung der Vergnügungssteuer erfolgt durch die Gemeinden; für die Erhebung gelten die Vorschriften für die örtlichen Abgaben entsprechend; maßgebend hiefür sind Art. 22/23 VG. zum Landessteuergesetz. Die Fälligkeit der Steuerschuld bei der Kartensteuer ergibt sich aus Art. II § 12, bei der Pauschsteuer aus Art. II § 19 der Reichsratsbestimmungen.

Strittige Rechtsansprüche wegen der Vergnügungssteuer sind Verwaltungsrechtssachen nach Art. 8 Ziff. 31 VGHG. Die Einführung der von der Steuerordnung des Reichsrats abweichenden Vergnügungssteuern ist den zuständigen Landesfinanzämtern mitzuteilen.

Umlagen (§§ 9—34).

§ 9.

1. Art. 9 Abs. I VG. bestimmt, welche öffentlichen Körperschaften berechtigt sind, Umlagen, das sind Zuschläge zu den direkten staatlichen Steuern, nämlich der Grund- und der Haussteuer und den beiden Gewerbsteuern, zu erheben. Wegen der nunmehrigen Fassung dieser Gesetze siehe die vier Gesetze vom 27. Juli 1921, GVBl. 411, 412, 413, 439.

2. Die Bestimmung darüber, zu welchen Ausgaben Umlagen erhoben werden dürfen und welche allgemeine Voraussetzungen für die Erhebung von Umlagen bestehen, ergibt sich für die Gemeinden aus Art. 42/33 und Art. 39/30 beider Gemeindeordnungen, für die Ortschaften aus Art. 153 Abs. 2 der rechtsrheinischen Gemeindeordnung in der Fassung des Art. 28 SVGes., für die Bezirke aus Art. 30 des Distriktsratsgesetzes; für die Kreisgemeinden gilt nunmehr Art. 21 I b des Selbstverwaltungsgesetzes.

3. Die Umlagen zu sämtlichen Steuergattungen müssen nach einem einheitlichen Hundertsatz berechnet werden, der jedoch bei der Grundsteuer bis um die Hälfte erhöht werden darf.

4. Die Höhe der Umlagen ist für die verschiedenen Umlagenträger nach oben begrenzt; Umlagen für Ortschaften sind nur dann und insoweit zulässig, als die Gemeindeumlagen nicht den Höchstsatz erreichen. Die Begrenzung der Umlagen nach oben ist im Gegensatz zu dem bisherigen Rechte nötig geworden, um ein Nebeneinanderarbeiten der Gemeinden und Gemeindeverbände zu ermöglichen und eine unerträgliche Überlastung der Umlagenpflichtigen hintanzuhalten. Die Erhebung der Umlagen bedarf keiner Genehmigung, insbesondere sind sie auch nicht den Landesfinanzämtern zur Kenntnis mitzuteilen, da sie nicht als neue Steuerordnungen anzusehen sind.

5. Mit Rücksicht darauf, daß durch die außergewöhnliche Steigerung aller Preise und Löhne und durch die plötzliche Einführung der Reichssteuergesetzgebung die Gemeindehaushalte vielfach in Unordnung geraten sind, dürfen die vorgeschriebenen Hundertsätze der Gemeinden, Ortschaften und Bezirke mit Genehmigung der Regierung, die der Kreise mit Genehmigung des Staatsministeriums des Innern für das Rechnungsjahr 1920 im Rahmen der bereits abgeschlossenen Haushaltspläne überschritten werden. Bei der Erteilung der Genehmigung ist

jedoch zu prüfen, ob die Beschlüsse der Gemeindevertretungen in rechtsgültiger Weise gefaßt, ob die beschlossenen Umlagen zur Deckung der Ausgaben wirklich erforderlich sind, und ob sie nicht eine unerträgliche Belastung des Steuerzahlers herbeiführen und damit die Einbringung der Umlagen überhaupt unmöglich machen würden. Selbstverständlich dürfen die Umlagen nicht nur zu dem Zweck erhöht werden, um eine möglichst hohe Rücklage für die Zukunft zu schaffen.

Gemeindeumlagen.

Gemeindeumlagenpflicht.

§ 10.

1. Art. 10 des Vollzugsgesetzes regelt die Gemeindeumlagenpflicht, das ist die Pflicht zur Entrichtung von Gemeindeumlagen ohne Rücksicht darauf, welche Gemeinde forderungsberechtigt ist. Die Grundlage der Gemeindeumlagenpflicht ist die Veranlagung mit einer direkten Staatssteuer, das ist der Grundsteuer, Haussteuer, Gewerbsteuer, oder Steuer vom Gewerbebetrieb im Umherziehen. Die Steuerveranlagung entscheidet auch über das Maß der Gemeindeumlagenpflicht vorbehaltlich der Art. 11—13 des Gesetzes. Auch die Nachholung von Steuern ist eine „Veranlagung".

2. Zur Ausschließung von Zweifeln ist durch Art. 10 III VG. ausdrücklich bestimmt, daß die Steuerzuschläge, die nach dem GewStGes. Art. 18 (jetzt 19 GVBl. 1921 S. 413) bei Nichtabgabe der gebotenen Steuererklärung neben der Steuer auferlegt werden können, bei der Umlagenbemessung außer Betracht bleiben. Das Gegenteil gilt für die Zuschläge, um die nach dem GewStG. Art. 6 Abs. IV die Betriebskapitalsanlage bei Zweiggeschäften (Filialen) zu erhöhen ist. Diese Zuschläge bilden einen wirklichen Teil der Gewerbsteuer; sie kommen daher auch für die Umlagenbemessung in Betracht.

3. Die Gemeindeumlagenpflicht trifft die mit einer Ertragssteuer veranlagte Person; Gegenstand der Umlagenbelastung sind die mit einer Ertragssteuer veranlagten Erträge und gewerblichen Betriebskapitalien.

4. Steuernachlässe, nicht dagegen die Niederschlagung der Steuer wirken ohne weiteres auf die Gemeindeumlagenpflicht zurück; dagegen ist die Gemeinde, auch ohne daß ein Steuernachlaß vorliegt, ihrerseits berechtigt, Gemeindeumlagen gemäß Art. 10 IV und 24 VG. niederzuschlagen (siehe hiewegen § 24 unten).

5. Die vormerkungsweise Veranlagung (Vormerkung), die nach Art. 10 Abs. II VG. der Veranlagung gleichsteht, findet nach den Staatssteuergesetzen in einer Reihe von Fällen statt, in denen zwar keine Staatssteuerpflicht (oder doch keine solche in entsprechendem Umfange) besteht, wohl aber für die Umlagenpflicht und deren Maß die erforderliche Grundlage geschaffen werden soll.

Vorgemerkt werden:

a) zur Grundsteuer

α) das Reich und der Staat (GrStGes. § 120 I und Reichsbesteuerungsgesetz vom 15. April 1911 § 3, RGBl. S. 187),

β) die Kreise, Bezirke, Gemeinden und Ortschaften für ihre unmittelbar zur Erfüllung öffentlicher Aufgaben dienenden Grundstücke (GrStGes. § 120 II), γ) die Waldbaugenossenschaften für aufgeforstete Grundstücke, für die ihnen von der Staatsregierung die Befreiung von der Grundsteuer bewilligt ist (GrStG. § 121 Abs. II S. 2),

b) zur Haussteuer
das Reich und der Staat, jedoch nicht für Gebäude oder Gebäudeteile, die unmittelbar zur Erfüllung öffentlicher Aufgaben dienen, dann für Dienstwohnungen, die zu der Erfüllung dieser Aufgaben in Beziehung stehen (§ 2 I Z. 1 u. III HStG. u. das unter I a erwähnte Reichsbesteuerungsgesetz),

c) zur Gewerbsteuer
der Staat (mit Einschluß der Bayerischen Staatsbank), für die von ihm betriebenen Gewerbe, dann die Reichsbank und ihre Zweiganstalten (Art. 3 Abs. II GewStGes.).

Außerdem kann eine Vormerkung auf Grund von Vereinbarung stattfinden, welche die Staatsregierung bei Steuerpflichtigen oder Steuerquellen getroffen hat, die der Steuerhoheit mehrerer Staaten unterliegen.

Die Veranlagung sowie die Vormerkung zu den Staatssteuern steht den Finanzämtern, bei den Gewerbsteuern unter Mitwirkung der Steuerausschüsse zu.

6. Die umlagenberechtigten Gemeinden haben im Veranlagungsverfahren — abgesehen von den Fällen der Steuerausscheidung (Art. 18/19 VG.) keine Parteistellung, jedoch ist es ihnen nicht verwehrt, bei den Steuerbehörden entsprechende Anregungen zu geben. Soweit solchen Anregungen nicht entsprochen wird, sollen die Gemeinden unbeschadet der Wahrung des Steuergeheimnisses kurz verständigt werden.

7. Ohne Steuerveranlagung (mit Einschluß der Vormerkung) oder über diese hinaus besteht keine Gemeindeumlagenpflicht. Eine Gemeindeumlagenpflicht ist daher ausgeschlossen z. B. in den Steuerfreiheitsfällen.

des GrStGes. in der Fassung vom 4. November 1910, GVBl. S. 1029, §§ 36, 121 Abs. 1, II Satz 1 (Wege, Kirchhöfe, kahle Felsen usw., junge Weinberge, aufgeforstete Gemeinde- oder Ortschaftsgründe),

des HausStGes. vom 17. August 1918 (GVBl. S. 858), § 2 Abs. I, § 33 (Staatsgebäude usw., soweit die Steuer nicht vorzumerken ist; Neubauten, insbesondere neue Kleinwohnungsbauten),

des GewStGes. Art. 1 Abs. II, Art. 3 Abs. I Ziff. 3 und 4 (Land- und Forstwirtschaft, Jagd, Fischerei usw., die vom Reich und vom Staate betriebenen Verkehrsanstalten, gewisse Genossenschaften).

Gemeindeumlagenfreiheit. § 11.

1. Art. 11 des Vollzugsgesetzes bezeichnet die Fälle, in denen trotz Steuerveranlagung oder Steuervormerkung keine Gemeindeumlagenpflicht besteht. Nicht zu verwechseln sind diese Fälle mit denen der Gemeindeumlagenfreiheit, die sich als unmittelbare Folge der Steuerfreiheit ergibt.

Die Umlagenfreiheit beschränkt sich nach Art. 11 VG. durchwegs auf Erträge aus Grundbesitz (also auf Umlagenzuschläge zur Grundsteuer) und erstreckt sich nicht auf Erträge aus Hausbesitz. Die entsprechenden Erträge aus Hausbesitz sind schon deshalb umlagenfrei, weil sie nach § 2 des HausStGes. (GVBl. 1918 S. 858) zur Haussteuer (auch vormerkungsweise) nicht veranlagt werden.

2. Nach Art. 11 Ziff. 1 VG. sind Erträge aus Grundstücken des Reichs oder des Landes, die unmittelbar zur Erfüllung öffentlicher Abgaben dienen, wie bisher gemeindeumlagenfrei.

Hierher gehören z. B. die Grundflächen von Amtsgebäuden, von Lehranstalten, von Strafanstalten, von Kasernen, dann Exerzierplätze, Truppenübungsplätze, Dienstgrundstücke der Verkehrsanstalten, endlich die Grundflächen der entsprechenden Dienstwohngebäude.

Nicht unter die Gemeindeumlagenfreiheit fallen dagegen solche Grundstücke, die ausschließlich oder vorwiegend dazu bestimmt sind, dem Reiche oder dem Lande Einnahmen zu bringen, also z. B. die Waldgrundstücke der Staatsforstverwaltung, die Grundstücke der staatlichen Berg-werks-, Hütten- und Salinenverwaltungen, der Bayerischen Staatsbank, der sogenannten besonderen Betriebe des Staates (z. B. Hofbräuhaus München, Weingut in Unterfranken, staatl. Fischerei auf dem Chiemsee, staatl. Mineralbäder usw.)

Durch Art. 11 Ziff. 1 VG. und das GrStGes. § 120 Abs. II werden der Staat und die Gemeinden (die Gemeindeverbände) hinsichtlich der Belastung ihrer Erträge aus Grundbesitz mit Steuern und Umlagen vollkommen gleichgestellt. Für die Grundstücke, die unmittelbar zur Erfüllung öffentlicher Aufgaben dienen, sind die Gemeinden grundsteuerfrei und ist der Staat gemeindeumlagenfrei. Für die Grundstücke, bei denen jene Voraussetzung nicht zutrifft, sind die Gemeinden grundsteuerpflichtig und ist der Staat umlagenpflichtig. Das Gleiche gilt nach dem HausStGes. § 2 für die Erträge aus Hausbesitz.

3. Die Ziffern 2—7 des Art. 11 sind dem HausStGes. § 2 Abs. I Ziff. 2—7 nachgebildet. Vgl. die Vollzugsvorschriften hierzu vom 2. März 1911 §§ 2—5 (GVBl. S. 107).

Zu den Dienstgrundstücken der Versicherungskammer (Art. 11 Ziff. 3) gehören die Grundflächen der Dienstgebäude sowie deren Höfe und Gärten, nicht dagegen die Grundflächen der Wohnhäuser, die in München für die Beamten der Versicherungskammer errichtet worden sind, und die Bauplätze für solche Wohnhäuser.

Die Gemeindeumlagenfreiheit der (bayerischen) Gemeinden für gewisse Grundstücke (Art. 11 Ziff. 4) ist gegenüber fremden Gemeinden von Belang. Auch ist sie für die Ortsumlagen und für die Bezirksumlagen von Bedeutung.

§ 12.

Art. 12 VG. regelt den Beginn und das Ende der Gemeindeumlagenfreiheit nach Art. 11 VG. im Anschluß an die verwandten Vorschriften des § 121 Abs. III GrStGes. in der Fassung vom 4. November 1910 und des HausStGes. § 2 Abs. IV über die Freiheit von Grund- und Haussteuern.

§ 13.

1. Die Gemeindesteuerpflicht ist in anderen Ländern nicht durchweg so eng an die Staatssteuerpflicht geknüpft wie in Bayern.

Es kann in solchen Fällen angezeigt sein, die Gemeindeumlagenpflicht anderweitig zu regeln. Zu diesem Zwecke ist in Art. 13 Abs. I VG. der Staatsregierung eine entsprechende Ermächtigung erteilt. Diese Ermächtigung schließt sowohl die Befugnis zu allgemeinen Vereinbarungen als zu Vereinbarungen und Verfügungen von Fall zu Fall in sich. Vor dem Abschlusse von Vereinbarungen, die sich auf einzelne Fälle beschränken, und vor der Erlassung ebensolcher Verfügungen werden jeweils die beteiligten Gemeinden gehört werden.

2. Nach Art. 13 Abs. II VG. sind in den Fällen des Abs. I zur Gewährung einer Umlagenminderung oder Umlagenbefreiung auch die Gemeinden berechtigt.

Diese Vorschrift soll der Geschäftsvereinfachung dienen und insbesondere der Notwendigkeit vorbeugen, daß gleichgelagerte Verhältnisse in jedem Einzelfalle neuerlich der ministeriellen Entscheidung zugeführt werden müssen.

3. Art. 13 Abs. III VG. trifft für den Fall Vorsorge, daß es nicht gelingen sollte, durch entsprechende Vereinbarungen mit anderen Staaten unbillige gemeindliche Besteuerungen hintanzuhalten. Er eröffnete die Möglichkeit gegenüber allen Personen, die mit einem anderen Staate in Beziehung stehen (z. B. durch Staatsangehörigkeit, Wohnsitz) nach dem Grundsatz der Gegenseitigkeit zu verfahren.

4. Abgesehen von der Regelung nach Art. 13 VG. steht jedem Gemeinde-Steuerpflichtigen, der in mehreren Ländern zu gleichartigen Landes- oder Gemeindesteuern von demselben Steuerobjekt herangezogen wird, nach § 11 LStG. der Antrag auf Verteilung des Steuerobjekts zu. Der Antrag ist innerhalb eines Monats nach Eintritt der Rechtskraft der zweiten oder einer weiteren Veranlagung wegen des gleichen Steuerobjekts bei einer der veranlagenden Behörden zu stellen. Über die Zuständigkeit, den Rechtszug und das weitere Verfahren in solchen Fällen s. § 11 des LStG.

Gemeinde-Umlagenberechtigung.

Grund- und Haussteuer. § 14.

1. Art. 14 des Vollzugsgesetzes bestimmt, vorbehaltlich des § 10 LStGes., welche einzelne Gemeinde berechtigt ist, Umlagen von den Umlagepflichtigen zu den Steuern aus Grundbesitz, Hausbesitz und Gewerbebetrieb im Umherziehen einzuheben. Hienach sind diejenigen Gemeinden zur Umlagenerhebung berechtigt, in deren Bezirk diese Steuern veranlagt werden. Die Grundsteuer und die Haussteuer werden an dem Ort veranlagt oder vorgemerkt, wo das Grundstück oder das Haus liegt.

Wandergewerbesteuer.

2. Die Steuer vom Gewerbebetrieb im Umherziehen wird an dem Orte veranlagt, wo der Gewerbetreibende seinen Wohnsitz hat. Hat er in Bayern keinen Wohnsitz, so erfolgt die Jahresveranlagung bei dem Finanzamt, in dessen Bezirk er den Gewerbebetrieb in Bayern im Laufe des Jahres begonnen hat oder der zu dem Gewerbebetrieb notwendige Wandergewerbeschein von einer bayerischen Behörde ausgestellt worden ist.

Soweit bei den Steuern vom Gewerbebetrieb im Umherziehen Personen ohne bayerischen Wohnsitz pflichtig sind, muß übrigens entweder die Entrichtung der entsprechenden Gemeindeumlagen der Ausstellung des Wandergewerbescheins vorausgehen oder die Gemeinden werden durch die Finanzämter von Amts wegen verständigt. Vgl. Ministerialbekanntmachung vom 1. Februar 1882 Ziff. 4 (MABl. S. 74, FinMABl. S. 29), Ministerialentschließung vom 7. März 1898, Anweisung § 10 (MABl. S. 103, FinMBl. S. 77).

übt ein Wandergewerbetreibender, der in Bayern seinen Wohnsitz hat, sein Gewerbe überhaupt nicht in Bayern aus und beabsichtigt er auch nicht dies zu tun, dann ist er in Bayern aus dem Gewerbebetrieb im Umherziehen weder ertragssteuer- noch umlagenpflichtig.

3. Bei Wanderlagern wird die Steuer an jedem Betriebsorte des Wanderlagers aufs neue veranlagt.

Vgl. das Gesetz über die Besteuerung des Gewerbebetriebs im Umherziehen vom 27. Juli 1921, GVBl. S. 439 Art. 15.

4. Die Umlagenberechtigung der Gemeinde des Veranlagungsortes in bezug auf die Erträge aus Grund und Boden und aus Hausbesitz sowie aus dem Gewerbebetrieb im Umherziehen entspricht dem bisherigen Rechte.

Die Vorschrift des Art. 14 deckt sich mit § 10 Abs. 1 und 4 LStG.

§ 15.

Umlagen zur Gewerbsteuer.

1. Die Gewerbsteuer (Betriebskapitals- und Ertragsanlage) wird an dem Orte veranlagt, wo der Gewerbsteuerpflichtige zur Reichseinkommensteuer oder zur Körperschaftssteuer zu veranlagen ist oder zu veranlagen wäre (GewStGes. Art. 14), falls er einkommensteuerpflichtig wäre. Die Veranlagung erfolgt also bei natürlichen Personen regelmäßig am Orte des Wohnsitzes oder wenn der Pflichtige im Inlande keinen Wohnsitz hat, am Orte seines gewöhnlichen Aufenthalts und zwar auch dann, wenn das Gewerbe anderswo betrieben wird, bei juristischen Personen, Personenvereinigungen oder bei einem Zweckvermögen bei dem Finanzamt, in dessen Bezirk der Ort der Leitung liegt (GewStGes. Art. 14, RAbgOrdg. §§ 51 ff.).

Für Pflichtige, die in Bayern zwar zur Gewerbsteuer, dagegen zur Reichseinkommensteuer oder Körperschaftssteuer außerhalb Bayerns zu veranlagen sind, liegt die Zuständigkeit bei jenem Finanzamt, in dessen Bezirk das Unternehmen betrieben wird; wird das Unternehmen in mehreren Bezirken betrieben, so ist zuständig

a) in erster Linie jenes in Bayern gelegene Amt, in dessen Bezirk sich die Leitung des Betriebes befindet,

b) in zweiter Linie jenes in Bayern gelegene Amt, in dessen Bezirk der nach Art. 2 des GewStGes. ernannte Vertreter wohnt,

c) in letzter Linie — wenn ein Vertreter nicht bestellt ist — jenes in Bayern gelegene Amt, in dessen Bezirk sich der größere Teil des in Bayern gelegenen oder untergebrachten Vermögens befindet.

Diese Vorschriften beruhen auf Zweckmäßigkeitserwägungen. Für die Staatsfinanzverwaltung ist es lediglich eine Zweckmäßigkeitsfrage, an welchem Orte die Steuerveranlagung stattfindet. Für die Berechtigung zur Erhebung von Gemeindeumlagen im Anschluß an die Gewerbsteuer kann dagegen — gleich wie es bisher der Fall war — nur die Gemeinde in Frage kommen, aus deren Einrichtungen der Gewerbebetrieb Nutzen zieht. Dies ist die Gemeinde, in der eine gewerbliche Betriebsstätte unterhalten wird. Diese Gemeinde ist daher in Art. 15 Abs. I VG. als umlagenberechtigt erklärt.

Zur Feststellung der hiernach erforderlichen Unterlagen dient die Vorschrift des GewStGes. Art. 17 Abs. I Ziff. 4. Danach hat die Steuererklärung des Pflichtigen unter anderem die Angabe der Umstände zu enthalten, die für die Umlagenberechtigung der Gemeinden und Ortschaften maßgebend sind. Vgl. dazu auch das GewStGes. Art. 14—21.

2. Im Art. 15 Abs. II VG. ist der Begriff der Betriebsstätte näher umschrieben. Die Umschreibung entspricht wörtlich dem § 10 Abs. II LStG., das sie vom Reichsdoppelsteuergesetz vom 22. März 1909 § 3 II (siehe GVBl. 1911 S. 559) übernommen hat. Weggelassen wurde nur als entbehrlich das Wort „Niederlagen"; neu hinzugefügt wurde der letzte Satz.

§ 16.

1. Art. 16 VG. bestimmt, daß, wenn zur Ausübung eines stehenden Gewerbes mehrere Betriebsstätten in Bayern unterhalten werden, und diese Betriebsstätten nicht in der nämlichen Gemeinde liegen, jede der beteiligten Gemeinden anteilsweise umlagenberechtigt ist.

Zur Berechnung der Anteile wird die Gewerbsteuer (Betriebskapitalsanlage und Ertragsanlage) auf die mehreren Gemeinden ausgeschieden.

Die Zuständigkeit und das Verfahren bei der Ausscheidung sind in Art. 18 und 19 VG. geregelt, für den Fall, daß nicht vorher Vereinbarungen der Beteiligten über die Ausscheidung der Steuer getroffen werden.

2. Die Ausscheidung der Betriebskapitalsanlage erfolgt nach dem Werte der in den einzelnen umlagenberechtigten Gemeinden befindlichen Bestandteile des Betriebskapitals (GewStGes. Art. 8 und 9). Die Schuldenabzüge, die nach Art. 8 Abs. III daselbst für die Steuerveranlagung zulässig sind, bleiben für die Ausscheidung außer Betracht.

Die Frage, wo die einzelnen Bestandteile des Betriebskapitals befindlich sind, ist nach rein tatsächlichen Gesichtspunkten zu entscheiden. Ihre Beantwortung ergibt sich bei körperlichen Gegenständen von selbst. Das Nämliche gilt von grundstücksgleichen Rechten (Erbbaurecht, Bergwerkseigentum, Kuxen älteren Rechtes, Fischereirecht, Realgewerbeberechtigung, bürgerlichrechtlichen Kommunbaurechten und dgl.). Im übrigen werden die Bestandteile des Betriebskapitals zumeist als dort befindlich zu erachten sein, wo ihre Verwaltung geführt wird. Dies gilt insbesondere von den Forderungsrechten aller Art, und zwar auch dann, wenn die Forderungsrechte dinglich versichert sind.

Die Bestandteile des Betriebskapitals, die sich nicht in einer der umlagenberechtigten Gemeinden befinden, werden für die Ausscheidung nicht in Berechnung gezogen. Man setze z. B. folgenden Fall:

Eine gewerbliche Unternehmung mit dem Hauptsitz in Berlin unterhalte Betriebsstätten in den drei bayerischen Gemeinden A, B und C.

Von ihrem Betriebskapital befinden sich in der Gemeinde A:	240 000 ℳ,
in der Gemeinde B:	100 000 ℳ,
in der Gemeinde C:	60 000 ℳ,
also in den drei umlagenberechtigten Gemeinden zusammen:	400 000 ℳ;
außerdem seien von dem in Berlin befindlichen Betriebsfonds in Bayern steuerbar:	100 000 ℳ.
Das gesamte steuerbare Betriebskapital beträgt daher: . .	500 000 ℳ.

Die Betriebskapitalsanlage hieraus ist nach Art. 7 GewStG.: 495 ℳ.
Hiervon entfallen demnach auf die Gemeinde A: 495 × $\frac{24}{40}$ = 297 ℳ,
auf die Gemeinde B: 495 × $\frac{10}{40}$ = 124 ℳ,
auf die Gemeinde C: 495 × $\frac{6}{40}$ = 74 ℳ,
zusammen: 495 ℳ.

Der bezeichnete Ausscheidungsmaßstab gilt ausnahmslos. Er gilt also z. B. auch für die sogenannten Filialenzuschläge, das sind die Zuschläge, um welche die Betriebskapitalsanlage nach dem GewStGes. Art. 6 Abs. IV beim Betriebe mehrerer Verkaufsläden oder mehrerer ständiger Niederlagen erhöht wird. Diese Zuschläge dürfen den Gemeinden, in denen sich solche Filialen befinden, nicht vorweg zugewiesen werden. Der bezeichnete Ausscheidungsmaßstab gilt ferner ohne Rücksicht darauf, wo die einzelnen Bestandteile des Betriebskapitals zu wirken bestimmt sind. Es kommt daher z. B. ein Betriebsfonds, der sich in der (bayerischen) Gemeinde des Hauptsitzes eine gewerblichen Unternehmung befindet, nicht nur dieser Gemeinde zugute.

Die Ausscheidung der Betriebskapitalsanlage wird sich häufig nur durch billige Abschätzung bewerkstelligen lassen. Vgl. auch das GewStGes. Art. 18.

3. Für die Ausscheidung der Ertragsanlage gelten die Grundsätze der §§ 24, 25 LStG.[1]) Diese schreiben folgendes vor:

§ 24 LStG. „Erstreckt sich eine Gewerbe- oder Bergbauunternehmung über mehrere anteilberechtigte Gemeinden, so erfolgt die Zerlegung des Gemeindeanteils derart, daß der Gemeinde, in der die Leistung des Gesamtbetriebs stattfindet, der zehnte Teil des Gesamtanteils zugewiesen wird und der verbleibende Teil

1. bei Versicherung-, Bank-, Kredit- und Warenhandelsunternehmungen nach Verhältnis der in den einzelnen Gemeinden erzielten Roheinnnahme,
2. in den übrigen Fällen nach Verhältnis der in den einzelnen Gemeinden erwachsenden Ausgaben an Gehältern und Löhnen, jedoch ausschließlich der von dem Gesamtüberschusse berechneten Tantiemen des Verwaltungs- und Betriebspersonals, verteilt wird. Bei Eisenbahnen kommen die Gehälter und Löhne desjenigen Personals, das in der allgemeinen Verwaltung beschäftigt ist, nur mit der Hälfte, des in der Werkstättenverwaltung und dem Fahrdienste beschäftigten Personals nur mit zwei Dritteln ihrer Beträge in Ansatz.

Wenn in einzelnen Fällen aus der Anwendung dieser Verteilungsgrundsätze besondere Härten für eine beteiligte Gemeinde oder mehrere Gemeinden sich ergeben, kann dem Verteilungsplan ein anderer Maßstab zugrunde gelegt werden.

Erstreckt sich eine Betriebsstätte im Sinne des § 21 LStG., innerhalb deren Ausgaben an Gehältern und Löhnen erwachsen, über den Bezirk mehrerer Gemeinden, so hat die Verteilung nach der Lage der örtlichen Verhältnisse unter Berücksichtigung des Flächenverhältnisses und der in den beteiligten Gemeinden durch das Vorhandensein der Betriebsstätte erwachsenen Kommunallasten zu erfolgen.

[1]) Die Bestimmungen werden in nächster Zeit rückwirkend geändert werden. Vergl. hiezu Bek. v. 17. Mai 1921, Staatsanz. Nr. 118.

§ 25 LStG. Für die Ermittlung der Roheinnahme und der Ausgaben an Löhnen und Gehältern ist das Jahr maßgebend, dessen Ergebnis der Besteuerung zugrunde liegt.

Die Unternehmer sind verpflichtet, der anteilberechtigten Gemeinde auf Anfordern eine Nachweisung der Roheinnahme und der Ausgaben an Löhnen und Gehältern mitzuteilen.

Bei der Zugrundelegung eines anderen Verteilungsmaßstabes können in Betracht gezogen werden: die von den einzelnen Gemeinden aus erzielten Ertragsteile, die Zahl der beschäftigten Personen, die Art und die Dauer ihrer Beschäftigung, die Gruppierung des Betriebskapitals, der Umfang und die wirtschaftliche Bedeutung der Betriebsteile.

4. Die im Art. 16 Abs. III VG. vorgesehene Vorschrift in bezug auf die Betriebsstätten in ausmärkischen Bezirken (z. B. Steinbrüche) ist namentlich deshalb unerläßlich, weil die Gewerbesteuern, die hiernach für den ausmärkischen Bezirk auszuscheiden sind, für die Berechnung und Verteilung der Bezirksumlagen (Art. 26, 28) in Betracht kommen.

§ 17.

1. Die Frage, welche Gemeinde nach Art. 15 VG. umlagenberechtigt in bezug auf die Erträge aus dem stehenden Gewerbebetrieb ist und wie sich nach Art. 16 die Anteile bemessen, kann natürlich nur für einen gewissen Zeitpunkt des Steuerjahres gelöst werden. Art. 17 Satz 1 VG. erklärt den Zeitpunkt als maßgebend, in dem die Umlagenpflicht (Art. 10, 13) zuerst im Jahre bestanden hat. Besteht die Umlagenpflicht schon zu Beginn des Rechnungsjahres, so ist dieser Tag der 1. April, beginnt sie erst später, so ist es der Tag des Beginns.

2. Ein späterer Beginn der Umlagenpflicht kann z. B. vorliegen, wenn ein Gewerbebetrieb erst nach dem 1. April eröffnet wird oder wenn eine Umlagenfreiheit, die auf Grund des Art. 13 besteht, im Laufe des Jahres in Wegfall kommt. Dagegen liegt ein späterer Beginn der Umlagenpflicht nicht vor, wenn die Steuerveranlagung zwar erst nach dem 1. April, aber mit Wirkung von diesem Tage ab erfolgt, oder wenn nur eine andere rechtliche Grundlage des Umlagenanspruchs, z. B. die Feststellung des Gemeindevoranschlags erst nachträglich hinzutritt. Das Gleiche gilt dann, wenn das Rechtsverhältnis, auf dem der einzelne Steueransatz beruht, unverändert bleibt, und nur in seiner steuerlichen Beurteilung richtig gestellt wird. Richtigstellungen dieser Art wirken auf den 1. April zurück, sie mehren oder mindern also die Steueransatzsumme von diesem Tage an und müssen deshalb bei der Bemessung der Umlagenschuld berücksichtigt werden. Hierher gehören z. B. Berichtigungen der Steuerveranlagung oder der Steuerausscheidung im Rechtsmittelwege, Steuernachholungen und Ausscheidungsnachholungen (Art. 19 Abs. II VG.), Berichtigungen von Ansatzberechnungen (Art. 9 Abs. II, 20), immer vorausgesetzt, daß die Rechtigstellung auf den 1. April zurückwirkt. Ferner gehört hierher natürlich auch der Fall, daß die allgemeine Steuerveranlagung oder die Steuerausscheidung dabei erst nach dem 1. April, aber mit Wirkung von diesem Tage erfolgt.

3. In den Verhältnissen, die für die Umlagenberechnung an der Gewerbsteuer und für das Maß der Berechtigungsanteile entscheidend sind, können während des Steuerjahrs z. B. durch Verlegung, Neuerrichtung oder Aufhebung von Betriebsstätten, durch Änderung in der Gruppierung des Betriebskapitals oder der Ertragsteile, durch Verlegung von Ge-

meindegrenzen Änderungen eintreten. Im Interesse der Geschäftsvereinfachung bestimmt Art. 17 Satz 2 VG., daß solche Änderungen für das laufende Steuerjahr nicht zu berücksichtigen sind.

Zu beachten ist übrigens hierbei, daß Art. 17 Satz 2 nur für die Umlagenberechtigung, nicht für die Umlagenpflicht gilt. Endet im Laufe des Steuerjahrs die Umlagenpflicht z. B. durch Abschreibung der Gewerbesteuer oder durch Befreiung auf Grund des Art. 13, so ist natürlich — vom gleichen Zeitpunkt ab — auch für eine Umlagenberechtigung kein Raum mehr.

§ 18.

1. Art. 18 VG. gilt nur für Steuern aus stehendem Gewerbebetrieb und stellt die Steuerausscheidung zunächst der Vereinbarung des Umlagenpflichtigen und der beteiligten Gemeinden anheim. Soweit die Vereinbarung reicht, ist eine behördliche Beschlußfassung entbehrlich.

Auch Teilvereinbarungen z. B. über die Betriebskapitalanlagen sind zulässig und unter Umständen zweckmäßig. Man setze z. B. den Fall, eine Bank unterhalte in einer größeren Anzahl von Gemeinden Zweigniederlassungen und vermöge sich mit einem Teile dieser Gemeinden über die Steuerausscheidung zu vereinbaren, mit einem anderen Teile aber nicht. Wenn eine solche Teilvereinbarung die Rechte der übrigen Gemeinden nicht beeinträchtigt, so steht hier nichts im Wege und die behördliche Steuerausscheidung kann sich alsdann entsprechend beschränken.

Ohne die Zustimmung des Umlagenpflichtigen kann dagegen eine Vereinbarung niemals stattfinden; denn für diesen ist die Ausscheidung schon wegen der Verschiedenheit der Umlagen immer von Belang.

Die Vereinbarung soll tunlichst auf bestimmte Bruchanteile an der Steuer lauten. Kann angenommen werden, daß sich die maßgebenden Verhältnisse in den nächsten Jahren nicht wesentlich ändern werden, so empfiehlt es sich, der Vereinbarung etwa die Bestimmung beizufügen, daß sie jeweils für ein weiteres Jahr gelte, wenn nicht die zum Beginne der entsprechenden Steuerveranlagung eine Kündigung beim Finanzamte des Veranlagungsorts einlaufe. Die Finanzämter und die Gemeindeaufsichtsbehörden sollen nach Möglichkeit auf das Zustandekommen solcher Vereinbarungen hinwirken.

Den Abschluß einer Vereinbarung sowie deren Inhalt sollen die beteiligten Gemeindeverwaltungen alsbald dem Finanzamte des Veranlagungsorts mitteilen. Soweit die beteiligten Gemeinden zu anderen Finanzämtern gehören, soll die gleiche Mitteilung auch diesen gemacht werden.

Lautet eine Vereinbarung auf Bruchteile an der Steuer, so gibt das Finanzamt des Veranlagungsorts den entsprechenden Gesamtsteuerbetrag des Pflichtigen den beteiligten Gemeinden bekannt, damit diese ihn in die vereinbarten Anteile zerlegen können; das Gleiche gilt von Steuerveränderungen, die im Steuerjahr etwa eintreten. Die Bekanntgabe erfolgt am einfachsten durch Zustellung eines Abdrucks der Mitteilung, die den Steuerpflichtigen über seine Schuldigkeit gemacht wird.

Gilt eine Vereinbarung, die auf Bruchteile lautet, für mehrere Jahre, so bedarf es einer wiederholten Bekanntgabe der Steuer nach dem vorhergehenden Absatz nur dann, wenn die frühere Mitteilung nicht mehr zutrifft.

Ist eine amtsfremde Gemeinde beteiligt, so sendet das Finanzamt je einen Abdruck der bezeichneten Bekanntgaben an das Finanzamt, zu dem diese Gemeinde gehört.

2. Soweit keine Vereinbarung zustande kommt, erfolgt die erforderliche Steuerausscheidung von Amts wegen nach Art. 16 VG. gleichzeitig mit der Steuerveranlagung durch Beschluß des Finanzamts unter Mitwirkung des hiefür zuständigen Steuerausschusses (Art. 21 GewStG.) Gegen diesen Beschluß sind die gleichen Rechtsmittel wie gegen den Steuerbescheid zulässig, in erster Linie also der Einspruch. S. hiewegen Art. 23—44 Gewerbesteuergesetz.

Unbegründete Anträge auf Steuerausscheidung werden durch Beschluß des Finanzamts unter Mitwirkung des Steuerausschusses abgewiesen.

Das Finanzamt ist unter Mitwirkung des Steuerausschusses zuständig in allen Fällen der allgemeinen jährlichen Veranlagung der Gewerbesteuer (GewStGes. Art. 21).

Das Finanzamt ist allein zuständig in den Fällen der Steuerzugänge im Laufe des Steuerjahrs (GewStGes. Art. 46) und in denen das Staatsministerium der Finanzen nach Art. 21 III GewStGes. dies bestimmt hat.

Die **örtliche** Zuständigkeit der Steuerveranlagung und damit auch zur Steuerausscheidung bemißt sich nach dem GewStGes. Art. 14 (s. oben § 15).

3. Wird eine Veranlagung der Gewerbesteuer nach Maßgabe der Art. 23—44 GewStGes. durch ein Rechtsmittel abgeändert, so ist gleichzeitig die Steuerausscheidung zu berichtigen. Erfolgt die Berichtigung der Steuerausscheidung durch Bescheid, so sind gegen den Bescheid über die Steuerausscheidung dieselben Rechtsmittel zulässig, wie gegen den Bescheid über die Steuerveranlagung selbst.

§ 19.

1. Auf den Beschluß über die Steuerausscheidung nach Art. 18 VG. und auf die Rechtsmittel sind die Vorschriften des Gewerbesteuergesetzes in Art. 9, 10, 22 ff. entsprechend anzuwenden.

2. Für die Eröffnung des Beschlusses gelten außerdem folgende Vorschriften:

a) Nach Art. 19 Abs. I Ziff. 1 VG. hat das Finanzamt den Ausscheidungsbeschluß dem Umlagenpflichtigen und den beteiligten Gemeinden durch schriftlichen Steuerbescheid zu eröffnen. Das nämliche gilt von dem Beschlusse, der einen Ausscheidungsantrag abweist (s. Art. 22 Abs. I und II GewStG.).

b) Lästige alljährliche Eröffnungen der gleichen Ausscheidung können dadurch vermieden werden, daß die Beteiligten eine Vereinbarung treffen und damit die Beschlußfassung entbehrlich machen. Vgl. oben § 18 Ziff. 1.

c) Der Eröffnung des Beschlusses ist eine Belehrung darüber beizufügen, daß gegen ihn der Einspruch zulässig, dann binnen welcher Frist und wo das Rechtsmittel einzulegen ist, ferner daß im Einspruch die Anfechtungsgründe anzugeben sind, endlich welche Anzahl von Abschriften der Rechtsmittelschrift beigefügt werden sollen.

d) Die Eröffnung des Ausscheidungsbeschlusses an den Umlagenpflichtigen (samt der Beschwerdebelehrung) erfolgt am einfachsten durch entsprechende Ergänzung der Mitteilung, die ihm über seine Steuerschuldigkeit gemacht wird.

e) Die Eröffnung des Ausscheidungsbeschlusses an die beteiligten Gemeinden erfolgt am einfachsten durch Zustellung von Abdrücken der ergänzten Mitteilung, die dem Umlagenpflichtigen zugesendet wird. Dabei ist jedoch ausdrücklich beizufügen, daß der Einspruch auch den beteiligten Gemeinden zusteht.

f) Bei der Eröffnung eines einspruchfähigen Beschlusses an eine amtsfremde Gemeinde ist ferner darauf hinzuweisen, daß die Einspruchsfrist für diese Gemeinde am Tage der Eröffnung beginnt. Die Eröffnung an eine amtsfremde Gemeinde soll gegen Zustellungsnachweis erfolgen. Von der Eröffnung an eine solche sendet das Finanzamt einen Abdruck an das Finanzamt, zu dem die Gemeinde gehört. Entsprechendes gilt für Entscheidungen, die im Rechtsmittelweg ergehen.

3. Nach Art. 19 Abs. I Ziff. 2 VG. sind zur Einlegung von Rechtsmitteln gegen Beschlüsse über die Steuerausscheidung der Umlagenpflichtige und die beteiligten Gemeinden berechtigt.

Den beteiligten Gemeinden ist auf Verlangen Einsicht in die Verhandlungen am Sitze des Finanzamtes zu gestatten, soweit die Einsicht zur Wahrung ihrer Interessen in bezug auf die Steuerausscheidung erforderlich ist.

4a. Für den Umlagenpflichtigen und für die Gemeinden, die zum Finanzamt des Ortes der Steuerveranlagung gehören, beginnt die Frist für die Einlegung des Einspruchs gegen Beschlüsse über die Steuerausscheidung an dem Tage, der in der öffentlichen Bekanntmachung dieses Finanzamts bestimmt ist (Art. 24 II GewStGes.).

Erfolgt die Beschlußfassung erst nach diesem Tage, so beginnt die Einspruchsfrist am Tage der Eröffnung des Beschlusses (§ 24 Abs. III GewStGes.).

In den Fällen des Abs. II soll die Eröffnung oder Mitteilung des Beschlusses gegen Zustellungsnachweis erfolgen.

4b. Für Gemeinden, die nicht zum Finanzamt des Ortes der Steuerveranlagung gehören, beginnt nach Ziff. 3 des Art. 19 die Berufungsfrist am Tage der Eröffnung des Beschlusses über die Ausscheidung.

5. Nach Art. 19 Abs. I Ziff. 4 VG. ist das Rechtsmittel des Einspruchs, der Berufung oder der Beschwerde, das der Umlagenpflichtige oder eine Gemeinde gegen einen Beschluß oder Bescheid über die Steuerausscheidung eingelegt hat, allen Gegenbeteiligten mitzuteilen.

Zu diesem Zwecke soll der Rechtsmittelschrift die erforderliche Anzahl von Abschriften beigefügt werden. Die Mitteilung an die Gegenbeteiligten erfolgt bei Einsprüchen und Berufungen durch das Finanzamt, bei Beschwerden durch die Mittelstellen der Landesfinanzverwaltung.

Als beteiligt kommt im Zweifel jede Gemeinde in Betracht, auf deren Umlagenberechtigung das Rechtsmittel Einfluß haben kann. Der Umlagenpflichtige ist bei Rechtsmitteln von Gemeinden stets beteiligt.

6. Art. 19 Abs. I Ziff. 5 VG. kann nur in Frage kommen bei Steuerausscheidungen, die das Finanzamt ohne Mitwirkung des Ausschusses vorgenommen hat oder bei Ausscheidungen, die durch den Steuerausschuß erfolgt sind. Welche Gemeinden hier beteiligt sind und daher

einer Abänderung zustimmen müssen, ergibt sich aus dem Inhalte der Abänderung. Der Umlagenpflichtige ist stets beteiligt; seine Zustimmung ist daher immer erforderlich.

7. Durch Art. 19 Abs. II VG. soll der Nachholung unterbliebener Steuerausscheidungen ein angemessenes zeitliches Ziel gesetzt werden.

Die Nachholung der Steuerausscheidung erfolgt durch das Finanzamt, in dessen Bezirk die Steuer veranlagt worden ist. An dieses Finanzamt ist auch der Antrag auf Nachholung zu richten.

Art. 19 Abs. II VG. ist nicht anwendbar, soweit bereits ein Beschluß über die Ausscheidung (Ausscheidungsbeschluß oder Abweisung eines Ausscheidungsantrags) gegenüber dem Antragsteller vorliegt.

§ 20.

1. Um die Umlagenschuldigkeit der einzelnen Pflichtigen berechnen zu können, muß sich die Gemeindeverwaltung von den veranlagten und vorgemerkten Steuern, die auf die Gemeinde treffen, Kenntnis verschaffen. Dies geschieht in der Regel dadurch, daß die Gemeindeverwaltung auf Grund des Art. 20 Abs. II bei dem Finanzamte, zu dessen Bezirk die Gemeinde gehört (in der Pfalz auch bei der Steuereinnehmerei), die Steuerlisten und die sonstigen Behelfe einsieht.

Dadurch erlangt die Gemeindeverwaltung Kenntnis von allen Grundsteuern, Haussteuern und Steuern vom Gewerbebetrieb im Umherziehen, die in der Gemeinde veranlagt sind, und hinsichtlich deren diese nach Art. 14 VG. umlagenberechtigt ist.

Ferner erhält sie hierdurch Kenntnis von allen Gewerbesteuern, für welche die Gemeinde der Veranlagungsort ist (GewStGes. Art. 13). Die Gemeindeverwaltung wird alsdann auf Grund ihrer eigenen Behelfe (Einwohnerlisten und dgl.) zu prüfen haben, inwieweit die Gemeinde von den veranlagten Gewerbesteuer-Erträgen nach Art. 15—17 Vollzugsgesetz umlagenberechtigt ist. Sie wird weiter prüfen, auf welche a u s w ä r t s veranlagten Erträge die Umlagenberechtigung der Gemeinde nach Art. 15—17 sich etwa erstreckt. Soweit die Gemeindeverwaltung hiervon nicht durch Eröffnungen im Ausscheidungsverfahren (oben § 19) oder durch anderweitige finanzamtliche Mitteilungen Kenntnis erhält, wird sie selbst entsprechende Ausscheidungsanträge oder Anfragen stellen müssen.

2. Im Gegensatz zu dem früheren Rechte des Umlagengesetzes vom 17. August 1918 werden die sämtlichen in Betracht kommenden Ertragssteuern, das sind Grund-, Haus-, Gewerbesteuern und Hausiergewerbsteuern mit ihren einfachen Beträgen angesetzt und die nach einem einheitlichen Hundertsatz festzusetzenden Umlagen aus dem Gesamtsteuersoll berechnet. Nur bei der Grundsteuer darf die Gemeindeverwaltung beschlußmäßig den einheitlichen Umlagensatz gleichmäßig bis um 50% erhöhen. 100% Umlagen sind daher, abgesehen von der möglichen Erhöhung der Grundsteuer, künftig wieder gleich dem Gesamtsteuersoll. Die Erhöhung der Grundsteuer gegenüber den anderen Ertragssteuern erklärt sich aus den niederen Sätzen dieser Steuer.

3. Die Errechnung des Hundertsatzes der Gemeindeumlagen kann natürlich nur nach der Summe des Steuersolls erfolgen, das zur Zeit der Errechnung bekannt oder so doch zu dieser Zeit für das Erhebungs-

jahr erwartet wird. Die Umlagenschuld des einzelnen Pflichtigen bemißt sich dagegen nach dem Steuersoll, das sich für ihn im Laufe des entsprechenden Jahres oder nachträglich für dieses Jahr wirklich ergibt.

Die Berechnung und Verteilung der Gemeindeumlagen ist Sache der Gemeindeverwaltung.

Die Errechnung des Hundertsatzes der Gemeindeumlagen ist dem Gemeindevoranschlage beizugeben. Es empfiehlt sich dafür nachstehendes
Beilage 1. Muster. (Das Muster ist mit — schräg gedruckten — Beispielziffern ausgefüllt; aus ihm ergibt sich zugleich der Werdegang der Errechnung).

Errechnung des Hundertsatzes der Gemeideumlagen.

a)	Die Grundsteuern betragen:	1000 ℳ.	
	(50 %) Zuschlag nach Art. 9 Abs. II Vollzugsgesetz zum LStG.: $\frac{1000}{2}$ =	500 ℳ.	
	Grundsteuern und Zuschlag also:		1500 ℳ.
b)	Die Haussteuern, Gewerbesteuern und Steuern vom Gewerbebetrieb im Umherziehen betragen:	7100 ℳ.	
	Daher Steueransatz:		7100 ℳ.
c)	Die Summe der Steueransätze ist:		8600 ℳ.
d)	Der Umlagenbedarf ist:		26 230 ℳ.

also: $\frac{26230}{8600}$ = 305 % der Summe der Steueransätze.

Bei Buchst. a des vorstehenden Musters ist zu berücksichtigen, daß die Umlagen aus der Grundsteuer bis um die Hälfte höher sein dürfen als der im übrigen einheitliche Hundertsatz der übrigen Ertragssteuern, s. Art. 9 Abs. I VG.; ob diese Erhöhung vorgenommen werden will, steht ganz im Ermessen der Gemeindeverwaltung. Diese kann die Umlagen zu den Grundsteuern auch in der gleichen Höhe wie die übrigen Umlagen erheben, und sie kann sie um jeden beliebigen Betrag der sich zwischen 1 und 50% des Hundertsatzes der übrigen Umlagen bewegt, erhöhen. Zur leichteren Berechnung der Umlagen empfiehlt es sich aber dann, die Erhöhung der Grundsteuern nach Ziff. 1 des oben abgedruckten Musters dadurch anzusetzen, daß man die Grundsteuer selbst um den Prozentsatz erhöht, um den die Umlage zur Grundsteuer höher ist als die zu den übrigen Steuern.

4. Die Gemeindeumlagen sind wie bisher in Umlagenverzeichnissen auszuweisen. Das Umlagenverzeichnis soll die einzelnen Umlagenpflichtigen, die veranlagten Steuerbeträge, dann soweit es für die Grundsteuer erforderlich ist, auch die Berechnung der Steueransätze den Umlagenhundertsatz und die zu entrichtenden Umlagenbeträge ersehen lassen.

Empfehlenswert ist für die Berechnung nach Umlagen die Verwendung von Rechenmaschinen und ähnlichen Hilfsmitteln. Ein Muster für
Beilage 2. das Umlagenverzeichnis gibt Beilage 2.

Eine andere Gestaltung des Umlagenverzeichnisses wird durch dieses Muster nicht ausgeschlossen. Insbesondere steht nichts im Wege, das Umlagenverzeichnis so einzurichten, daß es für mehrere Jahre benützbar ist. In größeren Gemeinden kann es sich auch empfehlen, statt des

Umlagenverzeichnisses für jeden Umlagepflichtigen ein eigenes, für mehrere Jahre benützbares Umlageblatt anzulegen.

5. Nach Art. 20 Abs. II VG. sind die Gemeindeverwaltungen befugt bei den Finanzämtern, in der Pfalz auch bei den Steuereinnehmereien, die einschlägigen Steuerlisten und die sonstigen Behelfe einzusehen und Abschriften davon zu nehmen. Diese Vorschrift entspricht dem bisherigen Rechte.

Die Finanzämter und die pfälzischen Steuereinnehmereien werden den Gemeindeverwaltungen bei Ausübung jener Befugnis nach Möglichkeit entgegenkommen. Die Versendung von Steuerlisten usw. an Gemeindeverwaltungen ist jedoch unzulässig.

Nach dem früheren Rechte konnte die Berechnung der Steueransätze sowie die Berechnung und Verteilung der Gemeindeumlagen vertragsweise dem Finanzamt übertragen werden. Diese gesetzliche Ermächtigung ist heute weggefallen.

§ 21.

1. Aus Zweckmäßigkeitsgründen bestimmt Art. 21 Satz 1, daß die Gemeindeumlagen mit den einschlägigen Landessteuern fällig werden.

Die Grund- und Haussteuern werden mit je 1/4 der Jahresschuldigkeit am 1. Januar, 1. April, 1. Juli und 1. Oktober fällig (§ 118 Grund- / § 36 Haus-steuergesetz) und werden halbjährig entrichtet. Für die Gewerbesteuer bestimmt das Staatsministerium der Finanzen nach Art. 62 GewStGes. den Zeitpunkt der Entrichtung der Steuerschuld. Die Steuer vom Gewerbebetrieb im Umherziehen ist jeweils beim Geschäftsbeginn in Bayern im ganzen fällig (Art. 6 des HStG.).

2. Art. 21 Abs. 1 Satz 2 VG. überläßt die Bestimmung des Zeitpunkts der Entrichtung der Gemeindeumlagen entsprechend dem bisherigen Rechte der Gemeindeverwaltung (Stadt-, Gemeinderat).

Die Gemeindeverwaltung kann auch mehrere Entrichtungszeiten, z. B. für Teilzahlungen, bestimmen.

Um der Bestimmung der Entrichtungszeit die Wirkungen des Art. 22 VG. zu sichern, muß sie entweder öffentlich bekanntgegeben oder den einzelnen Pflichtigen nachweislich besonders eröffnet werden.

Wenn die Verwaltung der Gemeindeumlagen nach § 19 der Reichsabgabenordnung dem Finanzamt übertragen ist, so hat das Finanzamt namens der Gemeindeverwaltung die erforderliche Bestimmung zu treffen.

3. Von dem Beginn des auf den Zeitpunkt der Entrichtung folgenden Monats an sind Zinsen von 5% des geschuldeten, nicht bezahlten Betrages zu entrichten, unter der Voraussetzung, daß hierauf in der gemeindlichen Bekanntmachung ausdrücklich hingewiesen worden ist. Angefangene Monate sind für die Zinsschuld als voll zu rechnen. Die Zinsen sind auf volle Mark nach unten abzurunden und sind nicht zu entrichten, solange die Zahlung der Umlagen infolge eines Umstandes unterbleibt, den der Umlagenschuldner nicht zu vertreten hat.

4. Die Fälligkeit und die Beitreibung der Umlagen werden durch Einwendungen gegen den Rechtsbestand der Umlagenforderung nicht aufgeschoben. Mit dieser Bestimmung erledigt Art. 21 Abs. 2 VG. die Streitfrage, daß die Vollstreckung des Umlagenanspruchs der Gemeinde vorbehaltlich der allgemeinen Voraussetzungen unabhängig ist davon,

daß der Umlagenanspruch nach Bestand und Umfang unbestritten ist. Die Zwangsvollstreckung kann sonach durchgeführt werden, auch wenn der Umlagenschuldige den Rechtsbestand der Forderung im Verwaltungsrechtswege bestreitet.

Wenn der gemeindliche Voranschlag und damit der Umlagenhundertsatz aus irgendwelchen Gründen nicht rechtzeitig festgestellt werden kann, so können die Gemeinden, falls ihre sonstigen Einnahmen zur Deckung ihrer Ausgaben nicht ausreichen, im Laufe des Rechnungsjahres von den für das betreffende Jahr Umlagenpflichtigen einen Teil der Gemeindeumlagen vorläufig einheben; hiebei darf von den einzelnen Umlagenpflichtigen höchstens die Hälfte seiner vorjährigen Umlagenschuldigkeit eingezogen werden. Ist ferner die Ertragssteuerveranlagung bis zum Schlusse des betreffenden Rechnungsjahres noch nicht durchgeführt, so können die Gemeinden auch die zweite Hälfte der vorjährigen Umlagenschuld als Abschlagszahlung einheben. Die Abschlagszahlungen werden auf die endgültig festgesetzte Umlagenschuld angerechnet. Zuviel erhobene Beträge sind zurückzuvergüten. Befreiungen von der vorläufigen Einzahlung von Umlagen werden insbesondere dann am Platze sein, wenn einzelne Umlagenschuldner glaubhaft machen, daß ihre Steuerveranlagung im Erhebungsjahre hinter der Steuerschuld des Vorjahres nicht unwesentlich zurückbleiben wird. Für diese vorläufige Umlagenzahlung gelten im übrigen die Bestimmungen der Art. 21, 22 und 24 VG. sinngemäß in gleicher Weise.

Die vorläufige Einhebung eines Teiles der Gemeindeumlagen darf sich selbstverständlich nur auf Personen erstrecken, die für das betreffende Jahr umlagenpflichtig sind. Zwar ist nach dem strengen Wortlaute des Art. 10 VG. gemeindeumlagenpflichtig nur, wer mit einer direkten Staatssteuer veranlagt ist; es wurde aber für eine vorläufige Einhebung eines Umlagenteils als genügend erachtet, wenn die Steuerpflicht im Zeitpunkte der Einhebung des Umlagenvorschusses besteht und die Steuerveranlagung im Gange ist. Die ausdrückliche Feststellung im Art. 21 Abs. 3 Satz 4 VG., daß der vorläufige eingehobene Betrag auf die endgültig festgesetzte Umlagenschuldigkeit angerechnet werden muß, bietet dem Umlagenpflichtigen genügenden Schutz gegen Übererhebungen.

5. Auch die Ortsumlagen und die Bezirksumlagen können (Art. 25 und 29 VG.) in der gleichen Weise vorläufig eingehoben werden.

§ 22.

1. Art. 22 VG. regelt die Einhebung und Beitreibung der Gemeindeumlagen und entspricht im wesentlichen dem bisherigen Rechte mit der Maßgabe, daß nunmehr auch in der Pfalz die Vollstreckung wie im rechtsrheinischen Bayern durch die Gemeindeverwaltung zu bewirken ist. Jeder Pflichtige, insbesondere auch Staat, Kreis, Bezirke usw. haben die Umlagen an den Gemeindeeinnehmer abzuliefern.

Über den Hundertsatz der Gemeindeumlagen in den Gemeinden, die einem Bezirksamt unterstehen, werden sich die erwähnten öffentlichen Körperschaften am einfachsten alljährlich durch eine Anfrage bei dem zuständigen Bezirksamte vergewissern. Ergeben sich sonstige Zweifel, so sind diese durch Anfragen bei den Gemeindeverwaltungen oder bei den vorgesetzten Staatsaufsichtsbehörden zu lösen.

Die Gemeindeverwaltungen sind übrigens wie bisher verpflichtet, den staatlichen Kassenämtern zur Rechnungsdeckung auf Verlangen Einzelberechnungen der Gemeindeumlagen zu übersenden und dabei die Formblätter zu benützen, die hiefür in den einzelnen Staatsverwaltungszweigen etwa vorgeschrieben sind.

2. Zur Mahnung der säumigen Umlagenschuldner, zur Erhebung der Mahngebühr, die mindestens 20 Pfg. beträgt und durch die Gemeindesatzung bis auf ½% der Umlagenschuldigkeit festgesetzt werden kann, und zur Anfertigung des Ausstandsverzeichnisses nach erfolgloser Mahnung (Art. 22 Abs. II, III Satz 1 VG.) ist der Gemeindeeinnehmer nicht nur berechtigt, sondern verpflichtet.

Das Gleiche gilt hinsichtlich des weiteren Vorgehens für die hiefür zuständigen Gemeindebeamten.

Pflichtversäumnisse sind dienststrafrechtlich verfolgbar; auch begründen sie, wenn dadurch Ausfälle entstehen, die Haftungsverbindlichkeit der Schuldigen.

Für die Mahnung (Art. 22 Abs. II VG.), die nunmehr zur Beschleunigung und Geschäftsvereinfachung auch durch öffentliche Ausschreibung erfolgen kann, ist eine bestimmte Form nicht vorgeschrieben. Ein Muster mit Beispieleinträgen für nichtöffentliche Mahnungen ist in der Beilage 3 abgedruckt. Die Gemeindesatzung über die Höhe der Mahngebühr ist vom Gemeinde-, Stadt-Rat zu beschließen und bedarf keiner Genehmigung. Beilage 3

Für die Eröffnung oder Zustellung der Mahnung kann sich der Gemeindeeinnehmer der gemeindlichen Vollzugsorgane (Diener, Boten und dergl.) sowie der Post bedienen.

Das Ausstandsverzeichnis (Art. 22 Abs. III Satz 1) soll Namen, Stand und Wohnort des säumigen Schuldners, den ausständigen Betrag nach Gattung und Größe, den Betrag der Mahngebühr, den Tag, an dem die Umlage zu entrichten war und von dem an sie zu verzinsen ist und den Tag der Mahnung bezeichnen.

Die Vollstreckbarerklärung des vom Gemeindeeinnehmer anzufertigenden Ausstandsverzeichnisses, (Art. 22 Abs. III VG.) erfolgt durch den Stadtrat oder Gemeinderat.

Der Vermerk über die Vollstreckbarerklärung ist der Urschrift des Ausstandsverzeichnisses beizufügen. Er ist mit der Fertigung des Stadtrats oder Gemeinderats zu versehen, vom Bürgermeister oder seinem Stellvertreter zu unterzeichnen, und mit dem Gemeindesiegel zu versehen.

In der Beilage 4 ist ein Muster für das Ausstandsverzeichnis und den Vollstreckbarkeitsvermerk abgedruckt. Das Muster enthält auch einige Beispiele. Beilage 4.

4. Die Vollstreckung nach Art. 22 Abs. IV setzt den vorgängigen entsprechenden Vollzug der Absätze II und III dieses Artikels voraus. Einwendungen gegen den Rechtsbestand der Umlagenforderung haben nach Art. 21 II VG. keine aufschiebende Wirkung.

Bei der Vollstreckung hat die Gemeindeverwaltung (Stadtrat, Gemeinderat) wie bisher die Befugnisse nach Art. 4, 6, 7 des AG. zur ZPO. und KO. vom 9. 6. 1899 (GVBl. S. 401). Die bisherigen Ausnahmebestimmungen für die Pfalz sind nunmehr weggefallen und es gilt für sie auch in dieser Beziehung das gleiche Recht wie im rechtsrheinischen Bayern.

Die gemeindliche Vollstreckung beschränkt sich auf die Pfändung und Verwertung körperlicher beweglicher Sachen. Ist eine andere Vollstreckungsart angezeigt, z. B. die Pfändung von Forderungen oder die Zwangsvollstreckung in das unbewegliche Vermögen, so bedarf es entsprechender Antragsstellung bei dem zuständigen bürgerlichen Gerichte.

Die Gemeindeverwaltung kann die Vollstreckung sowohl durch die ihr zu Gebote stehenden besonderen Vollzugsorgane (Gemeindediener, besondere Bedienstete) als auch durch Gerichtsvollzieher bewirken lassen. Die gemeindliche Vollstreckung beginnt immer mit der Zustellung einer beglaubigten Abschrift des vollstreckbaren Ausstandsverzeichnisses oder eines beglaubigten Auszugs aus diesem; die Beglaubigung erfolgt durch das gemeindliche Vollzugsorgan oder durch den Gerichtsvollzieher. Soll die Vollstreckung durch den Gerichtsvollzieher bewirkt werden, so muß die Gemeindeverwaltung entweder vorher dem Umlagenschuldner eine beglaubigte Abschrift des vollstreckbaren Ausstandsverzeichnisses oder einen beglaubigten Auszug daraus zustellen oder sie muß den Gerichtsvollzieher ausdrücklich beauftragen, auch diese Zustellung zu bewirken.

Im einzelnen sind die maßgebenden Vorschriften für das Beitreibungsverfahren, die bei der gemeindlichen Vollstreckung entsprechend zu beachten sind, in der Ministerialbekanntmachung vom 27. Dezember 1899 §§ 4, 12, 13, 11 ff. (FinMBl. S. 355) enthalten. Wegen der Abänderung der §§ 73 und 39 dieser Ministerialbekanntmachung siehe die Bekanntmachung vom 17. Mai 1900 und 5. Dezember 1909, FMBl. 283 und 694.

5. Ist die Verwaltung der Umlagen nach § 19 Reichsabgabenordnung dem Finanzamte übertragen, so gelten die Vorschriften des Art. 22 UG. sinngemäß auch für das Verfahren des Finanzamts. Dagegen stehen dem Finanzamt für die Beitreibung der Gemeindeumlagen die gleichen Befugnisse zu wie es für die Reichs- und Staatsgefälle hat.

Anträge nach § 19 Reichsabgabenordnung sind auf dem Dienstwege dem Staatsministerium des Innern zur weiteren Behandlung vorzulegen.

6. Bei der Vollstreckung innerhalb Bayerns haben sich die Gemeindeverwaltungen und Finanzämter im Rahmen ihrer Zuständigkeit (Art. 22 Abs. IV, V) gegenseitig Rechtshilfe zu leisten.

Über die Rechtshilfe zwischen den deutschen Einzelstaaten bei der Erhebung und Beitreibung von Gemeindeumlagen s. das Reichsgesetz vom 9. Juni 1895 (RGBl. S. 256); über die Portobehandlung dabei s. die Ministerialbekanntmachung vom 1. März 1906 (MABl. S. 146, FinMBl. S. 129).

§ 23.

1. Entsprechend dem bisherigen Rechte erstreckt Art. 23 die Vorschriften über die Einhebung und Beitreibung der Gemeindeumlagen (Art. 22) auf die übrigen öffentlichen Gemeindegefälle.

Hierher gehören insbesondere: Die örtlichen Abgaben nach Art. 4 UG., die Zuwachssteuer,

die Grundwertabgabe, die Warenhaus- und Filialsteuer und die Vergnügungssteuer (Art. 5—8 U.-G.),

die in den Gemeindeordnungen Art. 40/31 bezeichneten Verbrauchssteuern, Zölle und örtlichen Gebühren aller Art,

die Geldersätze für nicht geleistete Gemeindedienste nach der rechtsrheinischen Gemeindeordnung Art. 54,
die besonderen Gemeindeumlagen nach dem Tierzuchtgesetze vom 13. Aug. 1910 Art. 4—6, 8 (GVBl. S. 609),
die sogenannten Sonderumlagen für andere landwirtschaftliche Zwecke nach den Gemeindeordnungen Art. 55/40,
die Hundeabgaben nach dem Hundeabgabengesetze vom 14. August 1910 (GVBl. S. 604),
die Gemeinderechtsgebühren nach den Gemeindeordnungen Art. 22, 34/26.
die Gebühren, Auslagen und Abgaben nach dem Kostengesetz vom 16. Feb. 1921 (GVBl. S. 133) Art. 29 II, 158 Abs. III und IV, 165, 179, soweit sie bei einer Gemeindebehörde anfallen,
die schuldbehördlichen Versäumnisstrafen nach der Verordnung vom 2. September 1886 (GVBl. S. 585),
die gemeindebehördlichen Strafen nach den Gemeindeordnungen Art. 41 Abs. IV, 99; 100, 143, 144, 165, 166, Abs. IV, 167 Abs. III/32, Abs. IV, 77, 80, 96 Abs. II, 97 Abs. III, dem Polizeistrafgesetzbuche vom 26. Dezember 1871 Art. 21 (GBl. S. 9), ob dem Hundeabgabengesetze vom 14. August 1910 Art. 14 Abs. II (GVBl. S. 604, § 16a der Reichserwerbslosenfürsorgeordnung (RGBl. 1920 S. 98).

2. Die Anwendung des Art. 23 ist ausgeschlossen, soweit besondere gesetzliche Vorschriften die Einhebung oder die Beitreibung gemeindlicher Gefälle anderweitig regeln.

3. Nicht unter Art. 23 fallen Leistungen an die Gemeinde, die nicht im öffentlichen, sondern im bürgerlichen Rechte wurzeln, z. B. Holzgelder, Darlehenszinsen, Darlehensrückzahlungen, Mietzinse, Jagdpachtschillinge, Bodenzinse.

Ansprüche auf solche Leistungen sind, wenn nötig, auf dem bürgerlichen Rechtswege zu verfolgen.

Anderseits sind die Vorschriften über die Einhebung und Beitreibung der Gemeindeumlagen (Art. 22) durch andere Gesetze ganz oder teilweise auf eine Reihe von öffentlichrechtlichen Gefällen erstreckt, die nicht den Gemeinden, sondern anderen Rechtspersonen zustehen.

Hierher gehören z. B.:
die Beiträge usw. an die Träger der Arbeiterversicherung; vgl. Ministerialentschließung vom 24. April 1908 (MABl. S. 216),
die Beiträge zur Instandhaltung der Gewässer, dann die Beiträge usw. zu den öffentlichen Wassergenossenschaften nach dem Wassergesetze vom 23. März 1907 Art. 89, 126 (GVBl. S. 157),
die Beiträge usw. zu den gewerblichen Innungen und zu den Handwerkskammern nach der Gewerbeordnung §§ 89, 103n (RGBl. 1900 S. 871),
die Beiträge usw. zu den Handelskammern und den Handelsgremien nach der Verordnung vom 25. Februar 1908 §§ 11, 19 (RGBl. S. 69),
die Flurbereinigungskosten nach dem Flurbereinigungsgesetz Art. 44 Abs. V (GVBl. 1899 S. 507),
die Abmarkungskosten nach dem Abmarkungsgesetze vom 30. Juni 1900 Art. 25 Abs. VI (GVBl. S. 553).

§ 24.

Nachlässe.

1. Nach Art. 24 Abs. I VG. und Art. 10 Abs. IV kann die Gemeindeverwaltung (Stadtrat, Gemeinderat) in einzelnen Fällen die Gemeindeumlagen ganz oder teilweise niederschlagen, wenn deren Einhebung die Pflichtigen in ihrem wirtschaftlichen Fortkommen gefährden, oder wenn die Beitreibung fraglos keinen Erfolg haben würde oder ihre Kosten außer Verhältnis zur Umlagenschuld stehen. Die Prüfung dieser Verhältnisse ist Sache des pflichtgemäßen Ermessens der Gemeindeverwaltung.

2. Die Gemeindeumlagen, die ohne Rechtsgrund entrichtet worden sind, sind zu erstatten und können zurückgefordert werden. Sie sind hiebei mit 5% vom Tage der Entrichtung an zu verzinsen, wenn sie den Betrag von 300 ℳ übersteigen und der Zinsbetrag nicht unter 10 ℳ bleibt. Der Rückersatzanspruch ist innerhalb einer Frist von 3 Jahren nach Maßgabe des Art. 125 AG. zum BGB. zu erheben.

3. Nach Abs. III des Art. 24 kann die Gemeinde auch andere öffentlich-rechtliche Leistungen ebenso wie die Gemeindeumlagen niederschlagen. Nachlässe, die das gemeindliche Grundstockvermögen schmälern, bedürfen der staatsaufsichtlichen Genehmigung; vgl. beide Gemeindeordnungen Art. 26, Art. 19.

§ 25.

Ortsumlagen.

1. Nach Art. 25 finden auf die Ortsumlagen die Art. 10—24 über die Gemeindeumlagen entsprechende Anwendung. Das Gleiche gilt infolgedessen für die vorstehenden §§ 10—24. Einen Anteil an der Einkommensteuer nach § 1 VG. erhalten die Ortschaften nicht.

Ortsumlagen sind nur dann zulässig, wenn die Gemeinde, zu der die betreffende Ortschaft gehört, nicht den Höchstsatz von 400 bezw. 350% an eigenen Umlagen erhebt, siehe Art. 9 II des Vollzugsgesetzes und wenn die Umlagen erforderlich sind, zur Unterhaltung des Ortschafts- und Stiftungsvermögens der Ortschaft (siehe Art. 153 GO.).

Hinsichtlich der Ausscheidung von Steuern auf Ortschaften nach Art. 16 wird es den Steuerinstanzen nicht selten unbekannt sein, ob in den einzelnen Gemeinden, für welche die Steuern auszuscheiden sind, Ortschaften bestehen, und wie diese voneinander abgegrenzt sind. Weiterungen über die Steuerausscheidung für Ortschaften sollen womöglich auf gütlichem Wege bereinigt werden.

Die Steuerbehörden werden daher eine Steuerausscheidung in bezug auf Ortschaften nur dann vornehmen, wenn diese Ausscheidung von dem Pflichtigen oder von einer beteiligten Ortschaft ausdrücklich beantragt ist oder wenn dies bisher der Fall war.

3. In den Landesteilen rechts des Rheins gehen die Zuständigkeiten des Gemeinderates, die in Art. 20—24 VG. bezeichnet sind, für die Ortsumlagen nach näherer Bestimmung der Gemeindeordnung **Art. 153 in der Fassung des Art. 28 Selbstverwaltungsgesetz — vorbehaltlich** des Abs. VI daselbst — auf den Ortsausschuß über. Die Beilage 4 ist auch hierher verwendbar; bei Beschlußfassungen des Ortsausschusses ist

dabei statt „Gemeindebezirk, Gemeinderat, Gemeindebürger" zu setzen: „Ortsbezirk, Ortsausschuß, Ortsbürger".

4. Für die Pfalz obliegt, da Art. 85 Abs. 2 der pfälzischen Gemeindeordnung durch Art. 28 Ziffer 2 des Selbstverwaltungsgesetzes gestrichen ist, die Verwaltung des gesonderten Ortschafts- und Stiftungsvermögens der Ortschaft den von den wahlberechtigten Ortsbürgern gewählten Verwaltern und Bevollmächtigten, die unter Leitung des Bürgermeisters der Gemeinde die Verwaltung nach den allgemeinen gesetzlichen Vorschriften zu führen haben. Soweit hienach die ordentlichen Einnahmen der Ortschaft zum Unterhalt des Ortschafts- und Stiftungsvermögens nicht ausreichen, können von der Verwaltung Umlagen festgesetzt werden.

§ 26.

Bezirksumlagen. (§§ 26—29.)

1. Als Schuldner der Bezirksumlagen gelten nicht mehr wie nach dem bisherigen Umlagengesetz die Gemeinden, sondern wie vor 1912 die einzelnen Steuerzahler in den Gemeinden und den ausmärkischen Grundstücken.

Die nunmehrige Regelung erfolgte vor allem mit Rücksicht darauf, daß das Selbstverwaltungsgesetz die Bezirksgemeinden zu Selbstverwaltungskörpern geschaffen hat, die nur in ganz losem Zusammenhange mit den Gemeinden stehen.

2. Die Höhe der Bezirksumlagen ist nach oben begrenzt durch Art. 9 des Vollzugsgesetzes. Der Höchstsatz beträgt 50% und kann bei der Grundsteuer auf 75% erhöht werden (siehe hiezu § 9 der Vollzugsvorschriften). Die Umlagenschuldner haben die Bezirksumlagen durch Vermittlung der Gemeinden an die Bezirksgemeinde abzuführen. Der Maßstab für die Bezirksumlagen ist die Veranlagung mit den in Art. 9 bezeichneten Ertragssteuern. Der Veranlagung steht die vormerkungsweise Veranlagung gleich. Vergl. hiewegen § 9 und 10 der VV. Bezirksumlagen muß natürlich auch jede Gemeinde vorbehaltlich des Art. 11 entrichten, insoweit sie mit einer Ertragssteuer veranlagt ist.

Bei jedem ausmärkischen Grundstück sind alle diejenigen, welche mit einer Ertragssteuer im Bezirke des ausmärkischen Grundstücks veranlagt sind, zur Entrichtung der Bezirksumlagen verpflichtet.

3. Da die Steuerveranlagung Voraussetzung der Pflicht zur Entrichtung von Bezirksumlagen ist und da im übrigen die Verhältnisse im Bezirke denen der Gemeinde in der Regel sehr verwandt sind, so bestimmt Abs. 3 des Art. 26 des Vollz.-Ges., daß Steuernachlaß und die Niederschlagung von Gemeindeumlagen die Bezirksumlagenpflicht entsprechend mindern oder aufheben. Vergl. hiewegen §§ 10 und 24 der Vollzugsvorschriften.

§ 27.

Die Vorschriften über die Freiheit von Bezirksumlagen sowie über die Behandlung von Bezirksumlagenpflichtigen, die auch dem Steuerrechte nichtbayerischer Gemeinden oder Gemeindeverbänden unterliegen, sind die gleichen wie bei den Gemeinden. Es wird daher auf die §§ 11 bis 13 der Vollzugsvorschriften verwiesen.

§ 28.

Die Berechtigung des einzelnen Bezirks zur Einhebung von Umlagen zu den Ertragssteuern richtet sich nach der Umlagenberechtigung der Gemeinden des Bezirkes und der zu ihm gehörigen ausmärkischen Grundstücke. Vgl. daher die §§ 14—19 der Vollzugsbestimmungen. Die Möglichkeit im Hinblick auf Art. 32 des Distriktsratsgesetzes, die Beiträge der Umlagenpflichtigen einzelner Gemeinden oder abgesonderter Gemarkungen je nach der Teilnahme an den Vorteilen der betreffenden Anstalt oder Einrichtung verschieden abzustufen, wird im Hinblick auf den Umlagenhöchstsatz von 50% kaum mehr praktisch werden können.

§ 29.

1. Die Bezirksumlagen müssen mit einem einheitlichen Hundertsatz wie bisher eingehoben werden; nur die Umlagen zur Grundsteuer dürfen durch Beschluß des Bezirkstags bis um die Hälfte des Satzes der übrigen Umlagen erhöht werden. Da die gleiche Ermächtigung für die Gemeinden gilt, so folgt hieraus, daß die Steueransatzsummen des Bezirks und der Gemeinden nicht immer übereinstimmen werden, je nachdem der Bezirk und seine einzelnen Gemeinden die Umlagen zu der Grundsteuer im Rahmen des Art. 9 II VG. ganz oder teilweise oder überhaupt nicht erhöhen. (S. im übrigen oben § 20 Ziff. 3).

2. Die Gemeinden des Bezirks haben die Umlagen des Bezirks auf dessen Kosten und Rechnung gleichzeitig mit den Gemeindeumlagen zu berechnen und einzuheben. Als Entschädigung hiefür haben die Bezirke 2% des Umlagensolls an die Gemeinden zu entrichten. Die Umlagenschuldner ausmärkischer Bezirke haben ihre Umlagen nach Art. 29, 22 des Gesetzes unmittelbar an den Bezirkseinnehmer abzuliefern.

Im übrigen vergleiche für die Einhebung usw. die auch auf die Bezirksumlagen anwendbaren Art. 20—22 und 24 I und II des Vollzugsgesetzes sowie die §§ 20—22 und 24 der Vollzugsbestimmungen.

Da wo keine Gemeindeumlagen erhoben werden, bestimmt der Bezirksausschuß im Benehmen mit der Gemeindeverwaltung den Zeitpunkt der Entrichtung der Bezirksumlagen nach Art. 29/21 VG. und Art. 22 SelbstverwGes.

3. Der maßgebende Zeitpunkt für die Berechnung der Bezirksumlagen ist der 1. April des Jahres, für das die Bezirksumlagen erhoben werden. Wegen der Steueränderungen, Steuerzugänge, Steuerabgänge usw. während des Rechnungsjahres gelten die gleichen Vorschriften wie für die Gemeindeumlagen, s. daher §§ 17—21 der Vollzugsbestimmungen.

4. Für die Berechnung und Verteilung der Bezirksumlagen empfiehlt sich wie bisher folgendes Verfahren:

a) Vor der Aufstellung des Bezirksvoranschlags ermittelt der Bezirksausschuß durch Anfrage beim Finanzamt, ob für den nächsten 1. April eine wesentliche Mehrung oder Minderung der Gesamtheit der Steueranlage in der Bezirksgemeinde gegenüber dem Stande vom Vorjahre zu erwarten ist und wie hoch die Änderung etwa voranschlagt werden kann. Änderungen der Grundsteuer sind hiebei im Hinblick auf Art. 9 II VG. von besonderer Wichtigkeit.

Diese Ermittlung soll Anhaltspunkte für die Bemessung der Leistungsfähigkeit der Bezirksgemeinde bei der Aufstellung des Bezirksvoranschlags geben.

b) Der Bezirkstag setzt bei der Aufstellung des Bezirksvoranschlags lediglich den Geldbetrag des Bezirksumlagenbedarfs sowie den Zuschlag fest, der gemäß Art. 9 II VG. zu den Umlagen zur Grundsteuer erhoben werden soll, während der Bezirksausschuß nach Vollendung der allgemeinen Steuerveranlagung den Hundertsatz der Bezirksumlagen zur Aufbringung dieses Geldbetrages nach Art. 22 Abs. 1c SVG. bestimmt und dabei den Ansatz für die Rücklage soweit ändert, als es zur Abrundung des Hundertsatzes nötig ist. Das Ziel und das Maß der Abrundung (nach oben oder nach unten, auf den nächsten halben oder ganzen Hundertteil) regelt der Bezirkstag bei der Aufstellung des Voranschlags.

c) Nach Vollendung der allgemeinen Steuerveranlagung fordert der Bezirksausschuß die Gemeindeverwaltungen auf, Zusammenstellungen der Steueranlagen zu fertigen und einzusenden, die sich nach dem Stande vom 1. April in jeder Gemeinde ergeben. Er teilt zugleich mit, welcher Zuschlag nach Beschluß des Bezirkstages zu den Umlagen aus der Grundsteuer zu erheben ist.

Für die Zusammenstellung empfiehlt sich folgendes Muster:

Bezirk . . . .

Gemeinde . . . .

Steueranlage nach dem Stande vom 1. April 192 . .

1. Die Grundsteuern betragen: 1000 ℳ, der Zuschlag nach Art. 9 Abs. II des VollzGes. zum LStG. beträgt nach Beschluß des Bezirkstages 50% = 500 ℳ, Grundsteuern und Zuschlag also:	1500 ℳ.
2. Die Haussteuern, Gewerbesteuern und Steuern vom Gewerbebetrieb im Umherziehen betragen: . . .	7000 ℳ.
3. Die Summe der Steueransätze ist:	8500 ℳ.

Ort und Tag der Fertigung.

Auf Dienstpflicht.

Der Stadtrat (Gemeinderat).

(Siegel). Unterschrift des Bürgermeisters.

In der Aufforderung, solche Zusammenstellungen zu fertigen und einzusenden, weist der Bezirksausschuß ausdrücklich darauf hin, daß in der Zusammenstellung auch die Steuern mit aufzunehmen sind, mit denen die Gemeinde selbst veranlagt ist.

d) Der Bezirksausschuß unterzieht die Zusammenstellungen im Benehmen mit dem Finanzamt einer sorgsamen Nachprüfung, klärt etwaige Zweifel auf und nimmt die erforderlichen Berichtigungen vor. Zur Nachprüfung dienen insbesondere die Steuerlisten und die sonstigen Behelfe des Finanzamts und (in der Pfalz) der Steuereinnehmerei, dann die Mitteilungen, die über Steuerausscheidungen an das Finanzamt gelangen.

Für die ausmärkischen Grundstücke (§ 26) stellt der Bezirksausschuß im Benehmen mit dem Finanzamte die Steueransätze selbst zusammen.

e) Aus der Gegenüberstellung der Gesamtheit der Steuererträge (s. Buchst. c d) zuzüglich der vom Bezirkstag beschlossenen Umlagenzuschläge auf die Grundsteuer und des Geldbetrags des Bezirksumlagenbedarfs (s. Buchst. b) ergibt sich der Hundertsatz der Bezirksumlagen. Entsprechend Art. 22 Abs. I e SelbstvGes. setzt der Bezirksausschuß diesen Hundertsatz fest.

f) Aus den Steueransatzsummen (s. Buchst. c—e) und nach dem festgesetzten Hundertsatze (Buchst. e) berechnet der Bezirksausschuß den Bezirksumlagenbetrag, der auf die Bezirksumlagenpflichtigen in der Gemeinde und ausmärkischen Grundstücken seines Bezirkes trifft.

g) Ergibt sich Anlaß, eine für den 1. April ermittelte Steueranlage nachträglich zu berichtigen (§ 17 oben), so macht die Behörde, die hiervon erfährt, dem Bezirksausschuß entsprechende Mitteilung.

Anlässe solcher Art können insbesondere zutage treten:

für die Gemeindeverwaltung bei der Einhebung der Gemeindeumlagen,

für das Finanzamt bei Änderungen von Steuerfestsetzen im Rechtsmittelwege, bei Steuernachholungen oder Ausscheidungsnachholungen,

für das Bezirksamt bei der Prüfung der gemeindlichen und ortschaftlichen Rechnungen.

Soweit nötig, berichtigt hiernach der Bezirksausschuß die Berechnung nach Buchst. f.

h) Der Bezirksausschuß legt das Ergebnis seiner Tätigkeit dem Bezirkstage zur Nachprüfung vor.

5. Wegen vorläufiger Eingehung der Umlagen s. § 21 Ziff. 5.

§ 30.

Kreisumlagen.

Die Grundlage der Kreisumlagenpflicht ist die Veranlagung mit einer der in Art. 9 bezeichneten Ertragssteuern.

Im einzelnen finden auf die Kreisumlagenpflicht die Grundsätze entsprechende Anwendung, die in §§ 10ff. für die Gemeindeumlagen dargelegt sind. Der Veranlagung mit einer Steuer steht die Vormerkung gleich. Die Kreisumlagenpflicht bemißt sich nach der veranlagten Steuer; jedoch bleiben die Zuschläge nach Art. 19 (früher 18) des Gewerbesteuergesetzes wegen verspätet abgegebener Steuererklärungen außer Betracht.

Nach Art. 30 Abs. III VG. bewirken Niederschlagungen und Nachlässe der Steuern bisher die entsprechende Minderung oder Aufhebung der Kreisumlagenpflicht. Nachlaß und Niederschlagung der Gemeinde- oder Bezirksumlagen ist für die Kreisumlagenpflicht ohne Rechtswirkung.

§ 31.

1. Nach Art. 31 Abs. I Ziffer 1 sind kreisumlagenfrei die in Art. 11 bezeichneten Erträge. Vgl. dazu im einzelnen oben § 11.

Durch Art. 31 Abs. I Ziffer 1 im Zusammenhalte mit Art. 11 und 27, dann mit dem GrStGes. Art. 120 und dem HausStGes. Art. 2 wird die völlige gegenseitige Gleichstellung des Staates, der Kreise, der Bezirke und der Gemeinden in bezug auf die Freiheit von Grund- und Haussteuern, sowie von den entsprechenden Kreis-, Bezirks- und Gemeindeumlagen bewirkt. Vgl. oben § 11.

2. An Stelle des Art. 11 des Gewerbesteuergesetzes vom 14. August 1910 ist nunmehr der Art. 12 des GewStGes. vom 27. Juli 1921 GVBl. S. 413 getreten. In diesem Art. 12 ist der frühere Abs. 2, der die vormerkungsweise Veranlagung der fraglichen Kleingewerbetreibenden zur Begründung der Umlagenpflicht vorgeschrieben hatte, gestrichen worden, so daß diese Kleingewerbetreibenden nicht mehr vormerkungsweise veranlagt werden und daher nur nach ihrer wirklichen Steueranlage kreisumlagenpflichtig sind; infolgedessen ist Art. 31 Abs. I Ziffer 2 gegenstandslos geworden.

Nach Art. 31 Abs. II VG. beginnt und endet die Kreisumlagenfreiheit der in Art. 1 VG. bezeichneten Erträge mit dem Anfange des Kalendervierteljahres nach dem Zeitpunkt, in dem die Voraussetzungen der Kreisumlagenfreiheit eingetreten oder weggefallen sind. Vgl. dazu oben § 12.

§ 32.

Art. 32 VG. ist dem Art. 13 Abs. I VG. nachgebildet und hat die gleichen Ziele wie dieser. Vgl. oben § 13.

Durch die Ausdrucksweise des Art. 32 („Pflichtige, die auch außerhalb Bayerns zur Bestreitung kreislastenähnlicher Ausgaben beizutragen haben), wird auch der Fall getroffen, daß außerhalb Bayerns kreisgemeindeähnliche Verbände nicht bestehen oder daß solche Verbände ihre Steuern nicht unmittelbar von den einzelnen Steuerpflichtigen erheben, sondern sie auf ihre Unterverbände ausschlagen.

§ 33.

1. Nach Art. 33 steht die Kreisumlagenberechtigung regelmäßig der Kreisgemeinde des Ortes der Steuerveranlagung zu.

Diese Regel gilt ohne Einschränkung für die Kreisumlagen, die den Grundsteuern, den Haussteuern und den Steuern von Gewerbebetrieb im Umherziehen zugeschlagen werden (Art. 33 Abs. I Ziffer 1. Vgl. dazu oben § 14.).

2. Für die Kreisumlagen, die der Gewerbesteuer zugeschlagen werden, ist dagegen nach Art. 33 Abs. I Ziffer 2 und Abs. II bei jedem Pflichtigen zu prüfen, ob nicht nach Art. 15—19 VG. von seiner Gewerbesteuer ein Betrag von mindestens 100 ℳ auf Gemeinden oder ausmärkische Bezirke ausgeschieden ist, die zu *einer* anderen Kreisgemeinde gehören. Ist dies der Fall, so ist in bezug auf den entsprechenden Steuerbetrag eine andere Kreisgemeinde umlagenberechtigt. Andernfalls verbleibt es bei der Kreisumlagenberechtigung nach dem Orte der Steuerveranlagung; dieser Ort bemißt sich nach dem Gew.-StGes. Art. 14.

Zur Erläuterung diene folgendes Beispiel:

Ein Pflichtiger mit Wohnsitz in der oberbayerischen Gemeinde A ist dort mit Gewerbesteuer im Gesamtbetrage von 600 ℳ veranlagt.

Davon treffen auf der Steuerausscheidung (Art. 18 VG.)

auf die oberbayerische	Gemeinde	A: . . .	220 ℳ,
„ „ niederbayerische	„	B: . . .	40 ℳ,
„ „ „	„	C: . . .	60 ℳ,
„ „ oberfränkische	„	D: . . .	120 ℳ,
„ „ „	„	E: . . .	70 ℳ,
„ „ mittelfränkische	„	F: . . .	90 ℳ,
		zusammen:	600 ℳ.

Es treffen daher

auf die Kreisgemeinde	Niederbayern (40+60=)	100 ℳ,
„ „ „	Oberfranken (120+70=)	190 ℳ,
„ „ „	Mittelfranken (weniger als 100 ℳ =)	— ℳ,
„ „ „	Oberbayern (der Rest =)	310 ℳ,
	zusammen:	600 ℳ.

Über die Zuständigkeit zur Entscheidung von Streitfragen s. § 34.

§ 34.

1. Den Hundertsatz der Kreisumlagen setzt der Kreistag fest, und zwar auf Grund der Steuersumme (Art. 30—33), die für das Erhebungsjahr veranschlagt wird. Auch der Kreis kann die Umlagen zur Grundsteuer um die Hälfte gegenüber den übrigen Umlagen erhöhen (s. Art. 9 II VG.).

Mit dem festgesetzten Hundertsatze werden die Kreisumlagen auf die einzelnen Pflichtigen entsprechend ihren Steuern ausgeschlagen. Maßgebend sind dabei die Steuern, mit denen der einzelne Pflichtige im Laufe des entsprechenden Jahres oder nachträglich für dieses Jahr wirklich verlangt oder vorgemerkt ist.

Über die Zuständigkeit zur Berechnung der Einzelschuldigkeiten s. unten Ziffer 3.

2. Nach Art. 34 Abs. I werden die Kreisumlagen gleich wie die Umlagen der Gemeinden und Bezirke mit den Landessteuern fällig. Sie werden diesen zugeschlagen und nach Art. 34 Abs. II durch die nämlichen Behörden zu gleicher Zeit und in derselben Weise eingehoben und beigetrieben wie die Staatssteuern, denen sie zugeschlagen sind. Bei nicht rechtzeitiger Zahlung sind wie bei den Gemeindeumlagen Zinsen mit 5 vom Hundert des geschuldeten Betrags zu entrichten; die einschlägigen Vorschriften des § 21 Ziffer 3 der Vollzugsvorschriften gelten entsprechend. Andererseits werden gemäß Art. 24 Abs. II VG. zu Unrecht erhobene Umlagen mit Zinsen von 5% zurückvergütet, wenn sie höher als 300 ℳ sind. Zinsbeträge unter 10 ℳ bleiben hier außer Ansatz (s. auch § 24).

3. Die Verwaltung der Kreisumlagen (Berechnung der Einzelschuldigkeiten, Erhebung, Beitreibung und Verrechnung) obliegt den Finanzämtern, in der Pfalz unter Mitwirkung der Steuereinnehmereien.

Örtlich zuständig ist das Finanzamt, das die entsprechende Staatssteuer verwaltet, also das Finanzamt, bei dem oder von dem diese Staatssteuer veranlagt worden ist.

Beschwerden bescheidet das vorgesetzte Landesfinanzamt im Benehmen mit der Regierung, Kammer des Innern, und in letzter Instanz das Staatsministerium der Finanzen im Benehmen mit dem Staatsministerium des Innern.

4. Die örtliche Zuständigkeit des Finanzamts erstreckt sich auch auf die Berechnung, Erhebung und Beitreibung jener Kreisumlagen, die einer amtsfremden Kreisgemeinde zufließen. Zu beachten ist dabei, daß solche Kreisumlagen nach dem Hundertsatze zu berechnen sind, der für die amtsfremde Kreisgemeinde festgestellt ist.

Die Kreisumlagen dieser Art werden in der Steuerliste usw. (Spalte Bemerkungen) vorgemerkt. Rückstände und Nachlässe werden in die entsprechenden Verzeichnisse übertragen.

Die vereinnahmten Umlagen für andere Kreise übersendet das Finanzamt (unter entsprechender Minderung seiner Solleinnahmen) mit einem Verzeichnisse der Beträge und ihrer Schuldner dem Finanzamte München II. Abdrucke des Verzeichnisses sendet es an die Landesfinanzämter, die ihm und dem Empfangsamte vorgesetzt sind.

Die beteiligten Landesfinanzämter treffen im gegenseitigen Benehmen die zur Überwachung erforderlichen Maßnahmen.

Für die Kreisumlagen, die den Steuern vom Gewerbebetrieb im Umherziehen zugeschlagen werden, bleibt es bei den bisherigen Vorschriften. Vgl. insbesondere die Ministerialbeschließung vom 16. März 1879 § 16 Ziffer 6—8 und die Ministerialentschließung vom 11. September 1879 (GVBl. S. 171 und FMBl. S. 175).

5. Für die Erhebung der Beitreibung der Kreisumlagen gelten die gleichen Vorschriften wie für die Landessteuern, zu denen die Umlagen erhoben werden.

§ 35.

Grunderwerbsteuer.

1. In Ausführung des § 37 Landessteuergesetz RGBl. 1920 S. 410 bestimmt Art. 35 des Vollzugsgesetzes, daß der Gesamtanteil, den das Land an der Grunderwerbssteuer (RGBl. 1919 S. 1617) erhält, für die Staatskasse vereinnahmt wird; dagegen macht das Land von der Ermächtigung des § 40 LStG., Zuschläge zur Grunderwerbssteuer zu erheben, keinen Gebrauch und überläßt die Zuschläge, die bis zur Höhe von 2% des steuerpflichtigen Wertes festgesetzt werden dürfen, vollständig den Gemeinden; die Zuschläge dürfen nach sachlichen Merkmalen der Grundstücke (z. B. Art der Benutzung), nicht aber nach persönlichen Verhältnissen abgestuft und insbesondere dürfen unbebaute Grundstücke voraus belastet werden. Der Höchstsatz von 2% darf aber bei der Abstufung und Vorausbelastung nicht überschritten werden. Die Zuschläge sind zu ermäßigen, soweit das Grunderwerbssteuergesetz Ermäßigung vorsieht.

Für die Verwaltung der Zuschläge gelten dieselben Vorschriften wie für die Reichssteuer. Gemäß Bekanntmachung des Reichsministers der Finanzen vom 11. November 1920 (abgedruckt im GVBl. 1921 S. 6 ff.) sind die Zuschläge von den Finanzkassen und Oberfinanzkassen kassenmäßig ebenso zu behandeln wie diejenigen Landesabgaben und anderen öffentlich-rechtlichen Abgaben, deren Verwaltung das Reich auf Grund des § 19 der Reichsabgabenordnung übernommen hat.

Die Zuschläge und ihre Verteilung sowie die Quittungen über ihre Ablieferungen an die Empfangsberechtigten sind in den Kassen- usw. -büchern, Rechnungen und Berechnungen scharf getrennt zu halten von der Grunderwerbssteuer, den Anteilen daran, den Sonderzuweisungen daraus und den Empfangsbestätigungen der Länder, Gemeinden über die erhaltenen Anteile und Sonderzuweisungen aus der Reichsgrunderwerbssteuer.

Die Auszahlung der Zuschläge erfolgt durch die Finanzämter für jede Gemeinde nach Ablauf des Kalendervierteljahrs.

2. Die Erhebung der Zuschläge steht im Ermessen der Gemeinden; ihre Beschlüsse bedürfen keiner Genehmigung, müssen aber öffentlich bekanntgegeben und den Finanzämtern mitgeteilt werden, damit diese die Zuschläge erheben und an die Gemeinden abliefern können. Von der Einführung der Zuschläge sind auch die vorgesetzten Verwaltungsbehörden zu verständigen. Rückwirkende Kraft kann den Beschlüssen nicht beigelegt werden.

3. Insoweit die Reichssteuer aus Billigkeitsgründen von der zuständigen Reichsbehörde erlassen wird, umfaßt dieser Erlaß auch die Zuschläge der Gemeinden (§ 35 Grunderwerbssteuergesetz). Außerdem sind die Gemeinden nach Art. 24 VG. befugt, in einzelnen Fällen den Zuschlag zur Grunderwerbssteuer ganz oder teilweise niederzuschlagen.

4. Abgesehen von dem Rechte der Erhebung von Zuschlägen erhalten nach § 39 LStG. die Gemeinden, die bereits vor dem 1. Januar 1918 Abgaben der im Grunderwerbssteuergesetze geregelten Art erhoben haben, bis zum 31. März 1923 eine Sonderzuweisung aus dem in der Gemeinde aufkommenden Reichsanteil in Höhe von einem Viertel dieses Anteils, 12½ % der Reichssteuer. Abgaben der fraglichen Art sind die Besitzänderungsabgaben der Gemeinden nach dem Besitzveränderungsabgabengesetze vom 14. August 1910, GVBl. S. 433, das am 1. Oktober 1919 außer Kraft getreten ist. Hiezu bestimmt die unter 1 erwähnte Bekanntmachung des Herrn Reichsfinanzministers vom 11. September 1920 folgendes:

a) Die Feststellung, ob eine Gemeinde (Gemeindeverband) vor dem 1. Januar 1918 Abgaben der genannten Art erhoben hat, wird den Landesfinanzämtern bezüglich der Gemeinden (Gemeindeverbände) ihres Bezirks übertragen.

Die Landesfinanzämter haben jedem Finanzamt ihres Bezirks eine Liste der für die Sonderzuweisung in Frage kommenden, im Bezirk des Finanzamts belegenen Gemeinden (Gemeindeverbände) mitzuteilen.

b) Die Feststellung und Überweisung der Sonderzuweisung erfolgt durch das zuständige Finanzamt für den Schluß jeden Kalenderjahres.

Die Sonderzuweisung berechnet sich für jede empfangsberechtigte Gemeinde nach dem Reichsanteil an der Grunderwerbssteuer, die aus Eigentumsveränderungen an im Bezirke der Gemeinde belegenen Grundstücken aufgekommen ist.

c) Im übrigen gelten die für den Anteil der Länder an der Grunderwerbssteuer aufgestellten Grundsätze sinngemäß auch für die Sonderzuweisungen s. Abschnitt I der E vom 11. November 1920 (GVBl. 1921).

§ 36.

Gewährleistungspflicht des Landes gegenüber Kreisen und Gemeinden.

1. Ebenso wie das Reich den Ländern nach § 56 LStG., gewährleistet das Land nach Art. 36 VG. den Gemeinden und Kreisen die Einnahmen aus ihren Umlagen zu den durch die Einkommensteuer, Körperschaftssteuer, Kapitalertragssteuer und die Erbschaftssteuer ersetzten Steuern des Landes in der bisherigen Höhe. Der Anteil der Kreise und Gemeinden an der Reichseinkommensteuer — s. Art. 1 VollzGes. — muß mindestens das Aufkommen des Steuerjahrs 1919 (1. April 1919 bis 31. März 1920) an den durch die Einkommensteuer, Körperschaftssteuer und Kapitalertragssteuer ersetzten Umlagen der Gemeinden und Kreise zuzüglich einer Steigerung von 25% erreichen. Änderungen in der Höhe der Umlagen, die die Kreise und Gemeinden nach dem 10. März 1920 für das Steuerjahr 1919 beschlossen haben, können für die Festsetzung der Garantiesumme nur insoweit berücksichtigt werden, als dies der Reichsminister der Finanzen gemäß dem letzten Satz des § 56 II des Landessteuergesetzes getan hat. Die Festsetzung der Gewährleistungssumme für die Gemeinden und Kreise erfolgt durch die Finanzämter.

Der Gewährleistungsbetrag ändert sich, je nachdem das Reich oder die Länder den Gemeinden und Kreisen neue Aufgaben übertragen oder Aufgaben abnehmen, die ihnen im Rechnungsjahr 1919 oblagen.

Das bisherige Einkommen aus den zu den ersetzten Landessteuern beschlossenen Umlagen wird für jeden Kreis und jede Gemeinde zusammengerechnet den Anteilen an der auf sie treffenden Einkommensteuer und Körperschaftssteuer gegenübergestellt. Diesen Anteilen werden bei den Gemeinden die Überweisungen aus der Umsatzsteuer nach § 43 LStG. zugerechnet, soweit sie die Überweisung im Steuerjahre 1919 übersteigen. Weiter werden jeder Gemeinde auf den gewährleisteten Anteil an den Reichssteuern die vom Reich nach § 59 I Ziffer 3 und 4 LStG. übernommenen Jahreszinsen der Gemeinden angerechnet, die das Reich nach § 59 Abs. VI LStGes. dem Land aufrechnet.

2. Diese Gewährleistung gilt zunächst nur für die Rechnungsjahre 1920 und 1921 und von da an bis zur gesetzlichen Neuregelung. Erreichen die Anteile der Gemeinden und Kreise in einem Jahre nicht den gewährleisteten Betrag, so ist der Antrag auf Ergänzung des Steueraufkommens bis zur Höhe des gewährleisteten Betrags an das Staatsministerium der Finanzen zu richten. Die Anträge sind spätestens bis zum Ablaufe des jeweils folgenden Rechnungsjahres bei diesem Ministerium einzureichen.

§ 37.

Gewährleistungspflicht der Gemeinden gegenüber den Bezirken.

1. Nach Art. 37 VG. ist jede bezirkszugehörige Gemeinde während der Geltungsdauer des Art. 36 VG. verpflichtet, ihrem Bezirke das gesamte Aufkommen an Bezirksumlagen des Kalenderjahres 1919, die sie an den Bezirk abzuliefern hatte, zuzüglich einer Steigerung von 25% zu gewährleisten. Hiebei kommt der gesamte Umlagenbetrag, den jede Gemeinde fürs Kalenderjahr 1919 an den Bezirk abliefern mußte, in

Betracht, also nicht etwa nur die Umlagen zu den ersetzten Landessteuern. Voraussetzung der Inanspruchnahme der Gemeinden ist aber, daß der Bezirk Umlagen nach Art. 9 des Gesetzes in der höchst zulässigen Höhe von 50% im allgemeinen und 75% von der Grundsteuer erhebt und daß die Einnahmen des Bezirkes hieraus und aus seinem Anteil an der Einkommensteuer nach Art. 2 des Gesetzes geringer sind, als der gewährleistete Betrag. Anträge von Bezirken auf Ergänzung ihres Aufkommens bis zur Höhe des gewährleisteten Betrags sind spätestens bis zum Ablauf des jeweils folgenden Rechnungsjahres an die zuständigen Bezirksämter zu richten. Diese haben festzustellen, ob die Voraussetzungen des Art. 37 VG. gegeben sind und sodann den sich ergebenden Fehlbetrag auf diejenigen Gemeinden des Bezirks nach ihrer Beitragspflicht im Kalenderjahr 1919 umzulegen, aus denen der Bezirk nicht bereits die ihm geschuldeten Mindestbeträge, Art. 37 VG., erhalten hat.

§ 38.

Entsprechend § 52 Landessteuergesetz schreibt Art. 38 des Gesetzes vor, daß der Staat den Gemeinden, Bezirken und Kreisen neue Aufgaben nur unter der Voraussetzung zuweisen soll, wenn er entsprechend zu den Kosten beiträgt. Hierdurch erhalten die Gemeinden, Bezirke und Kreise keinen unmittelbar zu verfolgenden Rechtsanspruch, sondern die Bestimmung stellt sich nur als eine Richtlinie dar, deren Innehaltung Sache der Gesetzgebung sein wird. Die Bestimmung hat ihren Grund darin, daß die Anteile der Gemeinden an den Reichssteuern auf dem Aufgabenkreis aufgebaut sind, den die Gemeinden im Jahre 1919 hatten. Da ferner das Vollzugsgesetz zum Landessteuergesetz das Recht der Gemeinden, Umlagen zu erheben, ebenfalls eingeschränkt hat, können den Gemeinden keine neuen Aufgaben vom Staat oder Reich zugewiesen werden, ohne daß für die Aufbringung der Kosten eine entsprechende Regelung vorgesehen ist.

§ 39.

Ausgleichsfonds.

1. Art. 39 VG. hat im Hinblick auf § 55 LStG. zur Unterstützung überlasteter Gemeinden die Bildung eines Ausgleichsfonds vorgeschrieben. Zahlungen an ihn erfolgen auf das Konto „Ausgleichsfonds des Staatsministeriums des Innern bei der Bayerischen Staatsbank“. Wegen des Begriffs „überlasteter Gemeinden“ s. § 42 der Ausführungsbestimmungen. Der Ausgleichsfonds ist nur für die Gemeinden und nicht für Bezirke und Kreise bestimmt; er ist kein allgemeiner Unterstützungsfonds, sondern dient nur zur Aushilfe in einzelnen Notfällen und zum Ausgleich von Härten, die sich aus dem Vollzug dieses Gesetzes ergeben. Er wird gebildet aus Beiträgen der leistungsfähigen Gemeinden zugunsten der übrigen Gemeinden, sowie aus Zuschüssen des Landes.

2. Wegen der vom Lande und Gemeinden nach Art. 36 VG. Abs. III abzuführenden Beträge s. oben. Die Höhe dieses Einnahmepostens hängt davon ab, ob die Anteile des Landes und der Gemeinden an der Einkommen- und Körperschaftssteuer höher sein werden als die ihnen nach § 56 II LStG. gewährleistete Einnahme.

3. Bei den Beträgen nach Ziffer 3 des Art. 39 kann es sich z. B.

um Zuweisung des Reichs oder auch des Landes zugunsten der Gemeinden handeln, die nicht hoch genug sind, um eine Verteilung auf sämtliche Gemeinden zu rechtfertigen.

4. Wegen der Abgabe nach Art. 40 VG. s. den nächsten Paragraphen. Als vermögend gelten alle Gemeinden, die in der Lage sind, Überschüsse und Nutzungen nach Art. 31/24 der beiden Gemeindeordnungen zu gewähren.

§ 40.

Diejenigen Gemeinden, welche ohne Erhebung von Gemeindeumlagen und örtlichen Verbrauchssteuern ihre sämtlichen Gemeindebedürfnisse decken und bei denen größere Ausgaben für außerordentliche Bedürfnisse nicht in Aussicht stehen, dürfen nach Art. 31/24 der beiden Gemeindeordnungen die Überschüsse des Gemeindevermögens an die Gemeindebürger verteilen sowie Nutzungen an den Bestandteilen des Gemeindevermögens gewähren. Die Hälfte der hiernach zur Verteilung kommenden Überschüsse sowie des Werts der Nutzungen ist ohne weiteres gemäß § 39 Abs. I dem Ausgleichsfonds zuzuweisen, insoweit die Nutzungen sich nicht als privatrechtliche Nutzungsrechte oder solche nach Art. 32 GO. darstellen. Auch die Verteilung von Überschüssen aus Ortschaftsvermögen fällt unter diese Regelung. Die vorgesetzten Gemeindeaufsichtsbehörden haben (gemäß Art. 31 III GO.) an der Hand der Gemeinderechnungen zu prüfen, ob die Gemeinden ihren Verpflichtungen nach Art. 39 Ziff. 4 und Art. 40 des Gesetzes nachgekommen sind und gegebenenfalls sie zur Erfüllung der gesetzlichen Verpflichtung gemäß Art. 13 SVG. anzuhalten.

§ 41.

Die Mittel, die dem Ausgleichsfonds zufließen, sind bei der bayerischen Staatsbank München auf das Konto Ausgleichsfonds des Staatsministeriums des Innern einzuzahlen. Das Staatsministerium des Innern verwaltet die Mittel; über die Voraussetzung ihrer Verwendung s. § 42; diese erfolgt nach Beschluß des Ausschusses, dessen Zusammensetzung sich aus Art. 41 des Gesetzes ergibt. Für die Staatsregierung wird je ein Vertreter der Staatsministerien des Innern und der Finanzen abgeordnet. Als Gemeindeverbände, die zum gemeinsamen Vorschlag der 4 Gemeindevertreter berechtigt sind, kommen in Betracht: Der Bayerische Städtebund, der Verband der Stadt- und Marktgemeinden und der Verband der Landgemeinden.

Die Gemeinden sind befugt, aus Billigkeitsgründen um den Nachlaß der Abgabe zu ersuchen, die sie aus dem Überschuß ihres Anfalls an der Einkommen- und Körperschaftssteuer über den gewährleisteten Anteil nach Art. 36 III des Gesetzes an den Ausgleichsfonds nach Feststellung der Gewährleistungssumme abzuliefern haben; hiezu Formbl. Nr. 5. Beilage 5

Voraussetzung des Erlasses der Abgabe ist insbesondere, daß die Gemeinde in den letzten Jahren nicht in der Lage war, den Haushalt abzugleichen, obwohl sie alle Einnahmequellen, die sich nach den örtlichen Verhältnissen für sie eignen, ausgeschöpft und den Haushalt selbst entsprechend sparsam geführt hat. Zu den zulässigen Einnahmequellen gehören auch die in Art. 42 Ziff. 1 VG. bezeichneten Einnahmen;

die sparsame Führung des Haushalts setzt ferner voraus, daß Art. 42 Ziff. 2 VG. beachtet ist. Ein Rechtsanspruch auf Erlaß der Abgabe ist durch das Gesetz den Gemeinden auch bei Vorliegen dieser Voraussetzungen nicht gegeben.

§ 42.

Mit Rücksicht darauf, daß der Ausgleichfonds kein allgemeiner Hilfs- und Zuschußfonds ist, bestimmt Art. 39 des Gesetzes, daß er zur Unterstützung überlasteter Gemeinden zu dienen hat. Die Überlastung einer Gemeinde kann regelmäßig dann angenommen werden, wenn sie nicht in der Lage ist, ihre Ausgaben zu decken, trotzdem sie ihren Haushalt in der gebotenen sparsamen Weise führt und alle ihre Einnahmequellen, soweit nach den örtlichen Verhältnissen möglich, ausgeschöpft hat. Solange eine Gemeinde ihre Ausgaben mit ihren ordentlichen Einnahmen zu decken vermag, kann sie regelmäßig nicht als überlastet angesehen werden.

Eine weitere ausdrückliche Voraussetzung eines Zuschusses ist, daß die Besoldungsordnung und die Lohntarife der Gemeinden die des Landes nicht überschreiten. Ausnahmen sind jedoch zulässig, wenn besondere Verhältnisse für eine Überschreitung der staatlichen Besoldungsordnung vorliegen.

Ein Rechtsanspruch auf Gewährung von Zuschüssen steht den Gemeinden auch, wenn die vorerwähnten Voraussetzungen vorliegen, nicht zu; insbesondere wird die Gewährung von Zuschüssen von der Höhe des Fonds und der Menge der um Unterstützung nachsuchenden Gemeinden abhängen.

Gesuche der Gemeinden um Gewährung eines Zuschusses aus dem Ausgleichsfonds sind nach Ablauf des Rechnungsjahres unter Begründung spätestens bis Ende September der vorgesetzten Staatsaufsichtsbehörde vorzulegen; diese prüft die Verhandlungen insbesondere daraufhin, ob die regelmäßigen Voraussetzungen des Art. 42 VG. gegeben sind,
Beilage 5. stellt die Gesuche in einem Verzeichnis nach dem Muster Beilage 5 (s. § 41) zusammen und legt sie auf dem Dienstweg unter Begutachtung der Regierung, Kammer des Innern, zur Weiterleitung an das Ministerium des Innern vor, wo sie bis 31. Dezember eingelaufen sein müssen. Das Ministerium des Innern übermittelt sodann die Gesuche dem nach Art. 41 VG. zu bildenden Ausschuß und verständigt seinerzeit die Gemeinden von diesen Beschlüssen.

§ 43.

Ortspolizeiliche Vorschriften zur Sicherung gemeindlicher Gefälle.

1. Zur Sicherung der örtlichen Abgaben, der Zuwachssteuer, der Grundwertabgabe und der Warenhaus- und Filialsteuer (Art. 4—7 des Gesetzes) können die Gemeinden ortspolizeiliche Vorschriften erlassen. Die ortspolizeilichen Vorschriften sind von der eigentlichen Gemeinde-Steuer-Satzung äußerlich zu trennen. Die Vorschriften regeln die Pflichten, die zur Sicherung des Eingangs der Steuer auferlegt werden und erstrecken sich insbesondere auch auf die Anmelde- und Auskunftspflicht. Die Hinterziehung der Gefälle, auch die teilweise, kann wie bisher bis zum 10fachen, im Rückfalle bis zum 20fachen Be-

trag der hinterzogenen Abgabe bedroht werden. Die sonstigen Zuwiderhandlungen gegen die Steuersatzung werden mit Geldstrafen bis zu 5000 ℳ (s. RG. vom 21. Dezember 1921 RGBl. S. 1604), oder in leichteren Fällen mit Ordnungsstrafen bis zu 1500 ℳ bedroht. Die gesamten Strafen fließen in die Gemeindekasse.

2. Die Vorschriften über die Verjährung der Strafverfolgung entsprechen dem § 384 der Reichsabgabenordnung. Die gerichtliche Aburteilung der Zuwiderhandlungen steht regelmäßig den Schöffengerichten zu. Die Strafen können auch durch amtsgerichtlichen Strafbefehl erlassen werden. Nach § 464 der RStPO. kann die Gemeindeverwaltung die Klage bei Gericht selbst erheben, wenn der Amtsanwalt die Verfolgung abgelehnt hat.

3. An Stelle der Strafverfolgung durch die Gerichte können die Gemeindeverwaltungen selbst bei Zuwiderhandlungen gegen ihre ortspolizeilichen Vorschriften zur Sicherung der Gefälle wie schon bisher nach Art. 14 der Hundeabgabengesetzes im Verwaltungswege Strafbescheide erlassen; zuständig ist der Stadtrat oder der Gemeinderat. Für das Verfahren gelten sinngemäß die Vorschriften der §§ 386—425 der Reichsabgabenordnung. Hieraus ergibt sich in der Hauptsache folgendes:

a) Die Gemeindeverwaltung, derer ortspolizeiliche Vorschriften durch die Zuwiderhandlung verletzt worden sind, ist berechtigt, bei allen Zuwiderhandlungen in bezug auf die örtlichen Abgaben und Steuern den Sachverhalt zu erforschen, soferne nicht der Beschuldigte wegen Hinterziehung des Gefälles festgenommen und dem Richter vorgeführt ist. Sie kann auch gegen Nebenbeteiligte im Sinne des § 386 Reichsabgabenordnung entscheiden.

b) Die Behörden und Beamten des Sicherheits- und Polizeidienstes sind verpflichtet, die Ermittlungen anzustellen, um die die Gemeindebehörde sie ersucht.

c) Die Gemeindebehörde kann jederzeit die weitere Untersuchung und Entscheidung der Sache an die zuständige Amts- oder Staatsanwaltschaft abgeben; solange dies nicht der Fall ist, haben Staatsanwaltschaft und Gericht nur einzugreifen, wenn der Beschuldigte wegen Steuerzuwiderhandlung vorläufig festgenommen und dem Gericht vorgeführt worden ist. Auch in diesen Fällen kann die Staats- oder Amtsanwaltschaft die Gemeindebehörde ersuchen, den Sachverhalt der Steuerzuwiderhandlung zu ermitteln; die Gemeindebehörde kann dann sowohl selbst entscheiden, als die Sache den Gerichten überlassen.

d) Die Behörden und Beamten des Polizei- und Sicherheitsdienstes haben auch Zuwiderhandlungen gegen die gemeindlichen Gefälle zu erforschen und Zuwiderhandlungen ohne Verzug der Gemeindebehörde mitzuteilen.

e) Die Gemeindebehörde kann zur Feststellung des Tatbestandes Ermittlungen jeder Art vornehmen; (§ 406, 184 RAO.) eidliche Vernehmungen von Auskunftspersonen und Sachverständigen sind ihr nicht gestattet; sie kann die Anordnungen, die sie bei der Ermittlung von Gefällansprüchen innerhalb ihrer gesetzlichen Befugnis treffen, durch Geldstrafen erzwingen. (§§ 406, 202 RAO.)

f) Die Einleitung der Untersuchung ist aktenkundig zu machen; über die Ermittlungen sind Niederschriften oder Vermerke aufzunehmen.

g) Gegen den Beschuldigten soll ein Strafbescheid über eine Geldstrafe von mehr als 20 ℳ nur erlassen werden, wenn ihm Gelegenheit zur Äußerung gegeben worden ist. Erscheint der Beschuldigte auf Ladung nicht, so ist er auf Antrag der Gemeindebehörde von dem Amtsgericht seines Wohn- oder Aufenthaltsortes ob den §§ 133—136 RStPO. zu vernehmen. Der Beschuldigte kann sich durch einen bevollmächtigten Beauftragten vertreten lassen.

h) Wenn der Beschuldigte die Zuwiderhandlung vorbehaltslos einräumt, so kann er sich der in einer Niederschrift festzusetzenden Strafe unter Verzicht auf Erlaß eines Strafbescheides sofort unterwerfen. Die Unterwerfung steht einer rechtskräftigen Verurteilung gleich (vgl. auch Art. 41^{IV} GemOrdn.).

i) Die Gemeindebehörde erkennt durch Strafbescheid, in dem neben der Strafe die strafbare Handlung, die übertretenen Vorschriften, die Beweismittel sowie Entscheidungsgründe und Beschwerdebelehrung anzugeben sind (s. § 412 RAO.).

k) Der Strafbescheid ist dem Beteiligeten entweder mündlich gegen Unterschrift oder durch Zustellung mittels eingeschriebenen Briefes zu verkünden.

l) Der Beschuldigte kann gegen den Strafbescheid Beschwerde einlegen oder auf gerichtliche Entscheidung antragen.

Der Antrag auf gerichtliche Entscheidung ist bei der Gemeindebehörde, die den Strafbescheid erlassen hat, binnen 1 Woche nach Veröffentlichung mündlich oder schriftlich zu stellen.

Der Antrag auf gerichtliche Entscheidung schließt die Beschwerde, die Einlegung der Beschwerde schließt den Antrag auf gerichtliche Entscheidung aus.

m) Die Beschwerde ist bei der Gemeindebehörde, gegebenenfalls der Beschwerdebehörde schriftlich oder mündlich binnen ausschließender Frist von einer Woche nach der Veröffentlichung einzulegen.

Über die Beschwerde entscheidet die der Gemeindebehörde vorgesetzte Aufsichtsbehörde, die das gleiche Recht der Ermittlung wie die Gemeindebehörde hat, Auskunftspersonen und Sachverständige auch eidlich einvernehmen kann, in einem mit Gründen versehenen Bescheid.

n) An Kosten werden insbesondere erhoben:

Für Straf- und Beschwerdebescheide Gebühren wie für die Urteile in Strafsachen des ersten Rechtszuges,

an Auslagen:

Schreibgebühren, Telegraphen- und Fernsprechgebühren, Kosten von Zustellungen und öffentlichen Bekanntmachungen, Entschädigungen an Auskunftspersonen und Sachverständige, Reisekosten der Beamten bei Geschäften außerhalb des Dienstsitzes, Auslagen anderer Behörden.

o) Die vollstreckbaren Straf- und Beschwerdebescheide werden wie ein rechtskräftiges Urteil durch die Gemeindebehörde nach Maßgabe des Art. 22^{IV} VG. zum Landessteuergesetz vollzogen. Für die Zahlung der Geldstrafe kann eine Frist oder die Abtragung in Teilbeträgen bewilligt werden. Teilzahlungen sind zulässig. Die Geldstrafen fließen in die Gemeindekasse.

p) Hat der Beschuldigte auf gerichtliche Entscheidung angetragen, (§ 426 so kann die Gemeindebehörde den Strafbescheid bis zur Übersendung RAO.) der Verhandlung an die Staatsanwaltschaft zurücknehmen; andernfalls sind die Verhandlungen der Staatsanwaltschaft mit dem Antrag auf

Entscheidung durch die Gerichte zu übersenden. Das Verfahren vor Gericht regelt sich nach den §§ 426—442 RAO.

q) Kann die durch Strafbescheid festgesetzte Geldstrafe nicht beigetrieben werden, so hat das Gericht auf Antrag der Gemeindebehörde die Geldstrafe in Freiheitsstrafe umzuwandeln. (§ 435 RAO.)

r) Die Gemeindebehörden sind befugt, von der Einleitung oder Durchführung einer Untersuchung abzusehen, wenn eine Gefällhinterziehung nicht in Frage kommt und das Verschulden des Täters geringfügig ist

§ 44.

1. Die Gemeindeumlagen und die anderen öffentlich-rechtlichen Gemeindegefälle werden regelmäßig durch die Gemeindeverwaltung gemäß Art. 22, 23 des Vollzugsgesetzes nach Maßgabe der Artikel 4—8 des Ausführungsgesetzes zur RZPO. (GVBl 1899 S 401) beigetrieben; sind dagegen diese Gefälle den Finanzämtern nach § 19 Reichsabgabenordnung zur Einziehung übertragen, so gelten für die Beitreibung und die Kosten des Mahn- und Vollstreckungsverfahrens die Vorschriften der Reichsabgabenordnung — s §§ 298—354 RAO. Das gleiche gilt entsprechend für die staatlichen und sonstigen nicht in die Reichskasse fließenden öffentlich-rechtlichen Gefällabgaben insbesondere der Bezirke und Kreise, soweit deren Einziehung Reichsbehörden übertragen ist

Hienach erfolgt die Beitreibung der fraglichen Abgaben usw in allen diesen Fällen nicht durch die Gemeinde, sondern durch das Finanzamt, dem die Verwaltung der betreffenden Abgaben der Gemeinden, Kreise oder Bezirke übertragen worden ist.

2 Art 44 des Vollzugsgesetzes ist gemäß Art 48 IV erst am 1. Juli 1921 in Kraft getreten. Zwangsvollstreckungen, die vor diesem Tage begonnen haben, müssen nach den landesrechtlichen Vorschriften für die Beitreibung der in Frage stehenden Abgabe, d. i. gemäß Art. 4, 6, 7 Ausf-Ges. zur RZPO. durchgeführt werden

§ 45.

Durch die Aufhebung des Umlagengesetzes und durch die teilweise wesentliche Umgestaltung seiner in das Vollzugsgesetz übernommenen Bestimmungen wurde die Abänderung mehrerer Vorschriften des Schulbedarfsgesetzes erforderlich, die in Art 45 des Vollzugsgesetzes erfolgt ist.

§ 46.

Da das Vollzugsgesetz zum Landessteuergesetz das gesamte gemeindliche Besteuerungsrecht regelt, und daher aus der Gemeindeordnung die Bestimmungen über die örtlichen Abgaben als eigentliche Gemeindesteuern in Art. 4 übernommen hat, so mußten in Art. 40/31 des Abs IV der beiden Gemeindeordnungen die Worte „und örtliche Abgaben, die nicht unter die Bestimmungen des Abs I fallen", gestrichen werden. Örtliche Abgaben im Sinne der Gemeindeordnung sind Gebühren für die Benützung des Eigentums der Gemeinde, ihrer Anstalten und Unternehmungen.

§ 47.

Die Einführung der Zuwachssteuer der Grundwertabgabe und der Filialsteuer als gemeindlicher Steuern durch Art. 5—7 des Vollzugsgesetzes erfordert eine Ergänzung des Verwaltungsgerichtshofsgesetzes, die in Art. 46 VG. erfolgt ist.

§ 48.

1. Das Gesetz wurde vom Landtag für dringend im Sinne des § 77 I Verfassungsurkunde erklärt; es ist daher von der Volksentscheidung ausgenommen und konnte sofort verkündet werden; es mußte ferner für rückwirkend auf 1. April 1920 erklärt werden, weil das Landessteuergesetz bereits an diesem Tage in Kraft getreten ist und damit das bisherige Gemeindesteuerrecht in der Hauptsache außer Wirksamkeit gesetzt hat. Da das Gesetz vom 1. April 1920 an rückwirkend gilt und das Umlagengesetz in der Fassung vom 17. August 1918 vom gleichen Zeitpunkt an aufgehoben ist, folgt insbesondere, daß vom 1. April 1920 an die Umlagen nach den neuen Vorschriften zu berechnen und zu entrichten sind.

2. Nach Abs. 3 des Art. 48 dürfen die Zuwachssteuern nach dem Zuwachssteuergesetz vom 14. Februar 1911 vom 1. Oktober 1921 an erhoben werden.

Wegen Abs. 4 des Art. 48 s. § 44 der Vollzugsanweisung.

3. Durch Abs. V des Art. 48 werden die Gemeinden, Bezirke Kreise und Ortschaften berechtigt, bis zum Inkrafttreten der neuen Ertragssteuergesetze (Grund-, Haus- und der beiden Gewerbesteuern) die Umlagen nach Art. 9 des VollzGes. zu den bisherigen Normal-Steuern und den Zuschlägen hiezu zu erheben, soweit diese an Stelle der erhöhten Ertragssteuern eingehoben werden.

Wegen Abs. 4 des Art. 48 s. § 44 der Vollzugsanweisung.

Hienach werden auf Grund- und Haussteuern, die mit rückwirkender Kraft auf 1. April 1921 durch Gesetz vom 27. Juli 1921, GVBl. 411/12, abgeändert worden sind, im Rechnungsjahre 1920/21 die Umlagen zu der bisherigen Normalsteuer mit den Zuschlägen erhoben. Entsprechendes gilt für die Steuer vom Gewerbebetrieb im Umherziehen, die durch Gesetz vom 27. Juli 1921, GVBl. S. 433, mit Wirkung vom 4. September 1921 neu geregelt worden ist, insoweit als die Umlagen für das Rechnungsjahr 1920 in Frage kommen; ebenso gilt dies für die Umlagen aus der Hausiergewerbesteuer im Kalenderjahr 1921, soweit diese bis zum 4. September 1921 rechtskräftig festgesetzt sind und nicht nach Art. 4a des Hausiersteuergesetzes umgesteuert werden.

Die Umlagen zu der Gewerbesteuer bemessen sich nach den Sätzen des Gewerbesteuergesetzes vom 27. Juli 1921, GVBl. 413, das rückwirkend vom 1. April 1920 in Kraft getreten ist.

4. Das Vollzugsgesetz ist mit Ausnahme der Art. 1—3 und 37, soweit es sich auf Erhebung von Umlagen zu den Ertragssteuern des Landes bezieht, mit Wirkung vom 1. April 1921, im übrigen mit Wirkung vom 1. Januar 1922 für die Gebietsteile des ehemaligen Freistaates Coburg durch Ministerialentschließung vom 14. November 1921, GVBl. S. 549 eingeführt worden.

Gemeinde ....

Bezirk ....

Beilage 1.

(Zu § 20).

Niederschrift des Gemeinderats für Umlagenbeschlüsse.
Benützbar als Muster oder zum Einkleben in das Protokollbuch sowie für Abschriften und Auszüge. .... 192 ......

Gesetzliche Zahl der Gemeinderatsmitglieder

....

Zur heutigen Sitzung hat der .... Bürgermeister alle im Gemeindebezirk anwesenden Mitglieder des Gemeinderates gehörig geladen.

Die Summe der Steueransätze (Vollzugsgesetz zum LStG. Art. 20) beträgt .... ℳ .... ₰.

Von den Ferngebliebenen sind entschuldigt:

....

....

....

Teilgenommen und abgestimmt haben =

....

also mehr als die Hälfte.

nicht entschuldigt:[1]) ....

....

....

Es wurde — mit .... gegen .... Stimmen — folgendes beschlossen:[2])

---

[1]) das Nichtzutreffende ist zu durchstreichen.

[2]) die Niederschrift soll von allen Anwesenden unterzeichnet werden.

Gemeinde ....

Bezirk ....

Beilage 2.

(zu § 20).

Verzeichnis der Gemeinde- und Bezirksumlagen

für das Jahr 192....

Umlagenhundertsatz: { der Gemeinde a) .... b) von der Grundsteuer
des Bezirks a) .... b) „ „ „

1	2	3	4	5	6	7	8	9	10
		Veranlagte und vorgemerkte Steuern					Umlagenbetrag der Gem.	des Bez.	
Ziffer	Umlagenpflichtige (Name Stand, Wohnort, Hausnummer)	Haussteuern, Gewerbesteuern und Steuern vom Gewerbebetrieb im Umherziehen*) (Zus.)	Grundsteuern nebst Zuschlag zum Umlagen % für die Gemeinde	Grundsteuern nebst Zuschlag zum Umlagen % für die Gemeinde	insgesamt Spalten 3 u. 4 für die Gemeinden	insgesamt Spalten 3 u. 5 für den Bezirk	aus den Grundsteuern, Haussteuern, Gewerbesteuern und Steuern vom Gewerbebetrieb im Umherziehen (Spalten 3 u. 4)	aus den Grundsteuern, Haussteuern, Gewerbesteuern und Steuern vom Gewerbebetrieb im Umherziehen (Spalten 3 u. 5)	Bemerkungen

*) Nach Art. 9 II Vollzugsgesetz zum Landessteuergesetz können die Umlagen der Gemeinden und Bezirke zur Grundsteuer bis um die Hälfte des allgemeinen Umlagensatzes erhöht werden. Es dient zur einfacheren Berechnung der Umlagen, wenn die beschlossene Erhöhung der Umlagen der Grundsteuer selbst zugerechnet wird.

Beschließt z. B. eine Gemeinde 350 % allgemeine Umlagen und eine Erhöhung der Grundsteuer um 10 % des allgemeinen Satzes auf 385 %, so wird der Steueransatz der Grundsteuer um 10 % erhöht, und es können dann die Umlagen zu den sämtlichen Ertragssteuern mit dem gleichen Satz von 350 % berechnet werden.

Beschließen Gemeinde und Bezirk keinen oder den gleichen Zuschlag zur Grundsteuer, dann gilt Spalte 4 auch für den Bezirk, so daß dann Spalte 5 nicht besonders auszufüllen ist.

Beilage 3.

(Zu § 22).

Gemeinde ....

Bezirk ....

Betreff: Örtliche Gefälle.

Mahnung.

Die nachbezeichneten Personen befinden sich mit der Entrichtung der beigefügten Gefälle im Rückstande. Sie werden gemahnt, die Gefälle nebst Zinsen sowie eine Mahngebühr*) in der in Spalte 8 beigesetzten Höhe binnen einer Woche nach Eröffnung dieser Mahnung an den unterfertigten Gemeindeeinnehmer abzuliefern.

Sollte die Mahnung erfolglos bleiben, so wird das Vollstreckungsverfahren eingeleitet werden.

1	2	3	4	5	6	7	8	9	10
	Schuldner			Rückständ. Gefälle f. 1921				Eröffnung der Mahnung	
Ziff.	Name	Stand	Wohnung	Gattung	Betrag ℳ	Tag der Fälligkeit u. des Beginns d. Verzinsung m. 5% u. mon. Zinsbetr.	Mahngebühr	Tag 1922	Bestätigung durch Unterschrift des Schuldners oder d. entsprechende Feststellung des Vollzugsorgans
1	*Johann Müller*	*Landwirt*	*Adorf Hs.-Nr. 2*	*Gemeindeumlage*	*50*	*1. April 20 ₰*		*3. V.*	*Johann Müller.*
2	*Franz Ottner*	*Bäcker*	*Adorf Hs.-Nr. 5*	„	*40*	*15 ₰*		„	*Ottner verweigert die Unterschrift. Lehner, Gem.-Diener.*
3	*Karl Berger*	*Tüncher*	*Adorf Hs.-Nr. 7*	*Hundeabgabe Zuwachssteuer*	*60*	*25 ₰*		„	*Karl Berger.*

....192....

(Unterschrift des Gemeindeeinnehmers:)

....

*) Die Mahngebühr beträgt mindestens 20 und höchstens 1/2 vom Hundert der Schuldigkeit.

Gemeinde .... **Beilage 4.**

(Zu § 22 Ziff. 3.)

Bezirk ....

Ausstandsverzeichnis.

1	2	3	4	5	6	7	8	9	10
Ziffer	Schuldner			Rückständige Gefälle für 1922			Tag, an dem das Gefälle zu entrichten war (Umlagengesetz Art. 32 Satz 2) 1912	5% Zinsen gem. Art. 21 des VG. vom 1. des nächsten Monats an im monatl. Betrag von ℳ	Bemerkungen
	Name	Stand	Wohnung	Gattung	Betrag ℳ	Betrag der Mahngebühr			
1	*Johann Müller*	*Landwirt*	*Adorf Hs.-Nr. 2*	Gemeindeumlage	*5*		*10. Februar*		
2	*Karl Berger*	*Tüncher*	*Adorf Hs.-Nr. 7*	Hundeabgabe	*3*		*10. April*		*Hat 3 ℳ abschlagsweise bezahlt.*

.... 192....

Unterschrift des Gemeindeeinnehmers:) ....

Vorstehendes Ausstandsverzeichnis wird hiermit für vollstreckbar erklärt.

...., 192....

Der ....*)

(Siegel, Unterschrift des Bürgermeisters:) ....

*) Einzusetzen: Stadtrat, Gemeinderat.

Beilage 5.

Betreff: Erlaß der Abgaben der Gemeinden zum Ausgleichsfonds (Art. 41 VG. z. LStG.).

Übersicht.

1	2	3		4			5	6									7	8
		a	b	a	b	c		a	b	c	d	e	f	g	h	i		
Lfd. Nr.	Name der Gemeinde und Einwohnerzahl	Einnahmen	Ausgabensoll	Gesamtabschluß der drei vorhergehenden Jahre			Garantiesumme der Gemeinden nach Art. 86 VO.	Einnahmen der Gemeinde nach dem letzten Voranschlage									Ist die Beamtenbesoldung im Rahmen des Art. 42 Ziff. 2 VG.?	Bemerkungen
		nach dem letzten Voranschlag		Einnahmen	Ausgaben	Fehlbetrag		Höhe der Umlagen nach Art. 9 VG.		Wertzuwachssteuer	Grundwertabgabe	örtliche Abgabe nach Art. 4 VG.	Vergnügungssteuer	Warenhaussteuer	Grunderwerbssteuer	Umsatzsteuer		
		ℳ	ℳ	ℳ	ℳ	ℳ	ℳ	%	ℳ	ℳ	ℳ	ℳ	ℳ	ℳ	ℳ	ℳ		

Entschließung des Reichsministers der Finanzen vom 1. April 1922 III R 2528 betr. Feststellung des örtlichen Aufkommens an Einkommensteuern und Körperschaftssteuern bei der Veranlagung für 1921.

Wie ich bereits durch Runderlaß vom 28. September 1921 — III R 29321 — mitgeteilt habe, sollen die Verteilungsvorschriften des Landessteuergesetzes durch eine Novelle umgestaltet werden, die inzwischen dem Reichsrat vorgelegt worden ist. In ihrer zurzeit noch geltenden Fassung sind die §§ 17 ff. LStG. auf das Einkommensteuergesetz in seiner ursprünglichen Gestalt abgestimmt. Danach war die Einkommensteuer für das beginnende Rechnungsjahr im voraus zu verlangen und auf Länder und Gemeinden mit ihrem Istaufkommen zu verteilen. Nachdem das EStG. durch die verschiedenen Novellen grundlegende Veränderungen erfahren hat, sind auch die Verteilungsvorschriften der §§ 17 ff. LStG. als überholt betrachten. In der Fassung der Novelle vom 20. Dezember 1921 bestimmt der § 29 EStG., daß die Veranlagung für ein Kalenderjahr nach dem steuerbaren Einkommen erfolgt, das der Steuerpflichtige in diesem Kalenderjahr bezogen hat. Die Veranlagung erfolgt also auch in Zukunft auf der Grundlage des abgelaufenen Kalenderjahres, aber nicht für das ablaufende Rechnungsjahr, sondern für das abgelaufene Kalenderjahr selbst. Eine Verteilung, die hieran anknüpfen wollte, würde immer erst nachträglich feststellen können, welche Beträge den Ländern und Gemeinden für ihre Wirtschaftsperioden zur Verfügung standen, und diese Feststellung müßte sich unter Umständen auf Jahre hinaus verzögern, wenn ihren Gegenstand auch weiterhin das Istaufkommen bilden sollte. In grundsätzlicher Abkehr von dem geltenden Recht will der Entwurf der Novelle zum LStG. daher die Länder und Gemeinden an der Einkommensteuer in der Weise beteiligen, daß die Grundlage der Verteilung das Steuersoll bildet, und zwar für jedes Kalenderjahr das Soll des vorangegangenen Kalenderjahres. Der § 17 hat damit eine völlige Umgestaltung erfahren. Aber auch im einzelnen bedurfte das materielle Recht der Beteiligung nicht bloß einer übersichtlicheren Anordnung, sondern auch sachlicher Änderungen. Die neue Fassung der §§ 17 ff. ist aus der Anlage 1 ersichtlich.

Bei der Veranlagung für 1920 mußten die materiellen Grundsätze des LStG. über die Beteiligung der Länder und Gemeinden unberücksichtigt bleiben. Der Steueranteil ist infolgedessen lediglich dort ausgeschüttet worden, wo die Steuer entrichtet wurde, d. h. an die Sitzgemeinden und ihre Länder. Für die Belegenheitsgemeinden und ihre Länder bedeutet das eine Benachteiligung, die in zahlreichen Fällen außerordentlich schwer ins Gewicht fällt. Mit den Absichten des LStG. ist das bisherige Verfahren vollends nicht zu vereinigen. Ein nachträglicher Ausgleich wird nur in wesentlich vereinfachter Form zu erreichen, aber grundsätzlich nicht zu umgehen sein. Wie dieser Ausgleich gedacht ist, ergibt Artikel III des Entwurfs in Abs. 1 und 3.

„Für das Rechnungsjahr 1920 erhalten die Länder als Anteil an der Einkommensteuer zwei Drittel des Steuersolls dieses Jahres. Die Verteilung nimmt der Reichsminister der Finanzen nach dem

Verhältnis der Anteile vor, mit denen die Länder an dem Steuersoll des Rechnungsjahrs 1921 beteiligt sind.

Den landesrechtlichen Anteil der Gemeinden verteilt die oberste Landesbehörde nach dem Verhältnis der Sollbeträge, die für das Rechnungsjahr 1921 auf die einzelnen Gemeinden entfallen."

Voraussetzung für die Durchführung dieser Vorschrift ist eine Verteilung, bei der das materielle Recht der §§ 17 ff. des Entwurfs ein erstes Mal in vollem Umfange zur Anwendung gekommen ist. Einer solchen Verteilung bedarf es um so schleuniger, als inzwischen auch das Rechnungsjahr 1921 abgelaufen ist. Es ist ein Gebot der dringendsten Notwendigkeit, daß Länder und Gemeinden endlich in den Stand gesetzt werden, für ihre Beteiligung an der Einkommensteuer mit festen und endgültigen Zahlen zu rechnen. Das gilt in erster Linie für die Vergangenheit, aber nicht minder auch für die Zukunft, d. h. zunächst für das laufende Jahr. Die Veranlagung für 1921 hat soeben begonnen. Zum ersten Male bietet sich damit die Möglichkeit, den leitenden Gedanken des LStG., eine ordnungsmäßige Verteilung der Einkommensteuer nach dem örtlichen Aufkommen, zu verwirklichen. Daß das zur Zeit noch geltende Recht der §§ 17 ff. dafür nicht in Frage kommen kann, ergibt sich aus der inzwischen veränderten Rechtslage. Auf der anderen Seite ist im Augenblick nicht zu übersehen, wann der Entwurf der Novelle zum LStG. Gesetz werden wird. Bis zu seiner Verabschiedung darf die Veranlagung für 1921 weder ausgesetzt noch etwa ohne Berücksichtigung der materiellen Beteiligungsvorschriften vorgenommen werden, da eine Verteilung nach Abschluß der Hauptveranlagung aus rein technischen Gründen nicht mehr durchführbar sein würde. Unter diesen Umständen bleibt nichts übrig, als die Vorschriften des Entwurfs schon jetzt als geltendes Recht zu behandeln und bei der Veranlagung für 1921 danach zu verfahren. Dabei ist folgendes zu beachten:

Da bei der Veranlagung für 1920 überhaupt noch keine Verteilung im Sinne der §§ 17 ff. stattgefunden hat, so fehlt auch für 1921 die Grundlage einer gesetzmäßigen Verteilung. Der Übergang ist hier nur so zu erreichen, daß die Veranlagung für 1921 nicht bloß der Verteilung für 1922, sondern auch gleichzeitig der Verteilung für 1921 zugrunde gelegt wird. Eine Schwierigkeit ergibt sich dabei insofern, als gerade im Jahre 1921 auch bei der Einkommensteuer die Umstellung vom Rechnungsjahr auf das Kalenderjahr stattfindet. Artikel II der Novelle zum EStG. vom 20. Dezember 1921 bestimmt darüber, daß die Einkommensteuer für das Rechnungsjahr 1921 zwar nach den bisherigen Vorschriften, d. h. als volle Jahressteuer, zu veranlagen, aber nur für die Zeit bis zum 31. Dezember 1921, d. h. also mit drei Vierteln des Jahresbetrages, zu erheben ist. Entsprechend bestimmt Artikel II des Entwurfs der Novelle zum LStG.:

„Für die Zeit vom 1. April bis zum 31. Dezember 1921 erhalten die Länder als Anteil an der Einkommensteuer zwei Drittel des Sollbetrags, der durch die Hauptveranlagung für das Rechnungsjahr 1921 gemäß Artikel II Abs. 2 des Gesetzes zur Änderung des Einkommensteuergesetzes vom 20. Dezember 1921 (Reichsgesetzbl. S. 1580) zum Zwecke der Erhebung für dieses Rechnungsjahr festgestellt ist".

Auf welcher Grundlage die Verteilung für 1922 vorzunehmen sein wird, hängt von der endgültigen Fassung des Gesetzes ab. In jedem Falle ist bei der Veranlagung für 1921 das Verteilungsverfahren nach §§ 44 ff. zweimal vorzunehmen; es wird aber dafür Sorge getragen werden, die Vorschriften für die Verteilung für 1922 so zu gestalten, daß sich die Anteile möglichst einfach aus der Verteilung für 1921 errechnen lassen. Zunächst wird die Verteilung auf das Rumpfrechnungsjahr 1921 (1. April bis 31. Dezember) zu beschränken sein, d. h. es ist das zur Hebung gestellte Steuersoll (= 3/4 des veranlagten Jahresbetrages) zu verteilen.

Für das Verfahren selbst sieht der Entwurf einige Vereinfachungen vor, die aus der Anlage 1 (§§ 44 bis 48 ersichtlich, aber im Augenblick noch nicht von Belang sind, da die Vorschriften über das Streitverfahren grundsätzlich dem Gesetz vorbehalten bleiben müssen. Weitere Einzelheiten enthält die vorläufige Ausführungsanweisung, die ich in Anlage 2 gleichfalls übersende.

Ich ersuche hiernach, den nachgeordneten Dienststellen den Wortlaut dieses Erlasses und die in Anlage 1 mitgeteilten Vorschriften des Entwurfs mit tunlichster Beschleunigung zur Kenntnis zu bringen und dafür Sorge zu tragen, daß bei der Veranlagung der Einkommensteuer für 1921 bereits in vollem Umfange danach verfahren wird.

In Vertretung

Zapf.

2. Einkommensteuer und Körperschaftssteuer.

§ 17.

(1) Als Anteil an der Einkommensteuer erhalten die Länder für jedes Kalenderjahr zwei Drittel des Steuersolls, das für das vorangegangene Kalenderjahr bei Abschluß der Hauptveranlagung im Sinne der für die Einkommensteuer geltenden Bestimmungen festgestellt ist. Soweit die Einkommensteuer nach den Vorschriften des Einkommensteuergesetzes in der Fassung der Gesetze vom 11. Juli und 20. Dezember 1921 (Reichsgesetzbl. S. 845 und 1580) durch Steuerabzug vom Arbeitslohn erhoben ist, gilt als Steuersoll die Gesamtheit der bis zum Abschluß der Hauptveranlagung der Steuerbehörde nachgewiesenen Beträge, die im abgelaufenen Kalenderjahr auf die Steuerschuld eines Steuerpflichtigen nach § 46 des bezeichneten Gesetzes einbehalten und gemäß § 51 vorschriftsmäßig verwendet oder abgeführt sind.

(2) Als Anteil an der Körperschaftssteuer erhalten die Länder zwei Drittel des Steuersolls. Als Steuersoll gilt die bei der Veranlagung festgestellte Steuerschuld.

(3) Neuveranlagungen und Nachveranlagungen sowie Änderungen der Veranlagung im Rechtsmittelverfahren bleiben bei der Festsetzung des Steuersolls außer Betracht.

§ 18.

Der Anteil des einzelnen Landes ist von dem Steuersoll zu berechnen, das nach den Grundsätzen der §§ 19 bis 24 auf seine Gemeinden entfällt. Den Gemeinden im Sinne der §§ 18 bis 27 stehen die selbständigen Gutsbezirke gleich.

§ 19.

(1) Auf die einzelne Gemeinde entfällt nach Maßgabe der §§ 20 bis 24:

1. das Steuersoll
   a) der Steuerpflichtigen, die in der Gemeinde am Tage der für die Hauptveranlagung maßgebenden Personenstandsaufnahme einen Wohnsitz oder in Ermangelung eines inländischen Wohnsitzes ihren gewöhnlichen Aufenthalt hatten;
   b) der nichtphysischen Steuerpflichtigen, die in der Gemeinde bei Ablauf des Wirtschafts- (Geschäfts-) oder Kalenderjahrs, das der Veranlagung zugrunde liegt, den Ort ihrer Leitung hatten,
2. das Steuersoll
   a) der Steuerpflichtigen, die in der Gemeinde am Tage der für die Hauptveranlagung maßgebenden Personenstandsaufnahme Grundbesitz oder eine Betriebsstätte im Sinne des § 10 dieses Gesetzes hatten;

b) der nichtphysischen Steuerpflichtigen, die in der Gemeinde bei Ablauf des Wirtschafts- (Geschäfts-) oder Kalenderjahrs, das der Veranlagung zugrunde liegt, Grundbesitz oder eine Betriebsstätte im Sinne des § 10 dieses Gesetzes hatten.

(2) Das Steuersoll eines Eisenbahnbetriebsunternehmens entfällt auf die Gemeinden, in denen sich an dem im Abs. 1 zu Nr. 2a oder 2b bezeichneten Zeitpunkt den Sitz der Verwaltung, eine Station oder eine für sich bestehende Betriebs- oder Werkstätte oder eine sonst gewerbliche Anlage befand.

§ 20.

(1) Auf jede Belegenheitsgemeinde (§ 19 Abs. 1 Nr. 2) entfällt der Teil des Steuersolls, der dem Verhältnis des Einkommens aus Grundbesitz oder Gewerbebetrieb in dieser Gemeinde zu dem Gesamteinkommen des Steuerpflichtigen entspricht. Der auf der Belegenheitsgemeinde entfallende Einkommensteil wird in der Weise ermittelt, daß von den Einkünften aus Grundbesitz und Gewerbebetrieb die Werbungskosten (§ 13 Abs. 1 Nr. 1 des Einkommensteuergesetzes) mit ihrem vollen Betrage und die nach § 13 Abs. 1 Nr. 2 bis 7 des Einkommensteuergesetzes zulässigen Abzüge mit einem Teilbetrage abgesetzt werden. Der Teilbetrag entspricht dem Verhältnis, in dem die um die Werbungskosten gekürzten Einkünfte aus Grundvermögen und Gewerbebetrieb zu dem Gesamtbetrage der sonstigen Einkünfte stehen, nachdem dieser um die nach § 13 Abs. 1 Nr. 1 und 8 zulässigen Abzüge gekürzt ist. Als Werbungskosten im Sinne dieser Vorschrift gelten auch die Abzüge, die nach § 59 Abs. 1 Buchstabe a und nach § 59a des Einkommensteuergesetzes zulässig sind. Die Abzüge nach § 59 Abs. 1 Buchstabe b des Einkommensteuergesetzes sind wie die Abzüge nach § 13 Abs. 1 Nr. 2 bis 7 zu behandeln.

(2) Belegenheitsgemeinden, in denen das Einkommen des Steuerpflichtigen aus Grundbesitz und Gewerbebetrieb nicht mehr als fünftausend Mark beträgt, bleiben außer Betracht.

(3) Dem Einkommen aus dem Gewerbebetrieb im Sinne dieser Bestimmung steht das Einkommen aus dem nicht mit eigenem Betriebe verbundenen Besitz einer Betriebsstätte im Sinne des § 10 dieses Gesetzes gleich.

§ 21.

(1) Einkommen aus einheitlich bewirtschaftetem Grundbesitz, der sich an dem im § 19 Abs. 1 zu Nr. 2a oder 2b bezeichneten Zeitpunkt über mehrere Gemeinden erstreckte, ist derart zu zerlegen, daß der Gemeinde, in der die Leitung des Gesamtbetriebes stattfand, der zehnte Teil davon vorab zugewiesen wird und die übrigen neun Zehntel nach Verhältnis der Fläche verteilt werden, mit der der Grundbesitz in den einzelnen Gemeinden vorliegt.

(2) Einkommen aus einer gewerblichen Unternehmung, die sich an dem im § 19 Abs. 1 zu Nr. 2a oder 2b bezeichneten Zeitpunkt über mehrere Gemeinden erstreckte, ist derart zu zerlegen, daß der Gemeinde, in der die Leitung des Gesamtbetriebes stattfand, der zehnte Teil davon vorab zugewiesen wird und die übrigen neun Zehntel

1. bei Versicherungs-, Bank- und Kreditunternehmungen nach Verhältnis der in den einzelnen Gemeinden erzielten Roheinnahme,
2. in den übrigen Fällen nach Verhältnis der in den einzelnen Gemeinden erwachsenen Ausgaben an Gehältern und Löhnen, jedoch ausschließlich der von dem Gesamtüberschusse berechneten Vergütungen (Tantiemen) des Verwaltungs- und Betriebspersonals verteilt werden. Bei Eisenbahnen kommen die Gehälter und Löhne des in der allgemeinen Verwaltung beschäftigten Personals nur mit der Hälfte, des in der Werkstättenverwaltung und im Fahrdienst beschäftigten Personals nur mit zwei Dritteln ihrer Beträge in Ansatz.

(3) Erstreckte sich eine Betriebsstätte im Sinne des § 19 Abs. 1 Nr. 2, innerhalb deren Ausgaben an Gehältern und Löhnen erwachsen sind, über den Bezirk mehrerer Gemeinden, so ist das auf die Betriebsstätte entfallende Einkommen nach der Lage der örtlichen Verhältnisse Berücksichtigung des Flächenverhältnisses und der in den beteiligten Gemeinden durch das Vorhandensein der Betriebsstätte erwachsenen Gemeindelasten zu zerlegen.

§ 22.

Die Unternehmer sind verpflichtet, den beteiligten Ländern und Gemeinden auf Anfordern eine Nachweisung der Flächengröße (§ 21 Abs. 1), der Roheinnahme (§ 21 Abs. 2 Nr. 1) und der Ausgaben an Gehältern und Löhnen (§ 21 Abs. 2 Nr. 2) mitzuteilen.

§ 23.

(1) Soweit nicht die Vorschrift des § 20 Abs. 1 Satz 1 Anwendung findet, entfällt das Steuersoll auf die Sitzgemeinde (§ 19 Abs. 1 Nr. 1). Auf mehrere Sitzgemeinden entfallen gleiche Teile.

(2) Auf die Sitzgemeinde oder die mehreren Sitzgemeinden zusammen muß mindestens ein Viertel des Steuersolls entfallen. Soweit erforderlich, sind die auf Belegenheitsgemeinden entfallenden Teile des Steuersolls verhältnismäßig zu kürzen.

§ 24.

Sind beteiligte Gemeinden zugleich Sitzgemeinden und Belegenheitsgemeinden, so wird das Abkommen aus Grundbesitz und Gewerbebetrieb nach §§ 20, 21, das übrige Einkommen nach § 23 Abs. 1 zerlegt. Die Vorschrift des § 23 Abs. 2 findet Anwendung.

§ 25.

(gestrichen).

§ 26.

Die Länder sind verpflichtet, an ihrem Anteil die Gemeinden nach Maßgabe der §§ 19 bis 24 zu beteiligen. Den Gemeinden steht ein Anspruch auf Beteiligung an der Einkommensteuer und der Körperschaftssteuer gegen das Reich nicht zu.

§ 27.

Sollbeträge, die nach den §§ 18 bis 24 nicht auf eine Gemeinde entfallen, verbleiben in voller Höhe dem Reiche.

---

8. Verteilungsverfahren.

§ 44.

Die Anteile der Länder an der Einkommensteuer und der Körperschaftssteuer werden nach den Vorschriften der §§ 45 bis 48 festgestellt.

§ 45.

(1) Gleichzeitig mit der Hauptveranlagung stellt das Finanzamt das Steuersoll fest, das nach den Grundsätzen der §§ 19 bis 24 auf die einzelne Gemeinde entfällt, und zerlegt es in die Anteile des Reichs und des Landes. Die Namen der Steuerpflichtigen, die Höhe ihres Steuersolls und der Betrag des Landesanteils sind der Gemeinde bekanntzugeben. Die Gemeinde ist berechtigt, Auskünfte sowie Einsicht in die Nachweisungen und Akten des Finanzamts zu verlangen. Das gleiche Recht steht der Landesregierung oder der von ihr beauftragten Behörde zu.

(2) Den Gemeinden im Sinne der §§ 45 bis 48 stehen die selbständigen Gutsbezirke gleich.

§ 46.

(1) Sind an einem Steuersoll mehrere Gemeinden beteiligt, so hat das Finanzamt einen Verteilungsplan aufzustellen und den Gemeinden mitzuteilen. Sind Gemeinden mehrerer Länder beteiligt, so ist der Verteilungsplan auch den Landesregierungen oder den von ihnen beauftragten Behörden mitzuteilen. Der Verteilungsplan wird der Beteiligung der Länder an der Einkommensteuer und der Körperschaftssteuer so lange zugrunde gelegt, bis er nach §§ 46 bis 48 geändert ist.

(2) Gegen den Verteilungsplan steht den beteiligten Gemeinden und in den Fällen des Abs. 1 Satz 2 auch den zuständigen Landesbehörden binnen einem Monat der Einspruch bei dem Finanzamt und gegen den Einspruchsbescheid binnen einem Monat die Beschwerde an das Landesfinanzamt zu.

(3) Gegen die Entscheidung des Landesfinanzamts findet die weitere Beschwerde an den Reichsfinanzhof statt, der im Beschlußverfahren entscheidet.

(4) Die Landesgesetzgebung kann die Entscheidung über die Rechtsmittel der Beschwerde und der weiteren Beschwerde insoweit auf Landesbehörden übertragen, als die Rechtsmittel sich gegen die Zerlegung

des Steuersolls nach § 21 Abs. 3 unter mehrere Gemeinden des Landes richten.

§ 47.

(1) Hat das Finanzamt in den Fällen des § 46 die Beteiligung einer Gemeinde oder eines Landes nicht berücksichtigt, so kann die Gemeinde oder das Land den Antrag auf Aufstellung eines Verteilungsplanes stellen. Wird dem Antrag stattgegeben, so bleibt das Beteiligungsverhältnis der übrigen beteiligten Gemeinden und Länder untereinander, soweit es bereits unanfechtbar festgestellt ist, für diese Verteilung maßgebend. Die Ablehnung des Antrags gilt als Einspruchsbescheid im Sinne des § 46 Abs. 2.

(2) Nach Ablauf von 3 Monaten seit dem Zeitpunkt, in dem die Veranlagung zur Steuer unanfechtbar geworden ist, können neue Ansprüche auf Zuweisung eines Anteils nicht mehr erhoben werden.

§ 48.

Das Finanzamt soll vor jeder Änderung des Beteiligungsverhältnisses alle Gemeinden, in den Fällen des § 46 Abs. 1 Satz 2 auch die zuständigen Behörden aller Länder hören, deren Beteiligung durch die Änderung berührt wird. Im übrigen finden auf das Verteilungsverfahren die Vorschriften der Reichsabgabenordnung entsprechende Anwendung, insbesondere auch hinsichtlich der Verpflichtung zur Auskunft, Einsichtgewährung und Erstattung von Gutachten.

Anlage 2.

Vorläufige Ausführungsanweisung

für die Feststellung der Anteile der Länder an der Einkommensteuer auf der Grundlage des Entwurfs eines Gesetzes zur Änderung des Landessteuergesetzes.

I. Allgemeine Vorschriften.

§ 1.

Die §§ 44 bis 48 des Gesetzentwurfs betreffen die Zerlegung der Einkommensteuer in die Anteile des Reichs und der Länder. Die Bemessung dieser Anteile richtet sich nach den §§ 17 ff. des Gesetzentwurfs. Die §§ 44 ff. regeln nur das Verfahren.

§ 2.

Einen Anspruch auf Beteiligung an dem Ertrage der Einkommensteuer haben dem Reich gegenüber nur die Länder. Die Gemeinden haben einen solchen Anspruch nur gegenüber dem Lande, dem sie angehören.

§ 3.

Als Anteil an der Einkommensteuer erhalten die Länder für jedes Kalenderjahr zwei Drittel des Steuersolls, das für das vorangegangene Kalenderjahr bei Abschluß der Hauptveranlagung festgestellt ist.

§ 4.

(1) Der Anteil des einzelnen Landes beträgt zwei Drittel des Steuersolls, das nach den Grundsätzen der §§ 19 bis 24 des Gesetzentwurfs auf seine Gemeinden entfällt. Zwei Drittel des Steuersolls, das für das abgelaufene Kalenderjahr auf seine Gemeinden entfällt, stellen also den Anteil des Landes an der Einkommensteuer für das begonnene Kalenderjahr dar.

(2) Für die Zeit vom 1. April bis zum 31. Dezember 1921 (Rumpfrechnungsjahr 1921) erhalten die Länder als Anteil an der Einkommensteuer zwei Drittel des Sollbetrages, der durch die Hauptveranlagung für das Rechnungsjahr 1921 gemäß Artikel II Abs. 2 des Gesetzes zur Änderung des Einkommensteuergesetzes vom 20. Dezember 1921 (Reichsgesetzbl. S. 1580) zum Zwecke der Erhebung für dieses Rechnungsjahr festgestellt ist. Für das Kalenderjahr 1922 bleibt nähere Anweisung vorbehalten.

§ 5.

(1) Festgestellt wird das Steuersoll, das auf die einzelne Gemeinde entfällt. Zwei Drittel von diesem Soll stellen den Landesanteil dar. Über die Verteilung auf Land und Gemeinde bestimmt die Landesgesetzgebung.

(²) Den Gemeinden im Sinne dieser Ausführungsanweisung stehen die selbständigen Gutsbezirke gleich.

§ 6.

(¹) Die einzelne Gemeinde ist entweder als Sitzgemeinde oder als Belegenheitsgemeinde beteiligt.

(²) Als Sitzgemeinde ist sie beteiligt an dem Steuersoll

a) der Steuerpflichtigen, die in der Gemeinde am Tage der für die Hauptveranlagung maßgebenden Personenstandsaufnahme einen Wohnsitz oder in Ermangelung eines inländischen Wohnsitzes ihren gewöhnlichen Aufenthalt hatten, sowie

b) der nichtphysischen Steuerpflichtigen, die in der Gemeinde bei Ablauf des Wirtschafts-(Geschäfts-) oder Kalenderjahrs, das der Veranlagung zugrunde liegt, den Ort ihrer Leitung hatten.

(³) Verlegt ein Steuerpflichtiger nach der Personenstandsaufnahme, aber vor der Veranlagung seinen Wohnsitz oder gewöhnlichen Aufenthalt, oder verlegt ein nichtphysischer Steuerpflichtiger nach der Aufnahme in die Hauptsteuerliste, aber vor der Veranlagung den Ort seiner Leitung dauernd nach einer anderen Gemeinde, so bleibt die alte Sitzgemeinde als solche nach Abs. 2 beteiligt.

(⁴) Als Belegenheitsgemeinde ist die Gemeinde beteiligt an dem Steuersoll.

a) der Steuerpflichtigen, die in der Gemeinde am Tage der für die Hauptveranlagung maßgebenden Personenstandsaufnahme Grundbesitz oder eine Betriebsstätte im Sinne des § 10 des Landessteuergesetzes hatten,

b) der nichtphysischen Steuerpflichtigen, die in der Gemeinde bei Ablauf des Wirtschafts-(Geschäfts-) oder Kalenderjahrs, das der Veranlagung zugrunde liegt, Grundbesitz oder eine Betriebsstätte im Sinne des § 10 des Landessteuergesetzes hatten.

Für den Eisenbahnbetrieb trifft § 19 Abs. 2 des Gesetzentwurfs nähere Bestimmung.

§ 7.

(¹) Sind mehrere Gemeinden beteiligt, so kann es sich handeln um

a) mehrere Sitzgemeinden (§ 23 Abs. 1 Satz 2 des Gesetzentwurfs),

b) mehrere Sitzgemeinden, von denen einzelne zugleich Belegenheitsgemeinden sind (§ 24),

c) eine oder mehrere Sitzgemeinden und eine oder mehrere Belegenheitsgemeinden (§ 23 Abs. 2),

d) mehrere Belegenheitsgemeinden (§§ 20 und 21).

(²) Durchgehender Grundsatz ist, daß Grundbesitz und Gewerbebetrieb nur diejenigen Gemeinden zur Beteiligung berechtigen, in deren Grenzen sie liegen. Die näheren Vorschriften geben die §§ 19 ff. des Gesetzentwurfs.

§ 8.

(¹) Sollbeträge, die nach §§ 19 bis 24 des Gesetzentwurfs nicht auf eine Gemeinde entfallen, verbleiben in voller Höhe dem Reich.

(²) Dem Reich verbleiben also die Sollbeträge aus der Veranlagung von

a) Deutschen, die ihren Wohnsitz oder Aufenthalt im Inland aufgegeben haben, aber nach § 2 I Abs. 1 des Einkommensteuergesetzes steuerpflichtig geblieben sind (§ 28 Satz 2 des Einkommensteuergesetzes);
b) Auslandsbeamten im Sinne des § 2 I Abs. 2 des Einkommensteuergesetzes;
c) Steuerpflichtigen, die sich dauernd im Inlande aufhalten, aber am Tage der letzten Personenstandsaufnahme im Inlande weder Wohnsitz noch Aufenthalt hatten;
d) Nichtdeutschen, die nach dem Tage der letzten Personenstandsaufnahme gemäß § 2 I, $_2$ des Einkommensteuergesetzes infolge eines inländischen Aufenthalts von mehr als 6 Monaten steuerpflichtig geworden sind;
e) beschränkt steuerpflichtigen Personen, deren Steuerpflicht nach § 2 II des Einkommensteuergesetzes durch die Gewährung regelmäßig wiederkehrender Bezüge oder Unterstützungen aus inländischen öffentlichen Kassen begründet ist, die aber am Tage der letzten Personenstandsaufnahme im Inlande weder Wohnsitz noch Aufenthalt hatten.

§ 9.

Als Steuersoll im Sinne dieser Ausführungsanweisung gilt der beim Abschluß der Hauptveranlagung festgestellte Betrag der Steuerschuld. Soweit die Einkommensteuer nach den Vorschriften des Einkommensteuergesetzes in der Fassung der Gesetze vom 11. Juni und 20. Dezember 1921 (Reichsgesetzbl. S. 845 und 1580) durch Steuerabzug vom Arbeitslohn erhoben ist, gilt als Steuersoll die Gesamtheit der bis zum Abschluß der Hauptveranlagung der Steuerbehörde nachgewiesenen Beträge, die in der Zeit vom 1. April bis zum 31. Dezember 1921 auf die Steuerschuld eines Steuerpflichtigen nach § 46 des bezeichneten Gesetzes einbehalten und gemäß § 51 vorschriftsmäßig verwendet oder abgeführt sind. In Betracht kommen hiernach für das Rumpfrechnungsjahr 1921 (§ 4 Abs. 2 Satz 1) die Beträge der Spalte 29 der Hauptsteuerliste und die durch Markenverwendung oder durch Barabführung oder Überweisung entrichteten Beträge der Spalte 33 oder der für diese Beträge besonders angelegten Spalte der Hauptsteuerliste. Neuveranlagungen und Nachveranlagungen sowie Änderungen der Veranlagung im Rechtsmittelverfahren bleiben bei der Feststellung des Steuersolls außer Betracht.

§ 10.

(¹) Die Steueranteile des Reichs und der Länder werden gleichzeitig mit der Veranlagung festgestellt. Als Veranlagung im Sinne dieser Ausführungsanweisung gilt auch die Feststellung der im § 9 Satz 3 bezeichneten Beträge.

(²) Zuständig ist das Finanzamt, das für die Veranlagung zuständig ist. Die örtliche Zuständigkeit der Finanzämter bestimmt sich nach den §§ 5 bis 15 der Ausführungsbestimmungen zum Einkommensteuergesetz.

II. Das Verfahren.

§ 11.

(1) In Spalte 1 der Hauptsteuerliste jeder Gemeinde bezeichnet das Finanzamt je besonders die Einträge,

1. die sich auf die im § 8 Abs. 2 unter a bis e bezeichneten Personen beziehen, mit „a",
2. die sich auf solche Steuerpflichtige beziehen, die in anderen Gemeinden
   a) am Tage der für die Hauptveranlagung maßgebenden Personenstandsaufnahme Wohnsitz oder Aufenthalt hatten,
   b) bei Ablauf des Kalender- oder Wirtschafts- (Geschäfts-) Jahres, das der Veranlagung zugrunde liegt, eigenen oder gepachteten Grundbesitz oder eine Betriebsstätte (§ 10 des Landessteuergesetzes) hatten,

mit „b".

(2) Die im § 9 Satz 3 bezeichneten Spalten der Hauptsteuerliste sind für alle Einträge aufzurechnen.

§ 12.

(1) Für das Rumpfrechnungsjahr 1921 (§ 4 Abs. 2 Satz 1) stellt das Finanzamt für jede Gemeinde eine Ausscheidungsliste nach Anleitung des Musters 1 auf. In die Ausscheidungsliste sind

1. in Spalte 3 die nach § 11 Abs. 1 Nr. 1,
2. in Spalte 4 die nach § 11 Abs. 1 Nr. 2 bezeichneten Steuerpflichtigen in der Reihenfolge der Hauptsteuerliste aufzunehmen.

(2) Insoweit das Finanzamt für die im § 11 Abs. 1 bezeichneten Gruppen von Steuerpflichtigen besondere Hauptsteuerlisten aufgestellt hat (§ 25 Abs. 3 Satz 3 der Ausführungsbestimmungen zum Einkommensteuergesetz), sind in die Ausscheidungsliste nur die Schlußsummen der im § 9 Satz 3 bezeichneten Spalten der besonderen Hauptsteuerlisten aufzunehmen.

(3) Die Spalten 3 und 4 der Ausscheidungsliste sind in einer Schlußsumme aufzurechnen.

§ 13.

(1) Das Steuersoll der in Spalte 4 der Ausscheidungsliste aufgenommenen Steuerpflichtigen ist nach den Grundsätzen der §§ 19 bis 24 des Gesetzentwurfs zu verteilen. Soweit die Feststellungen nach §§ 20 und 21 des Gesetzentwurfs besondere Auskünfte des Steuerpflichtigen erfordern, sind diese Auskünfte nach Anleitung des Musters 2 einzuholen. Die Verteilung ist in der Form eines Verteilungsplanes nach Anleitung der Muster 3 vorzunehmen. Der Verteilungsplan ist den beteiligten Gemeinden zuzustellen. Sind Gemeinden mehrerer Länder beteiligt, so ist der Verteilungsplan auch den Landesregierungen oder den von ihnen beauftragten Behörden mitzuteilen.

(2) Die Vorschriften über die Rechtsmittel gegen den Verteilungsplan bleiben dem Gesetz vorbehalten.

§ 14.

Gemeinden, die nicht gemäß § 45 des Gesetzentwurfs berücksichtigt worden sind, können den Antrag auf Aufstellung eines Verteilungsplanes bzw. auf Änderung des bereits aufgestellten Verteilungsplanes stellen. Das gleiche gilt in den Fällen des § 13 Abs. 1 Satz 5 für die beteiligten Länder. Nähere Vorschriften bleiben dem Gesetz vorbehalten.

§ 15.

(1) Für das Rumpfrechnungsjahr 1921 (§ 4 Abs. 2 Satz 1) stellt das Finanzamt für jede Gemeinde eine Verteilungsliste nach Anleitung des Musters 4 auf. In die Verteilungsliste sind die Ergebnisse der Verteilung nach § 13 Abs. 1 in der Reihenfolge einzutragen, wie die Verteilungspläne aufgestellt werden.

(2) Soweit die festgestellten Beträge auf andere Gemeinden entfallen, sind sie nach Anleitung des Musters 5 den Finanzämtern mitzuteilen, die für diese Gemeinden zuständig sind. Ist das Finanzamt auch für diese Gemeinden zuständig, so hat es die entsprechenden Beträge in die Zuschreibungsliste der betreffenden Gemeinde einzutragen (§ 16).

§ 16.

Für das Rumpfrechnungsjahr 1921 (§ 4 Abs. 2 Satz 1) stellt das Finanzamt für jede Gemeinde eine Zuschreibungsliste nach Anleitung des Musters 6 auf. In die Zuschreibungsliste sind die aus den Verteilungslisten anderer Gemeinden überwiesenen oder übernommenen Beträge (§ 15 Abs. 2) einzutragen.

§ 17.

(1) Übernimmt in einem Falle des § 6 Abs. 3 das Finanzamt der neuen Sitzgemeinde die Veranlagung, so hat es das gesamte Steuersoll in Spalte 6 der Verteilungsliste einzutragen. Ist die neue Sitzgemeinde als Belegenheitsgemeinde beteiligt, so ist der auf sie entfallende Betrag in Spalte 5 der Verteilungsliste und in Spalte 6 nur der verbleibende Restbetrag einzutragen.

(2) Soweit das Steuersoll auf andere Belegenheitsgemeinden und auf die alte Sitzgemeinde entfällt, ist gemäß § 15 Abs. 2, § 16 zu verfahren.

(3) Die Vorschriften der Absätze 1 und 2 finden entsprechende Anwendung in allen sonstigen Fällen, in denen ein Finanzamt gemäß § 58 der Reichsabgabenordnung die Veranlagung übernimmt.

§ 18.

Die Verteilungsliste und Zuschreibungsliste sind am Schlusse jedes Kalendervierteljahres und endgültig am Schlusse des Kalenderjahres 1922 abzuschließen.

§ 19.

Für das Rumpfrechnungsjahr 1921 (§ 4 Abs. 2 Satz 1) legt das Finanzamt für jede Gemeinde einen Berechnungsbogen nach Anleitung des Musters 7 an. Mitteilung des Musters und weitere Anweisung bleibt vorbehalten.

Sachregister.

Die Zahlen bedeuten die Seiten.

FSC
www.fsc.org
MIX
Papier | Fördert
gute Waldnutzung
FSC® C083411

Kolibri 360 GmbH
Ferdinand-Jühlke-Straße 7
99095 Erfurt, Deutschland
produktsicherheit@kolibri360.de